学校体育密码

XUEXIAO TIYU MIMA

连仁都◎著

江蘇鳳凰教育出版社
Phoenix Education Publishing, Ltd

图书在版编目（CIP）数据

学校体育密码 / 连仁都著．—南京 ：江苏凤凰教育出版社，2017．11

ISBN 978-7-5499-6870-1

Ⅰ．①学…　Ⅱ．①连…　Ⅲ．①学校体育—教学研究　Ⅳ．①G807．01

中国版本图书馆 CIP 数据核字（2017）第 287115 号

书　　名　学校体育密码
作　　者　连仁都
责任编辑　雷利军　李媛媛
出版发行　江苏凤凰教育出版社（南京市湖南路 1 号 A 楼　邮编 210009）
苏教网址　http：//www．1088．com．cn
照　　排　北京世纪鸿文制版技术有限公司
印　　刷　三河市九洲财鑫印刷有限公司
厂　　址　河北省三河市灵山大口
开　　本　787 毫米×1092 毫米　1/16
印　　张　15．25
字　　数　262 千字
版　　次　2017 年 12 月第 1 版　2017 年 12 月第 2 次印刷
书　　号　ISBN 978-7-5499-6870-1
定　　价　36．00 元
网店地址　http：//jsfhjycbs．tmall．com
邮购电话　025-85406265，85400774　**短信**　02585420909
E - mail　jsep@vip．163．com
盗版举报　025-83658579

序一 Preface

我眼里的仁都老师

认识连仁都老师已有些年头了，那时我们都还算年轻，也都算初出茅庐。我刚刚接手《体育教学》杂志不久，而仁都也刚走向体育教师岗位没几年。所以时至今日，不论进步与困惑，起码算是共同成长的师友，又一同见证了学校体育快速发展的这些年。

记得我们初次相识是应邀参加厦门体育教研活动，目睹和亲历了市内学校体育活动开展得不错且有特色的示范校后，会后仁都老师邀请我参加他们学校的首届校园排舞大赛。当时的海沧中学有两个校区，我与各位领导驱车前往新阳校区，校区周围大片鱼塘及低矮的民房让我有了一丝疑虑：这到底是怎样的一所中学，他们开展了怎样的特色体育活动，值得如此兴师动众？

事后想来，真应了王安石《游褒禅山记》里面的那些话："夫夷以近，则游者众；险以远，则至者少。而世之奇伟、瑰怪、非常之观，常在于险远，而人之所罕至焉，故非有志者不能至也。"今日忆起，仍觉确实不虚此行，不仅结识了关心、支持学校体育事业的校长，还首次亲眼看见了传说中的那热情奔放的排舞。就在那次，开启了长达数年，将来还有数十年的与仁都亦师长又如兄弟般的友谊之旅。其中，交往愈深愈久，我眼中的仁都老师愈发值得学习和敬重。

首先是他的执着。在学校体育各方面开展都算是红火也有五花八门的领域可供选择的今天，仁都老师无论专业素养还是能力条件，去开展一个热门的项目应该混得比现在好，发展得可能也比现在快。可他不，就认准了排舞，一头扎进去后再也没出来。如果说是学校运动会，连续搞了几届、十几届倒也罢了，而海沧中学的排舞大赛他竟搞了 7 届，而他入职海沧中学似乎也不过十几个年头；关于排舞的论文，他从不同视角来撰写：排舞推广可行性研究、排舞大赛促进学生综合素质发展、排舞校本课程研发、排舞促进特色发展、排舞特色文化内涵提升等；2014年，他在厦门大学出版社出版了《校园排舞》专著；再后来，还专门在福建省艺术教育协会下成立了一个教学研究组织——排舞委员会，成立了校园排舞特色工作室。他就是这么执着，一步步打造出自己的特色品牌。

其次是他的真诚，这是他身上人所共知的特质。他对朋友真诚，对家人真诚，对同事真诚。海沧中学的老校长特别关心学校体育，无论海沧中学还是仁都老师本人能取得今天的体育事业局面，这位老校长可谓功不可没，而今他退下来已经有好几年了。每每我们在厦门相见，仁都老师都会把老校长邀请为座上宾，一起叙叙旧。这是仁都老师对人的真诚。而他对事业的真诚付出，从这本书中可以窥见一斑。

拿到仁都老师的这本著作，仅从题名《学校体育密码》就让我充满了期待和“担心”。期待的是他以此为题洋洋洒洒几十万字，不论从当前学校体育的现状、问题，还是今后解决学校体育问题的总体方针来说，都上升到了一定的理论高度；“担心”的是：一位中学体育老师能从一项体育运动升华到学校体育系统性、理论性的研究高度吗？当然，读完整本书后，证明我是杞人忧天了。看来他这些年来真的是在进步着，立足了一方“舞台”，又打造了一把“密钥”，这就是《学校体育密码》。仁都老师为我们开启了学校体育的大门，他以严谨的治学态度、认真的研究精神、科学的解决方法，使学校体育又增加了一本值得推荐和借鉴的好书，于体育事业奉献了自己的力量，值得我们深深敬佩！

从当初的一篇篇小论文到今天的鸿篇巨制，从起跑阶段的排舞一隅到学校体育事业的一方天地，仁都老师就这样一步步地践行着，一步步执着、真诚地探索着。不敢说他取得了怎样了不起的成就，起码在这个时代，他一直与时俱进着。包括我，也与他共同进退着，哪怕有些跌跌撞撞，我们也还是一同迈进了学校体育的新时代。

为人写序，除了曾为学生时的一个自编小感外，此为头一遭。好在一同成长，相知已久，多少算是介绍一下作者吧？“颂其诗，读其书，不知其人可乎？”以推荐语或读后感为序，可乎？

首都体育学院教授：王子朴

2017年年末

序二 Preface

行走在阳光体育路上

学校应关注学生通过体育锻炼获得最大的健身和健心的教育效果，重视根据不同年龄学生的身体和心理发展特点来设定教学目标和教学内容。我们从以下五个方面提出了更符合学生的特点和发展规律，具有很强的科学性和实践性。

第一，阳光体育，三位一体。2007 年下发的《中共中央国务院关于加强青少年体育增强青少年体质的意见》（以下简称《意见》）和 2010 年发布实施的《国家中长期教育改革和发展规划纲要（2010—2020 年）》都明确规定要保证学生每天锻炼一小时。为了响应这一号召，学校开始倡导阳光体育，即以课堂教学、大课间、课外运动三位一体进行运作，确保学生每天活动一小时。教学资源、教学方法、情境设计、师生关系、教学延展、家校互动等诸多环节的改变，对教师的教学研究提出了更高的要求、对学校的管理制度和学科间的互动关系也提出了新的要求。

第二，学校体育，特色为翼。我校秉承“学校发展，特色为翼”的办学理念，通过课题引领，以课堂教学、大课间共享、课外提升、夏令营活动、全国阳光体育展示、国外教育研讨交流等措施，打造学校的体育特色，构建校园体育文化。校园排舞、传统武术作为学校体育的两大特色，引领着学校的体育发展。

第三，田径运动，学校之本。我校体育课程的教学改革秉承健康第一的指导思想，以培养学生“带得走”的能力为发展目标，以提高学生的综合素质为使命。学校每学年开两次运动会，一次是秋季田径运动会，另一次是春季体育节，都涵盖很多体育项目。其中，田径运动是学校之本，是其他运动得以开展的保证。除了学校的秋季田径运动会之外，区、市的田径运动会也给我校田径运动队队员提供了展示自身水平的平台，学生以创造新成绩、超越自己为目标，坚持锻炼，发展身心。多年来，我校蝉联区田径运动会高中组冠军，这也进一步提高了学生参加体育锻炼的积极性。

第四，体育工作，全面开花。阳光体艺“2＋1”工程的指导精神要求每位学生至少掌握两项体育运动专长和一项艺术专长。以建设阳光校园为目标，带动校园文化向着积极的方向发展，逐步形成个性鲜明的校园文化特色，对当前学校提高整体办学品质有着重大的意义，同时也是全面落实素质教育的有力抓手和切入点，具有深刻的意义和巨大的研究价值。我校体育活动除了校园排舞、传统武术之外，还有校园足球、花样跳绳、篮球、跆拳道、乒乓球、排球等项目，促进了学校体育的全面发展，真正从多样性上满足了学生的需求。

第五，课题引领，校本发展。从时代要求与战略全局出发，以高度的文化自觉和文化自信，我国提出了建设社会主义文化强国的奋斗目标。“十九大”指出，不忘初心，牢记使命，优先发展教育事业，实行健康中国战略。我校积极响应号召，以课题引领学校体育发展，以确保合理、科学、有序地开展阳光体育运动。与此同时，我校构建校园排舞、传统武术校本课程，借此机会进行体育校本特色带动区域持续发展的实践研究。经过中国教育学会“十一五”课题的实践证明，校园排舞具有团队性体育运动和趣味化教学的特点，是培养学生集体主义精神和团队协作能力的理想教育手段。借此机会，我校将校园排舞、传统武术推广至其他学校，实现区域共同发展，将学校体育特色做强、做大、做精。

迎着朝阳，阳光健身；踏着晚霞，阳光健美。我校的阳光体育运动面向全体，重在参与。我们深知：当孩子们快乐地运动时，受益的不仅是每个孩子，不光是每个家庭，更是我们的国家与民族。请听，“我运动，我健康，我阳光”的口号响彻校园，《动起来》的主题歌唱响校园内外；请看，阳光如此灿烂，一个个阳光男孩和阳光女孩，和着动感的韵律，踏着时代的节拍，在健身，在美体，他们健美的体魄一定能托起祖国明天的太阳！

厦门市海沧中学校长：张伟斌

2017年12月12日

前言 Preface

密码是按特定法则编成，用以对通信双方的信息进行明密变换的符号。换而言之，密码是隐蔽了真实内容的符号序列，是把用公开的、标准的信息编码表示的信息，通过一种手段变为除通信双方以外的人所不能读懂的信息编码，这种独特的信息编码就是密码。本书曾经以《睿智体育人》《学校体育的明天》作为书名，几经变换，最终以《学校体育密码》为题。学校体育存在着一定的规律，又有不确定性的一面，笔者拥有多年的教学经验，力图把学校体育工作中存在的公开的、标准的、共性的问题提炼出来，将其通过内化提升为理论，打造一把开启学校体育之门的钥匙。

本书通过寻找学校体育原点（即学校体育中存在的现象与问题），在寻找原点的过程中着手开展学校体育活动；在开展教学及其他单双边互动活动的过程中将经验内化为理论，构建学校体育问学新模式；在问学过程中，通过一系列方法、手段、智慧、力量进行学校体育资源整合，寻找学校体育突围的方法；在发展过程中，对存在的不合理现象进行改进或提升，总结出获得学校体育成功的密钥；继而寻找学校体育发展新出口，构建全新的学校体育发展之路；最后，锁定方向，验证出口，再回到原点看看，完成密码重组。这就是《学校体育密码》。

本书希望能给在教育生涯中还处在成长期的体育教师点亮一盏明灯，使其找到未来的方向，最终走向成功的彼岸。笔者结合自己的实践经验，外加同行、专家、领导的倾囊相授，提炼出一些富有实践意义的理论与方法，让体育教师在业务素质、理论素养、科研意识、责任担当等方面得到提升。本书还强调除了教书育人之外，体育教师应如何做科研、建设团队，以及处理好师生、同事、领导之间的关系，从而使自己变成一个充满智慧的人。本书将告诉你，一位成熟稳重、拥有大智慧的体育教师应该如何控制自己的情绪，充分利用各种方法，让学生靠近你，让学生折服，做具有爱心、责任心及创造力的体育人。

本书分为六章，每章六节，共三十六节。一节一个案例，每个案例都是一次回眸，经过压缩提炼，希望能给一线体育教师带来一丝感动和一些启示。

第一章：学校体育原点。陶行知在《我们对于新学制草案应持之态度》中说：“我们对于国外学制的经验，应该明辨择善，决不可舍己从人，轻于吸收。”笔者立足学校体育发展，为打造学校体育成功这把密钥，从学校体育原点出发，剖析学校体育密码，层层深入。每一次经历，都可以让人受益匪浅，让人进行更深层次的思考，然后沿着思考的轨迹前行，取得重大突破。我们应思考：在高中课程改革紧锣密鼓进行之时，一名称职的体育教师该做哪些准备？从教几十年的体育教师该如何从职业倦怠中走出来，如何执着地追求学校体育成功？随着国家经济、教育的发展，学校体育应何去何从？

第二章：学校体育活动。现代教学论把体育教学称为活动，指师生开展双边合作的一项活动。学校体育要发展，需要体育教师在专业领域学识渊博、造诣精深，并熟知学校体育教学范畴的各项业务，这是学校开展体育活动的前提。课堂教学是我们实现梦想的舞台，引领我们踏着漫漫教育之路前行，我们应秉持教育者的良心，把学生健康的明天当成今天的责任，贯彻健康第一的科学理念，追寻教育家的心声，探究学生成长的心理支撑。

第三章：学校体育问学。本章主要强调体育教师在学问探究上要有高层次的追求，以及要对自身成长过程中存在的不足进行思考。体育教师做学问是对教学的延续，能丰富自己的内涵，给体育教育增添科学性。体育教师要成就自己，必须先从教学设计入手，把自己的教育智慧与梦想融入教学设计中，再把在教学过程中沉淀的反思经过提炼形成论文。

第四章：学校体育突围。学校体育突围主要倡导教师个人在团队建设、个人职业规划、学校体育课程改革中进行思索。要实现德、智、体全面发展的目标，除了学校要具有大局观之外，这个任务还落在了我们一线体育教师的身上。学校要发展，应以特色为翼，这一翼要争取从体育学科中提炼出来。体育教师应以发展的眼光，立足学校的特色发展，形成具有稳定性、普及性、先进性的体育特色。

第五章：学校体育密钥。高尔基说过：“书籍是人类进步的阶梯。”学生若不爱阅读，是无法扩展自己的知识面的；教师若不爱阅读，就会对学生造成不良的影响。学校体育要发展，体育教师就应通过不断阅读来开阔自己的视野，提升自己的综合素质。此外，还要通过与体育学科的特级教师、专家，以及校长、同行、学生的交流，进一步明确自己的目标，为下一步起航建立人生坐标。

第六章：学校体育方向。笔者在本章中主要是谨慎地思考体育教师在几十年的教育生涯中应如何规划，并指出学校依法办学，教师依法从教，做谨慎思考、勇敢果断的体育教师，是未来的发展方向。随着国家努力从体育大国向体育强国迈进，学校体育也会愈发受到重视，学校体育美好的前景很快就会实现，培养优秀的体育教师将是今后的发展重点，体育教师的一专多能也是今后的发展方向。

这六章三十六节构成了学校体育密码的各要素。希望本书能给体育教师带来启发，使各位体育教师都能打造出通向学校体育成功的密钥。教育是海，教师是船，心态是航线，教师要自由地航行在教育的这片海洋里，就要踏踏实实地把每堂课上好，夯实教学基本功，多积累，多思考，多总结，多交流，这样体育人的美好明天——“乘风破浪会有时，直挂云帆济沧海”终会到来。

最后要感谢为本书付出辛劳与给予关怀的诸位：谢英、张伟斌、林枝示、徐建明、游雨敏、温月华……

目录 Contents

第一章 学校体育原点

学校体育泛指运用身体运动、卫生保健等手段，对受教育者施加影响，促进其身心健康发展的有目的、有计划、有组织的教育活动。学校体育属于教育范畴，无论在哪种社会条件下，都受该社会的政治、经济、文化的影响和制约，并通过培养人才为之服务。学校体育与学校德育、智育共同组成完整的学校教育体系，是培养符合社会需要的合格人才的一项基本内容和基本途径。

陶行知先生说过：“我们对于国外学制的经验，应该明辨择善，决不可舍己从人，轻于吸收。”学校体育的发展亦如此。结合我们的实际情况，立足原点不忘初心：发展学校体育，提高学生体质，让体育成为“载知识之车而寓道德之舍也”！

第一节　学校体育政策感悟

健康是促进人的全面发展的必然要求，是经济社会发展的基本条件。实现国民健康长寿，是国家富强、民族振兴的重要标志，也是全国各族人民的共同愿望。中华人民共和国成立以后，特别是改革开放以来，我国健康领域的改革和发展取得了显著成就，城乡环境面貌明显改善，全民健身运动蓬勃发展，医疗卫生服务体系日益健全，人民健康水平和身体素质持续提高。

一、“健康中国”背景

2016 年，中共中央、国务院印发了《“健康中国 2030”规划纲要》（以下简称《纲要》），作为中华人民共和国成立以来首次在国家层面提出的健康领域中长期战略规划，《纲要》引起了各类媒体的集中关注。媒体从不同角度深度分析，探讨未来如何提升中国人的健康水平。

（一）全社会共建“健康中国”

《纲要》把“健康”摆在优先发展的战略地位，提出以人民健康为中心，坚持以基层为重点，以改革创新为动力，以预防为主，中西医并重，把健康融入所有政策之中，强化早诊断、早治疗、早康复，实现全民健康。

人民网、新华网，以及《健康时报》《生命时报》等新闻媒体对《纲要》的内容进行了深度解读。

第一，《纲要》强调以预防为主的健康观念，增强健康意识，加强疾病预防。《光明日报》评论称落实预防为主，防治结合，是破解医改难局，实现“以治病为中心”向“以健康为中心”转变的核心和关键。

第二，《纲要》强调全社会共同参与建设“健康中国”。新华网指出，《纲要》所指的“健康”不局限于医药领域，而是从环境治理、食品安全、良好的工作与生活方式等多个角度全方位地提出落实预防为主的健康生活方式。《中国环境报》评论认为，健康的决定因素不仅仅是医疗卫生，还牵涉生活方式、环境、遗传等多种因素。现在人们对生活品质的要求进一步提高，不仅要求没有疾病，还要求生活得健康、幸福。

第三，“健康中国”大计划的落地，使包括健康、体育等在内的多个产业领域正迎来政府放权、政策利好、资本涌入的重大发展契机。在发展健康产业层面，《纲要》提出优化多元办医格局、发展健康服务新业态、积极发展健身休闲运动产业、促进医药产业发展等具体要求。《21 世纪经济报道》认为，根据《纲要》对医药行业的要求，药品流通行业的地位将提高，同时也面临挑战，未来市场要求药品流通企业规模巨型化、行业集中垄断化、服务能力多样化、供应链管理智能反馈、成本控制国际级，并形成国际一流的巨型企业。

（二）“健康中国”新常态

第一，实现公共场所全面禁烟。《纲要》中明确，2030 年我国要全面推进控烟履约，加大控烟力度，运用价格、税收、法律等手段提高控烟成效。积极推进无烟环境建设，强化公共场所控烟监督执法。到 2030 年，15 岁以上人群吸烟率降低到 20％。

第二，推行公共体育设施开放。各级政府要加大全民健身场地设施建设力度，将全民健身场地设施建设纳入当地土地利用总体规划和计划及城市规划中，建设一批中小型、多样化、便民利民的社区健身苑、多功能运动场、笼式足球场、健身步道、体育公园、室外滑冰场、小型多功能健身中心等新型场地设施，大力推进体育生活化社区（行政村）建设，打造城市社区 15 分钟健身圈，最终达到《纲要》中提出的“到 2030 年，基本建成县、乡、村三级公共体育设施网络”的目标。

第三，加强学校体育教育。推行《国家体育锻炼标准》和《国民体质测定标准》，加强体医结合和非医疗健康干预，为群众提供科学合理的运动处方，探索推行个人医保卡刷卡健身，推动体医结合的疾病管理与服务模式。完善省、市、县三级国民体质监测站（点）功能，依托各级监测站（点）开展人群体质监测工作，各级政府每年公示国民体质监测报告。加快推进“互联网＋全民健身”科技服务平台和科学健身指导服务站点建设。加强学校体育发展，将提高青少年的体育素养作为学校教育的重要内容，保证在校学生每天参加体育锻炼一小时以上，把学生体质健康水平纳入工作考核体系之中。

二、体育政策解读

（一）20 世纪 50 年代的政策解读

这一阶段，是中华人民共和国成立后学校体育发展得最好的时期，堪称中国学校体育事业发展的黄金时期，学生参与体育活动的积极性空前高涨。毛泽东提出了“体者，载知识之车而寓道德之舍也”“德智皆寄于体，无体是无德智也”及体育“占第一之位置”等著名论断。一切百废待兴，在发展体育运动、增强人民体质的思想的指引下，学校体育确立了增强学生体质的观念，为之后学校体育发展奠定了基础。1954 年 5 月，《准备劳动和卫国体育制度》（简称“劳卫制”）出台，成为指导学校体育工作的重要文献。

（二）20 世纪 60 年代的政策解读

这一阶段，我国的学校体育发展遇到波折，到后期基本上处于停滞状态。

（三）20 世纪 70 年代的政策解读

这一阶段是我国学校体育发展的恢复期。1978 年，党的十一届三中全会确定把党的工作重心转移到社会主义现代化建设上来。1979 年 3 月，国家体委正式下发了《全国体育工作会议纪要》，指出要抓好影响青少年一代身心健康成长的学校体育，培养德、智、体全面发展的人才。1979 年 10 月，国务院下达了《中小学体育工作暂行规定》，指出中小学的体育工作要为青少年一代身心的健康成长、为增强中华民族的体质、为实现四个现代化做出积极贡献。

（四）20 世纪 80 年代的政策解读

1983 年 5 月，国家体委下发了《关于进一步加强学校体育工作的意见》。1989 年，国家教委、体委、卫生部等部门联合发文，要求从 1990 年起，按照统一的实施方案，每 5 年开展一次学生体质健康测试，每 10 年组织一次全国学生体质健康的调查研究。

（五）20 世纪 90 年代的政策解读

这一阶段是我国学校体育深入发展的阶段。1990 年 3 月，经国务院批准，颁发了《学校体育工作条例》，这对于全面加强学校体育工作具有十分重要的意义。1993 年 2 月，中共中央、国务院制定了《中国教育改革和发展纲要》，着重强调学校要进一步加强和改善体育卫生工作，动员社会各方面和家长关心学生的体质和健康。1995 年 8 月，我国正式颁布了《中华人民共和国体育法》，以法律的形式规定了学校应该建立学生体格健康检查制度。

(六) 21 世纪以来的政策解读

2006 年 12 月，教育部、国家体育总局发出了《关于进一步加强学校体育工作切实提高学生健康素质的意见》。2007 年 5 月，国务院下发了《意见》，明确指出“进一步加强青少年体育、增强青少年体质，对于全面落实科学发展观，深入贯彻党的教育方针，大力推进素质教育，培养中国特色社会主义事业的合格建设者和接班人，具有重要意义”。2007 年，教育部、国家体育总局和共青团中央启动了全国亿万学生阳光体育运动，以确保在校学生每天活动一小时，并提出了一个响亮的口号——“每天锻炼一小时，健康工作五十年，幸福生活一辈子”。

三、学校体育发展

笔者从 2001 年开始从事学校体育工作，长期处在教学第一线，目睹了 21 世纪以来学校体育工作各方面的变化和发展。

(一) 中小学体育课程的重大变化

1. 课程名称和学时的变化

从深层次上讲，课程名称和学时的变化意味着体育课程目标、课程内容、课程评价、师生关系等方面将发生一系列深刻的变化，对学校体育的纵深发展具有划时代的意义。

2. 课程内涵的丰富

首先是体育课程在结构体系上更加规范，正逐步向发达国家的课程结构靠拢。其次是内容的变化，强化了目标体系和考核体系，淡化了课程内容的选择和具体安排；强调了学生在学习方面的需要、体育与生活的联系、学生参加体育活动的感受和学生在学习中的价值观等，淡化了竞技体育的传统理念。

3. 课程管理体制的变化

课程管理体制由原来的国家管理体制，转变为国家、地方和学校共同管理的三级管理体制，并且十分强调学校体育课程的开发。

(二) 体育课程改革的焦点

体育课程改革的焦点包括以下几方面：要重视体育对学生身心健康发展的作用，学校体育目标是培养健康的、身心健全的、合格的公民，而不是培养体育精英；应彻底改变传统竞技运动教学模式；要从以知识、技能为中心的课程体系转向以人的健康成长和需要为中心的课程体系；需关注学生的体育需要以及包括价值观、人生观、能力、兴趣和态度等内在的情感体验。

第二节　学校体育理念解读

随着社会的进步，学校体育已经朝多元化方向发展，人们已经突破单一的生物体育观，向着生物、心理、社会的三维体育观转变，从而引起了学校体育在认识上的巨大变化，促使人们对学校体育目标的追求也越来越广泛。概括地说，其目标是促使学生掌握运动技能、增强体质、塑造体育品德、促进个性发展。要实现目标，我们就要树立现代的教育理念，让学生明白：健康第一，成长比成才更重要。体育教师应该彻底改变传统的教育理念，让学生掌握一两项运动项目，并自觉地进行锻炼。

一、学校体育理念

1. 学校体育向着追求阶段效益和长远效益相结合的方向发展

随着终身体育思想的确立，学校体育也向着追求阶段效益和长远效益相结合的方向发展，重视对学生体育兴趣与爱好，独立锻炼身体、身体娱乐、体育欣赏的能力，以及体育意识的培养，由阶段效益观向终身效益观转变，以培养学生的终身体育观为最终目标。在体育教学中，让学生自主、自愿地参加适合自己的体育活动，充分体验运动的乐趣和意义，培养对体育运动的爱好和兴趣，同时通过让学生掌握从事终身体育所需要的体育知识和技能，提高自我锻炼的能力，形成终身体育的态度和习惯。

2. 学校体育向着与健康教育全面结合的方向发展

健康教育是以传授健康知识、建立健康行为、改善环境为核心内容的教育。体育与健康教育的结合已成为我国学校体育整体改革的发展方向。

3. 学校教育向着面向全体学生的方向发展

近年来，学校体育从全面育人和终身体育的目标出发，把提高全体学生的身心健康作为工作重心。全体观实质上是指面向具有个体差异的全体学生。教育工作者在教学中应该针对不同的对象因材施教，关心每一个学生，使学优生、中等生和后进生都能够在原有的基础上得到提高。

4. 学校体育管理逐渐向科学化方向发展

目前，我国基本建立健全了学校体育的组织领导机构，出台了一系列关于学校体育的法规，如《学校体育工作条例》《国家体育锻炼标准》《体育与健康教学大纲》《全国普通高等学校体育课程教学指导纲要》。体育教学方法向发展学生的个性、培养学生的兴趣、使学生掌握学法的方向发展，初步建立了综合的体育教学方法体系。近年来，学校还引进了许多新的体育教学方法，如发现法、程序法等。

二、体育课程解读

学校体育理念是宏观囊括学校体育发展的思路与策略，指导着学校体育的开展与顶层设计。体育课程理念是学校体育微观下的课堂教学思路与方法，是学校体育具体政策的落实。

1. 课程实施性质发生变化

课程实施由被动的体育观向主动的体育观转变，注重体育教育的双重作用。在教学过程中，教师的主导作用主要体现为发展学生的个性和调动、提高学生的积极性，也就是说，教师既要善于激发学生的学习兴趣，又要善于引导他们充分理解和参与学习过程，使被动的教与学变成主动的教与学；学生的主体作用主要体现为主动地去体验体育运动中的乐趣，真正认识到体育运动的价值，并通过合理的自我体育实践自发地形成体育兴趣、习惯和能力。

2. 课程作用发生变化

近年来，随着体育教育改革的深入、体育教学功能的日趋扩大，学校体育已超出了增强学生体质这种单一的功能，具有促进学生身心协调发展的全面效用。因此，我们就要从多方面挖掘体育的功能，不断拓展学校体育教育的范围，这样才能真正发挥学校体育在整个教育和体育事业中的作用。在体育教学中，可以充分利用体育的特性来提高学生的社会适应能力，如在群体环境中的身体练习能够促进学生自我观念的形成；团队活动可以培养学生的团队合作精神；体育竞赛有助于培养学生的抗挫折能力和竞争精神；体育活动中的规则效应可以使学生在潜移默化中学会顺应与服从。

3. 课程参与主体发生变化

由国家本位观向学生本位观转变，体现了学生个性化发展的教育理念。国家本位观指在教学过程中过多地强调集体化、统一化，过多地强调国家意志、劳动为国、锻炼为国，突出了学校体育的社会性、国家性和工具性，忽视了学生的个性化发展。学生本位观指要发现学生的价值，发挥学生的潜能，发展学生的个性，把人的自我实现、形成完美的人性和达到力所能及的最高境界作为教育的终极目标，尊重学生的情感体验，尊重学生在学习过程中的主体地位，使每个学生都能找到自己的最近发展区，找到适合自己的体育活动。

三、指导思想展望

1949年以前，我国的体育观念十分落后，只局限于运动健身，并且只是照搬西方的模式，没有一套自己的完整的理论体系。中华人民共和国成立以后，特别是改革开放以来，我国系统而全面地学习、借鉴了国外先进的学校体育教学理论，总结了我国多年来的体育教学理论与实践成果，并在此基础上逐步形成了新的、具有中国特色的学校体育观念。

1. 中华人民共和国成立至改革开放初期

(1) 全面学习苏联教学理论，确立“三基”教学思想。“三基”指的是基本知识、基本技术、基本技能。基本知识是指运动技术学习中所包含的动作要点与学习方法；基本技术是指符合人体运动科学原理，能充分发挥身体潜在能力，从而有效地完成动作的方法；基本技能是指按一定的技术要求完成的动作。

(2) 持有生物体育观。20世纪70年代末80年代初，为了促进学生身体形态、机能素质和基本活动能力的全面发展，培养学生强健的体质，为学生当前的学习及将来的工作打下基础，我国体育界提出了生物体育观。生物体育观是指在教学过程中，运用身体练习等手段对学生进行教育和训练，以提高学生的生理机能为目标的一种教学观。

(3) 形成快乐体育思想。我国自20世纪80年代中期，伴随着经济的改革和社会的发展，学校体育也不断学习、吸收着国外的新思想，德国、日本的快乐体育思想开始影响我国，我国的体育教育工作者也充分认识到了寓教于乐的重要性，经过多年的理论研究与实践探索，形成了从学生兴趣入手，发展学生身体素质，健全学生运动人格，丰富学生体育情感，固化学生体育爱好，养成学生稳定的体育行为习惯的“快乐体育”思想。这是体育教育艺术的最高境界，也是成功体育教育的必由之路。

2. 改革开放后期至今

（1）健康第一。素质教育要求学生学会做人、学会求知、学会生活、学会健体、学会审美。在素质教育观念的指引下，学校体育以奠定学生终身体育基础为主，树立健康第一的观点，切实加强体育工作，从培养学生的兴趣入手，引导学生走向终身体育。只有对体育产生兴趣，学生才能喜欢体育；只有喜欢体育，才能培养出具有运动特长的学生；有了爱好与特长，学生才能掌握基本的运动技能，养成坚持锻炼身体的良好习惯。这些观念将伴随着学校体育实际条件的改善及新的教学理论体系的形成，使我国学校体育在观念和实践上实现与素质教育、终身教育及“健康第一”教育观念的接轨。当前，随着素质教育、终身教育、“健康第一”教育观念的提出，人们对学校体育的功能和人才培养的认识不断深入，对学校体育学科特性的讨论也逐步展开，也必定会从更多角度对学校体育观念展开研究。

（2）以人为本。以人为本强调要体现人的主体性，也就是“做自己的主人”。以人为本已经逐渐成为我国的一种基本教育理念，其核心内容就是把促进所有学生的全面发展作为教育的根本目的。换而言之，教育必须以学生为中心，充分发挥学生的主体性和创造性。这一教育思想对我国教育的整体改革有着极为重要的影响。学校体育的主体是学生，学校体育以学生为中心，注重学生个性的发展和能力的培养。也就是说，在体育教学过程中，应该重视学生的情感体验，努力使学生将体育学习和活动作为自己的内部需要，并产生强烈的求知欲望和探究意识，从而提高体育学习的成绩和体育活动的能力。学校体育应面向全体学生，从教学内容的选择到教学评价的实施都要充分关注学生的个体差异，使每一个学生都能获得成功的体验，从而增强学生在体育学习和活动中的自尊心和自信心。

（3）终身体育。终身体育是20世纪90年代以来在体育的改革和发展过程中提出的一个新概念。终身体育，指一个人终身进行身体锻炼和接受体育教育。终身体育的含义包括两个方面的内容：一是指人从生命开始至生命结束都参加身体锻炼，体育是人一生中始终不可缺少的重要内容；二是在终身体育思想的指导下，以体育的体系化、整体化为目标，为不同时期、不同生活领域中的人提供参加体育活动机会的实践过程。终身体育作为体育教学的指导思想，与终身教育思潮密切相关。在国外，早在20世纪60年代，继续教育专家保罗·朗格朗首次提出了“终身教育”一说。体育作为教育的组成部分，随终身教育顺势产生自不待言。在我国，20世纪90年代，终身体育伴随着改革和发展正式诞生，随时空延伸而拓展。“终身体育”这一思想的提出，得到了世界上许多国家的体育学者的赞同，并逐渐成为一种新的体育思想。

第三节　学校体育内涵挖掘

毛泽东在《体育之研究》一文中开篇就指出：“国力茶弱，武风不振，民族之体质，日趋轻细。此甚可忧之现象也。”他认为体育对于个体来说能“强筋骨”“增知识”“调感情”“强意志”，对于国家来说则能造就一代又一代身体强健、精神刚毅的国民。作为体育教师，我们要先弄清楚学校体育具备哪些功能，之后才能在具体的工作中有的放矢。下面，笔者将从学校体育要素、任务、作用三方面来阐述。

一、学校体育要素

（一）学校体育存在要素

（1）体育教学（以体育课为主要形式）。

（2）课外体育活动（由学校或学生自行组织，以学生体育锻炼为主要内容）。

（3）运动代表队训练和各种形式的体育比赛（如班级赛、校际赛、各类选拔赛，以及地区和全国性比赛等）。

（4）早操和课间操（前者多为学生个人自由锻炼或学生自由组合锻炼，后者多为有组织的徒手体操活动）。

（5）科学的作息和保健措施（旨在保证学生有足够的睡眠、休息和锻炼时间，同时要指导学生讲究卫生、注意营养、预防疾病发生等）。

（6）体育科研（以教研组建设为主，辅助校本科研，具体结合论文撰写、课题研究、校本课程开发、特色创建等）。

（7）学校体育文化氛围构建（营造在校学生每天活动一小时的运动环境）。

（8）教师及学校的发展（学校体育最终得靠体育教师去落实，阳光体育开展得是否到位，得益于体育教师的不懈奋斗。没有体育教师的努力，就谈不上学校体育发展）。

（二）学校体育发展要素

学校体育发展要素包含三方面：关注学生发展、促进教师发展、实现学校发展。

1. 关注学生发展

我们应从学校体育课发展目标来谈学生的发展。

（1）促进学生的身心发展，增强他们的体质，并对他们进行道德品质的教育，使他们能很好地完成学习任务，为将来从事社会主义建设事业打下基础。

（2）传授体育基本知识、技能和方法，使学生热爱体育运动，懂得怎样锻炼身体，并养成坚持锻炼身体的习惯；对有发展条件的学生进行系统的业余运动训练，为国家发现和培养优秀的体育人才。

（3）结合体育向学生进行道德品质、人格素养等精神文明的教育，使学生认识到体育对个人、民族和国家的重要意义，引发学生锻炼身体的自觉性，培养学生的终身体育意识。

2. 促进教师发展

当今教育强调教育工作者要在发展学生的同时，也要实现自身的专业成长。邓小平提出：教育要面向现代化、面向世界、面向未来。这在无形中也要求教师向专业成长的方向发展，否则教师的教育观念就会跟不上时代的发展。

（1）为教师提供发展的平台。以厦门市为例，每位教师都有机会参加各个区的教坛新秀比赛、教师技能大赛，还可以参加岗位大练兵、全省录像课评比、全国十城市体育科研等。只要教师自己肯努力，就一定能取得成绩。

（2）教师要多读书、勤思考。教师既要读教育类书籍，也要读其他方面的书籍，因为前者能提高教师的专业素质，后者则能开阔教师的眼界。在选择书籍时，要选择经典著作；读书时要结合自己的教育教学实践经验来思考；读书后最好能写读书心得。

3. 实现学校发展

学校教育面对的两大主体是学生和教师。学校发展与师生发展是相辅相成的——有文化内涵的学校能促进师生发展；卓越的师生会提升学校的名气，促进学校发展。

二、学校体育任务

（一）学校体育任务的解读

1. 落实国家体育政策

笔者在第一节已经阐述了几十年来我国颁布的关于学校体育发展的重大政策和重要文件。学校体育是国民体育的基础，对增强人民体质和提高竞技体育水平有着重要的战略意义。因此，学校体育的发展水平也成为大众体育普及水平的重要标志。同时，学生在学校中所形成的体育观念、能力和习惯，有助于他们在踏入社会后成为大众体育的生力军，从而极大地推动大众体育的发展。中小学是学生长身体的最佳时期，体育锻炼是影响人体生长发育最积极的因素。在学生时期，加强体育锻炼，能促进身体的生长发育，增强体质，为一生的健康打下良好的基础。鉴于此，学校应该制定年度体育工作计划，通过课堂教学、大课间、课外训练、竞赛等形式丰富学校体育活动，使学生从多个渠道参与体育运动，促进体质发展，掌握一定的体育技能，为终身体育打下基础。

2. 制定体育教师专业发展规划

随着近代实验科学和人文科学的发展，以及德育、智育、体育“三育并重”教育思想的倡行，体育已成为一种独立的社会文化现象，并在学校教育体系中越来越受到重视，从而得到迅速发展。体育教师水平的高低直接影响着学校体育的发展。由于大部分体育教师不太擅长做理论方面的研究，不太擅长制定自身专业发展规划，不太能自觉地提升自身各方面的素质。因此，学校要更加注重引导、关注体育教师的发展，并制定体育教师的专业发展规划，以实现学校的全面发展。

3. 培养终身体育意识

学校体育发展到现在，已超出了个人的学生时代，具有终身意义；超出了学校教育的范畴，具有广泛的社会价值；超出了强身健体的独特功能，具有促进身心协调发展的全面效能。为此，体育教师务必培养终身体育意识，加强全面管理，努力完成下列任务：（1）传授体育卫生保健知识和健身、健美、健心的技术与技能，使学生掌握科学健身与养护身心的方法；（2）积极创造条件，提供机会，全面锻炼学生的身体，促进学生体格健壮、姿态优美、身体健康，全面发展学生的体能、机能和心理能力，提高学生的适应能力和审美能力；(3) 加强思想教育和健康教育，促进学生的个性化发展，培养学生的健康意识、体育意识与公民意识，使学生养成良好的思想、行为、道德作风及坚持体育锻炼的习惯；(4) 丰富校园体育、文化娱乐生活，发展学生的体育能力、社交能力与团结合作精神。

(二) 各个部门的职责

1. 校长或副校长是学校体育工作的主管

其基本职责包括以下五个方面：(1) 根据上级教育行政部门的有关指示，结合学校各个阶段的工作任务，对学校体育工作提出总的目标要求，并将其列入学校工作计划之中；(2) 深入实际，检查、评估体育教学和课外体育活动的开展情况及效果；(3) 加强对体育组（室、部）和体育教师的领导，认真听取教师的意见和建议，关心他们的工作与生活，鼓励并支持他们钻研业务，尊重他们的辛勤劳动；(4) 要求班主任、辅导员乃至全体教师重视学生的德、智、体、美全面发展；(5) 提供必要的体育经费和物质条件保证。

2. 体育教研室（组）是学校中具体组织实施体育工作的部门

其基本职责包括以下六个方面：(1) 根据党的体育教育方针、上级对体育工作的指示及学校教学工作计划和学校实际情况，会同有关部门制定必要的学校体育工作规章制度，报请学校领导审查批准，定期向学校领导汇报体育工作情况和存在的问题，并提出具体的改进意见和建议；(2) 组织全体教师认真开展体育教学和学校课外体育活动；(3) 协助学校医务部门定期检查学生的身体，为学生建立健康卡片；(4) 协助总务部门做好场地设施器材的修建、选购、维修和保养工作，教育学生爱护公物，动员教师维修、自制体育器材；(5) 做好体育宣传工作；(6) 关心教师的生活，帮助其解决实际困难。

3. 体育教师是学校体育工作的具体执行者和中坚力量

其基本职责包括以下七个方面：(1) 自觉坚持政治、思想、业务进修，做一名具有高尚的道德品质、丰富的文化知识、较强的教育教学能力，体格健壮、姿态优美的体育教师；(2) 根据教育计划和课程标准及时制定各种教学计划；(3) 热爱、关心学生，上好体育课，积极开展学校体育活动；(4) 协助学校医务部门检查学生的身体，为学生建立健康卡片；(5) 积极做好体育宣传工作；(6) 自己动手及时维修、自制体育器材，教育学生爱护公物；(7) 结合学校体育实践，积极开展科学研究工作。

4. 班主任、年级辅导员是学校体育工作的有力支持者

其基本职责包括以下三个方面：(1) 将体育工作列入本班、本年级工作议事日程，并结合本班、本年级实际情况做好具体计划安排；(2) 加强对学生进行有关党的教育方针、思想品德的教育，鼓励学生在搞好文化学习的同时，积极上好体育课，参加课外体育活动；(3) 以身作则，规范带头，主动协助体育教师开展各项体育工作。

三、学校体育作用

（一）增强学生体质，促进学生健康成长

学生的身体素质不单是一所学校人才培养质量的重要指标，还是一个地区教育发展水平的重要指标，更是一个社会文明进步的重要标志，关系到国家的综合实力。体育运动能改善和提高中枢神经系统的工作能力，促进机体的生长发育，提高运动系统的技能。学校开设的体育课、开展的大课间活动等，都能增强学生的体质，促进学生健康成长。

（二）培养学生坚强的意志品质和高尚的品德

严格的体育训练，可以加强学生的组织性、纪律性，培养学生的集体主义精神。体育运动中的对抗性，可以培养学生良好的意志品质，增强学生的耐力。同时，在体育运动这样一种特殊环境中，学生努力控制和约束自己的不良行为，表现出良好的道德风貌，从而为良好道德品质的形成打下基础。

（三）促进学生智力发展

学校体育不仅能够使学生的体质得到增强，而且可以促进学生智力的发展。科学研究证明，坚持体育锻炼可以提高大脑皮层细胞活动的强度、均衡性和灵活性。体育运动还可以培养敏锐的感知能力、灵活的思维能力、丰富的想象能力，以及良好的注意力和记忆力。这一切都有利于学生的智力开发，有利于他们学习和运用科学文化知识。

（四）培养学生的审美情趣

学校体育以其丰富的内容和形式，不仅能塑造学生体形的外在美，而且能培养学生的审美情趣。特别是健美操、形体课、花样跳绳等课程，能提高学生感受美、表现美、创造美的能力；各级各类的运动竞赛能更好地

促使学生认识和表现自身在运动方面的美，使学生的身心得到更加充分、自由、全面的发展。

（五）为学生提供娱乐休闲

学校体育还是一项高尚的娱乐休闲活动。广大学生在学习科学文化之余参加体育运动，能够使紧张的神经得到放松，享受运动带来的快乐。这既是一种很好的大脑调剂和恢复手段，又是一种有益于身心健康发展的业余文化生活。

（六）打造多元体育文化

体育和教育都是人类社会的文化现象，随着人类社会的产生而产生，随着人类社会的发展而发展。同时，它以越来越复杂的形式适应着社会发展的需要。体育和教育从来就是紧密地联系着的。体育作为培养人和教育人的必要手段，历来都是教育的重要组成部分。体育作为教育的组成部分，也具有新的特征，出现了新的趋势，如体育教育义务化、体育设施开放化、体育方式多样化、体育手段科学化等。体育在教育中的重要作用已为更多的人所认识，它作为一种理论、知识、方法体系已为更多的人所接受。

第四节　体育课堂功能分析

体育是我国社会主义教育的重要组成部分之一，是贯彻党的教育方针、实现教育目的的一个不可缺少的方面。因此，体育教育工作是学校工作的重要内容之一。马克思在《资本论》中指出："未来教育对所有已满一定年龄的儿童来说，就是生产劳动同智育和体育相结合，它不仅是提高社会生产的一种方法，而且是造就全面发展的人的唯一方法。"毛泽东在《体育之研究》一文中对体育的意义、作用、方法做了精辟的论述："体育一道，配德育与智育，而德智皆寄于体，无体是无德育也。"

一、身心全面发展

在一个高度自动化、高效率、高竞争、快节奏的工作环境中，人们精神高度紧张，心理负荷强度明显增强，再加上身体锻炼不足，饮食营养结构不合理，导致现代文明病出现和泛滥。使青少年免受现代文明病的困扰，成为身心全面发展的人，已成为现阶段学校体育的重要使命。

1. 磨炼意志

体育增强身体素质的功能不必多说。除了强身健体之外，体育更能实现文化学科无法完成的育人功能。体育课主要在室外上课，夏天比较热，冬天非常冷，在烈日下或严寒里运动对学生的意志力是一种挑战。团体性的运动项目还能培养学生拼搏向上、超越自我，不服输的精神。

2. 远离疾病

体育是保持终身健康的重要手段。据统计，全国初中生近视率为60%，高中生近视率为76%，不少学生还患上高血压、心脏病等慢性病。有一部分学生由于学习压力过大，导致产生抑郁、孤僻等心理疾病。实践证明，学校体育课成为生生、师生之间相互交流、共同运动的课堂。此外，很多问题也可以通过课外体育锻炼来解决。

另外，以笔者所在学校为研究对象进行调查，发现在校教职工共268人，平均年龄为43岁，85%以上的教师处于亚健康状态，不少人患有脊柱炎、肩周炎、肥胖或其他疾病。假如教师都这么无视自身的健康，还谈什么关注学生的健康？学校还怎样贯彻健康第一的指导思想？

二、素质教育窗口

学校领导及体育教师首先应解决对素质教育的认识问题。要知道，体育课和其他课同样重要，从某种意义上讲，体育课甚至更为重要，也应实施素质教育。

（一）素质教育

实施素质教育是基础教育的必然选择，也是广大教育工作者的神圣使命。面对这一光荣而繁重的任务，每个教育工作者都必须端正自己的教育思想。就素质教育的宗旨而论，其着眼点和着力点均应聚焦于每个学生，因而素质教育必须贯穿所有开设的学科及面向每个学生。

素质教育的一个基本要求就是让每个学生在德、智、体、美诸方面都得到生动活泼的、主动的发展。这种发展是全面和谐的，既有共性，也有个性。共性指社会对人的基本要求，主要体现为教育方针的要求；个性指各具特色的个体性。全面和谐发展，就是共性与个性的和谐统一。

（二）能力培养

体育课程应该秉持一条宗旨：以培养学生“带得走”的能力为出发

点。关于教育，爱因斯坦有一句名言："教育就是忘记了在学校中所学的一切之后剩下的东西。"也就是说，只有那些"剩下的东西"才是"带得走的能力"，只有关注学生"带得走"的能力才能关注学生走出学校后一辈子的可持续发展。

1. 综合素质的培养

我们要从课堂开始关注学生的行为，从细微处入手，培养学生良好的课堂行为习惯，让课堂教学"润物细无声"地促进学生综合素质的发展。学生的综合素质包括个人胸怀、学习习惯、毅力品格、问学能力。

（1）个人胸怀。竞技体育强调竞争，学校体育则更加侧重合作。我们要培养学生的竞争意识，更要培养学生的团队意识；要强调同学之间既是竞争对手，更是学习伙伴，要强调合作、宽容、友爱。学生在这样宽松的课堂氛围中，胸怀就会变得更加无私、宽广。

（2）学习习惯。终身学习、终身体育，这些都是良好习惯的代名词。课堂行为主要是学生学习习惯的呈现，只有培养学生良好的课堂行为习惯，才能使学生养成终身学习的习惯。课堂上，教师不应一味地灌输，而应该注重培养学生自主学习的习惯。学生若不会主动学习，是无法养成终身学习的习惯的。教师在创设课堂情境时，应以学生为本，根据学生能力的不同，设置难度不同的问题让学生去尝试解决，从而培养学生自主学习、合作学习的习惯，促使学生形成探究、创新的意识，从而养成终身学习、终身体育的习惯。

（3）毅力品格。近年来，学生的体质呈下降趋势，吃苦耐劳的精神也不如从前。大部分学生是独生子女，往往缺乏互让、互助的精神，比较有个性，容易以自我为中心。其中的大多数家庭条件比较优越，学生较少遇到过挫折、失败，承受挫折、失败的能力不强。苏轼说过："古之立大事者，不惟有超世之才，亦必有坚忍不拔之志。"对学生毅力的培养、良好道德品格的熏陶，是促进学生综合素质全面发展的一个重要指标。

（4）问学能力。课堂学习除了自主学习、合作学习之外，更强调学生的探究精神。教师不应只把学生当成接收知识的"容器"，而应该把学生培养成课堂的质疑者。教师除了要允许学生发出不同的声音外，还应该鼓励学生以不同的视角去看待问题、从不同的立场去寻找问题。问学能力是对学生自主学习能力的一种提升，教师要怀有博大的心胸与深厚的智慧去培养学生的课堂问学能力。

2. 实践课堂的构建

(1) 组织能力。在体育课，教师应构建学生实践的平台。比如，每节课让1～2个学生自己编操，然后进行带操。学生自编动作的要求是简单易学，教师要关注带操人的队伍组织、调动能力。

(2) 表达能力。教师应该设置情境，因地制宜地让学生进行课堂的组织管理。比如，带操部分由学生自己完成动作的讲解及教学；分组练习时，教师要注重巡视指导，把机会、任务留给小组长，让小组成员自己去组织、安排；课堂评价时，教师要发动学生参与，引导学生把自己对课堂的看法讲出来，允许学生各抒己见，以提高学生的表达能力。

(3) 创新能力。创新是课堂活力的源泉，教师可以从课堂结构、动作元素、队形变换、教学方法等方面来引导学生进行创新。教师要以课堂为载体，构建学生综合实践的平台，激发学生的智慧。课堂结构可以分为开始部分、基本部分、结束部分三大块。教师根据每部分的教学内容设计学生的任务与角色，引导学生积极参与，发挥学生的主体作用。教师要结合不同体育项目，鼓励学生去收集相应的材料，把各个元素的精华融入课堂，开拓自己的思路。比如，排舞课可以引导学生利用不同的人数结合动作特点进行队形创编；音乐编排主要是让学生根据不同的舞码元素去寻找合适的音乐，强调一支排舞尽量融入第二风格的动作元素，有了这些要求之后，教师就可以引导学生进行简单的音乐剪辑与编排了。

三、健康意识引领

体育课程改革的精神是指在健康第一的指导思想下，在体育教学中培养学生的终身体育意识，体现学生的主体性，确保每一个学生都受益。

第一，学校体育是终身体育的基础，运动兴趣和习惯是促进学生自主学习和终身坚持锻炼的前提。无论是教学内容的选择还是教学方法的更新，都应特别关注学生的运动兴趣。只有激发和保持学生的运动兴趣，才能使学生自觉、积极地进行体育锻炼。充分发挥学生的学习积极性和学习潜能，增强学生的终身体育意识，是21世纪我国学校体育发展的趋势。

第二，终身体育是指一个人终身接受体育教育和有目的地进行体育锻炼，以此来提高身体素质、改善健康状况、满足精神需求。终身体育按人的生长过程和受教育环境的不同可分为三个阶段：学前体育、学校体育和社会体育。学前体育主要是在家庭影响和家长帮助下让孩子进行一些简单活动，其目的是保育和培育。学校体育主要是学校和体育教师对学生进行全面的、系统的教育，其目的是发展学生的身体素质，促使学生掌握一定的运动技术技能和体育理论知识，学会体育锻炼的方法，形成锻炼的意识和习惯。社会体育主要是由社会、单位或家庭组织的体育活动及个人的体育锻炼行为，其目的是运用科学的锻炼方法，反映锻炼结果或进行强身健体。

第三，假如没有在学校体育中掌握一定的运动技术技能和体育理论知识，培养锻炼的意识和习惯，就不可能在社会体育活动中获得科学锻炼的方法及健康的体魄，更不可能把一切知识才能发挥出来，为国家的强大、民族的昌盛做出应有的贡献。“生命在于运动”，对学生进行健康教育，增加学生的卫生知识，提高学生的自我保健能力，是学校体育的根本目的，也是广大体育教育工作者应尽的职责。

第五节　体育课安全与预防

体育课中经常会发生扭伤、挫伤、拉伤、碰伤等运动损伤，偶尔也会发生一些重大的安全事故，轻者影响学习，重者可能造成身体残疾，甚至危及生命，为学校、学生、家庭带来重大的损失。因此，广大体育教师应高度重视安全教育，落实安全措施，使学生健康快乐地进行体育锻炼。

一、增强安全意识

（一）建立健康档案

班主任对本班学生的健康状况要有一定的了解，尤其要对一年级新生或转校生的健康情况进行摸底调查，如果发现有学生患有先天性疾病，要及时通知体育教师，不要让其参加剧烈的体育运动。当然体育教师也要了解自己所任教班级的学生的健康状况，要特别关注那些身体素质不太好和有先天性疾病的学生，根据学生的健康状况安排适当的运动量。对于医生建议不要参加体育活动的学生，教师可安排其见习或在教室休息。

（二）不断关注学生

在体育教学中，教师要善于观察和发现学生的异常表现。如有的学生因心情不好而乱发脾气，情绪表现不稳定，甚至产生攻击性行为。对这样的学生，我们既要合理地批评，同时也要善于引导，及时发现他们身上的闪光点，给予表扬和鼓励。再如，在体育课中有些学生喜欢参加接力赛等竞争性强的游戏，即使有时身体不适也不告诉教师，如果教师不留心往往就容易发生事故。所以课前教师要问一下有没有身体不适的学生，有的话马上安排其为见习生。在课上和课后，教师也应留心观察学生是否有身体不适的表现，以便早发现、早处理，避免安全事故的发生。总之，体育教师要善于观察学生，常与学生沟通，做好健康体育教育工作，使学生愉快、健康地进行体育锻炼。

（三）强化自我保护意识

现在大部分学生是独生子女，抗挫折能力比较差，自我保护意识淡薄，因此必须加强学生的自我保护意识。如身体失去平衡时应立即向前或向后或向左或向右跨出一大步，以保持平衡；从高处跳下时前脚掌要先着地，同时屈膝缓冲。另外，教师还要教会学生互相保护、互相帮助的方法，以预防安全事故的发生。

二、加强安全监管

在体育教学中，教师不仅自身要具有高度的安全意识，同时也有责任和义务促使学生树立安全第一的思想。

（一）提升安全意识

第一，体育教师应结合学校的要求在平时的教学中常常渗透安全教育。比如，开学的第一堂体育课，要对学生强调几点：上体育课时不准带小刀、铅笔、钥匙、手表等危险物品；排队要做到“静、齐、快”，但只能快速地走出教室排队，不能跑，更不能推旁边的同学；排队下楼梯时一定要靠右侧通行；如果身体不适，一定要及时请假；等等。特别在小学阶段，前半节课可以进行安全教育，后半节课就带学生做安全上下楼梯及安全队列的练习，对做得好的学生及时进行表扬并奖励，这样就可以进一步增强学生的安全意识。当然，仅靠一节课的教育和练习肯定是不够的，在平时的课堂中教师要时不时地提醒学生要有安全意识。比如，有的学生很调皮，站队时因为觉得好玩就相互推撞，有的学生平衡协调能力差，很容易因碰撞而摔倒，造成身体损伤等安全事故，为此教师应在迅速制止碰撞行为的同时给予适当的批评教育，让学生明白这种错误的行为可能产生不良的后果，以杜绝同类事件的再次发生。

第二，在学校开展体育课教学和课外体育活动、体育比赛的过程中，无法做到完全避免学生体育运动伤害的发生。为了保护学生、教师和学校的合法权益，保障学校体育工作的有序开展，各级教育行政部门和各级各类学校要认真贯彻落实教育部印发的《学校体育运动风险防控暂行办法》和《学校安全工作条例》，建立健全政府主导、社会参与的学校体育风险管理机制与校园意外伤害事故处置应急机制，加强对体育设施的维护保障和使用管理，加强安全管理、安全教育和培训，制定校园体育安全管理工作方案和活动安全预案，落实安全工作责任制，切实保证学校体育活动的安全。

第三，对于体育教学中的安全问题，学校和教师都应以一种客观的态度去看待，以积极的方式去思考，用正确、合理、科学的方法来预防和杜绝安全事故的发生。只要学生和教师在思想上重视安全教育，同时教师在教学中处处想到学生、关爱学生，在管理上要求严格，就可减少或避免安全事故的发生，真正让学生健康快乐地成长。

（二）加大安全教育力度

1. 强化课堂常规

体育教师要要求学生穿运动服和运动鞋上课，严禁学生有嬉戏取闹、任性蛮干、动作粗野等违反运动规则的行为。另外，准备活动要充分。在投掷项目的教学中，教师要严格按照教学程序和教学原则进行，对学生站立的位置要严格限制，让学生远离危险区，严禁对掷，告诉学生要等同组同学都投掷完以后听到哨声才能统一捡回器材，或者安排见习生帮忙，队伍中其他的人不可乱跑、抢掷。一旦发现某些意外安全事故的苗头，教师应及时制止。

2. 加强安全预防

场地器材的准备是最基本的安全预防，也是引发安全事故的最主要外部因素，是可见的，也是可预防的。在上课前，体育教师必须仔细做好场地和器材的安全检查工作，如有安全隐患，应及时排除后再组织教学。比如，在教学和组织比赛时要特别注意场地是否平整，及时清除小石块，防止绊脚引起的不必要的安全事故。又如，跳远时，沙坑没有平整好、沙子过少或沙坑中有学生玩耍时留下的砖头和石块等都有可能引发安全事故。

3. 严格器材管理

体育器材的放置有一定的讲究。比如，跑的项目中最好不用球做标志物，尤其往返跑和蛇形跑等，若用球做标志物，一旦学生无意碰到它，它容易滚动而离开原来的位置，可能让学生绊脚甚至造成严重的安全事故。又如，学校的单杠、双杠等，受日晒雨淋，天长日久就会生锈，若不及时保养和修理，学生在活动时就容易发生断裂，使学生摔伤。所以教师在上课前一定要检查器材，排除安全隐患。

三、杜绝一切体罚

学生免不了犯错误，对于犯了错误的学生，我们教育工作者应该怎样进行教育呢？要注意，教师在教育学生的时候应该恪守教育法律法规的底线，不能过度，不能体罚。

无论是体罚，还是变相体罚，都是一种侮辱人格的行为，这种行为会对学生造成严重的后果，不利于他们的健康成长。由于受到人身伤害和人格侮辱的学生容易出现心理问题，而导致学校与家长间的关系趋向恶化的案例也屡见不鲜。由此可见，教师在教育学生时不可以为所欲为，而应当遵守法律，认真履行职责。

其实，教师批评、惩罚学生，大多是为了学生好，是为了纠正学生的不规范行为。可是在批评、惩罚学生时，往往会出现个别学生顶撞教师或不接受惩罚的情况，这样便有可能导致教师粗暴地对待学生，导致惩罚过度。假如教师能把学生当成自己的孩子，时时刻刻都站在孩子家长的角度去看待学生的错误，那么批评的话语就不会那样尖酸刻薄，惩罚的方式就不会那么过激了。

对于体育教师来说，在操场上课，由于环境嘈杂，有时候需要讲解得很大声，有些调皮的学生却自顾自地讲话，这种情况很容易使教师生气，此时教师不能做出过激的行为，而应采用恰当的方法让学生安静下来，比如，暂停讲解，用严厉的眼神注视讲话的学生，或直接点出该学生的名字进行提醒。我们要切记，教育学生的利器是爱，要一切从学生的利益出发，循循善诱，而不要对学生进行体罚或变相体罚。

第六节　体育教师的使命

教师不同于其他职业，它是培养人、教育人、塑造人的职业。所谓

“学为人师，行为世范”，教师的一切言行举止都是学生的榜样。因此，教师的思想政治素质和职业道德水平就成为决定其教育教学水平的关键。一位具有强烈职业光荣感、历史使命感和社会责任感的教师，一定能成为爱岗敬业、忠于职守，以高尚的情操、满腔的热情去教育、引导学生全面发展的良师益友。

一、履行教师职责

（一）把握教育时政

1. 理解教育方针

党的教育方针是培养德、智、体、美全面发展的社会主义建设者和接班人。培养什么人和如何培养人，是事关国家长治久安、事关中华民族前途命运的大事。体育教师要牢固树立“学校教育，育人为本；德智体美，德育为先”的思想，除了课外对学生进行思想政治教育外，更多的是要在体育课的教学中，发掘蕴含其中的思想政治教育资源，并在各个教学环节中恰当地融入思想政治教育的内容。

2. 贯彻教育思想

学校教育应该贯彻健康第一的指导思想，倡导终身体育，以促进学生身心健康发展为目的，把培养学生的体育兴趣、习惯、意识、能力作为根本目标；将阶段效益与长远效益有机地协调起来，重视在实践中体现学生的主体性，关注学生技能、情感、个性的发展；培养学生的竞争意识和拼搏精神，以发展性、过程性的体育学习评价引导各方面的工作。

（二）具有服务意识

1. 服务学生

教师要增强学生的体育意识，让学生树立健康第一的思想；要站在新起点，以全新的视野、高度的责任感、强烈的事业心来完成自己的使命，真正理解“为目标而教学，而并非为教材而教学”；积极培养学生的终身体育意识，帮助学生在学习中检视和反思自我，明确学习什么和怎么学习，并在学习中提升自身的综合能力；在课堂上，创设教学情境，通过多样的教学手段，让学生积极参与课堂教学，让一些体育意识、理念在课堂中得到强化，让课堂生成更加接近生活。

2. 服务学校

（1）抓好学校体育。教师要把学校体育工作做好，组织好大课间，上好体育课，抓好运动队训练。学校体育是学校对外的一面旗帜，大课间又是学校德育的窗口，因此，体育教师应积极配合德育处，做好大课间的开展规划及评价工作。

（2）构建学校体育文化。体育教师要积极挖掘学校体育内涵，宣传学校体育工作，让师生共同关注健康；寻找、搜索和利用一切学习资源，强调生命课程，让学生珍爱生命、注重锻炼。

3. 服务自身

教师只有服务好自己，解决自身的专业发展、职称评定等问题，才能更好地服务学生、服务学校。不关注自身发展的教师，不能算是一名好教师。

（1）上好体育课，做一个称职的教师。教师要把健康第一的指导思想充分融入自己的生活之中，以身作则，课内外积极参加体育锻炼，通过言传身教贯彻终身体育的理念。

（2）做好体育科研，规划自身专业成长。要从一个称职的教师过渡到优秀的教师，需要强化自身的科研意识。很多出色的体育教师，个人的专业技术很出色，但在科研方面比较薄弱，因此要想成为优秀乃至卓越的教师，还需要做好自身的职业规划，努力实现设定的目标。

二、正确定位角色

大量的研究表明，教师职业生涯的头几年是教师从事教育教学工作的关键期。教师职业有其特殊的专业要求，一个人要胜任教师职业，不仅需要接受正规的职前师范教育，掌握必要的知识和良好的技能，还要具备从事教学工作的其他专长。

（一）体育教师的“三天”

1. 传统的昨天

这个时间段为 1978 年至 2000 年，学校体育工作处于一潭死水之中，体育教师的地位较低。在偏远的地区，体育课基本上意味着“放羊课”，学生自己出来活动活动，“一个球、一只哨子”就是体育课。就是在城市学校里，体育学科也属于边缘学科。

2. 美好的今天

这个时间段为 2001 年至 2017 年。新课程改革吹皱了“一池春水”，学校体育发展也迎来了春天。不同的学校根据各自的特点都在开展体育教育工作，有些学校还把体育当成学校特色来发展。体育教师的地位得到提升，很多体育教师在各项技能比赛中与其他学科的教师相比毫不逊色，体育教师的个人素质、团队精神等都迎来了前所未有的改变。

3. 发展的明天

随着社会的进一步发展，人们追求健康的意识越来越强了。为全面提高国民素质，促进教育事业科学发展，加快社会主义现代化进程，我国颁发了《国家中长期教育改革和发展规划纲要（2010—2020年）》，并指出：全面加强和改进德育、智育、体育、美育；加强体育，牢固树立健康第一的思想，确保学生体育课程和课余活动时间，提高体育教学质量。

可以预见，体育教师将获得更多的尊重，学校体育会得到大力发展，学校教育将真正落实健康第一的指导思想。

（二）体育教师的“四变”

1. 思维转变

传统的体育教师只能依据国家统一规定的大纲授课，没有选择教材的权利，对学生的评价也比较单一、片面。如今，体育教师开始由重传授向重发展转变，由统一规格教育向差异性教育转变，由重教向重学转变，由重结果向重过程转变。

2. 身份转变

（1）教师成为学生学习的促进者。教师要指导学生形成良好的学习习惯，使学生掌握学习策略，给学生以心理支持；把课堂还给学生，实现以学生为主、教师为辅的新型师生关系；采用不同的教学方法，让不同层次的学生都能受益；采用多元化的课程评价方式，关注学生的过程性学习。

（2）教师成为学生的合作伙伴。教师不再是机械的执行者和高高在上的权威，而是学生学习的合作伙伴，帮助学生寻找研究的起点，收集、分析资料，形成行动的策略，并实施与检验行动。

3. 职能变化

学校以健康第一为办学指导思想，因此，体育教师除了要关注学生的身体健康之外，还应关注学生的心理健康、社会适应等的情况。体育教师要用社会主义核心价值观去影响、启迪学生，根据体育课的性质与特点，培养学生的集体、协作、尊重等意识，使学生明白个人的责任与担当，珍爱生命，乐观生活，成长为社会需要的人。

4. 责任变化

学校体育在过去属于边缘学科，很多学校都没有专职的体育教师，或体育教师的地位不高。随着社会的进步、经济的发展，人们开始关注自身的健康、孩子的发展，学校体育迎来了发展的春天。机遇与责任并存，因此，体育教师的责任加重，学校教育对体育教师也提出了更高的要求。

三、和谐人际关系

在《教师心理健康与自我调适》一书中有这样一段话：一个人在职业上的成就，只有15％是由于专门学识，85％是由他们的交往艺术、领导才能与品格决定的。教师只有掌握交往的艺术，恰当地把握好与领导、同事、学生与家长的关系，才能做好教育教学工作，取得最佳的教育效果，成为受人欢迎的教师。

（一）与领导的关系

在学校中，领导与教师都是教育工作者，属于一种特殊的同事关系。但我们要深知一点，领导与教师只存在分工的不同，在人格上是平等的。

然而，有些教师受庸俗的“关系学”影响，在领导面前阿谀奉承、溜须拍马。为了领导能在评定职称、评优奖先、脱产进修等方面优先照顾自己，有些教师不惜给领导送礼，向领导行贿，帮助领导掩盖错误，夸大领导的优点。这是一种庸俗而不正常的人际关系。

此外，有些教师认为自己在教育业务上超过了领导，因而将领导的指导和安排不放在心上，任意更改教学计划、教学内容、教学进度；有些教师在领导分配工作时挑肥拣瘦，斤斤计较，凡事以自己的私利为重，对不符合自己利益的事情就不服从领导的安排，甚至公开与领导吵闹、对抗。这些目无领导、以自我为中心的倾向，在教师与学生中造成了不良的影响。当然，现在也有些学校领导自己不学无术，却胡乱发号施令，给教师指定或指派一些不利于学生身心发展的任务。在这种情况下，如果教师盲从了领导的错误决策，就会给学生和学校造成严重的不良影响。

其实，教师与领导的关系就好比乐队与指挥的关系。如果乐队的成员各自为政，就无法演奏出动听的音乐。如果学校中的教师各行其是、目无领导，或领导不懂装懂、胡乱指挥，学校的管理、教学秩序就会混乱不堪，教师就无法发挥其教书育人的功能，学校也就名存实亡了。

（二）与同事的关系

教师与同事共同处于一个职业群体之中，潜在利益分配等因素有时可能造成一些矛盾。然而，教师必须端正心态，具有合作意识，互帮互助，共同提高。教师尤其是新教师在与同事相处时，要做到以下几点。

1. 恭敬谦虚而不刻意逢迎

儒家提倡“恭则不侮”，意思就是，你尊重他人，也会受到他人的尊重，不会遭受侮辱。教师必须重视自己的言行举止，要处处表现出对对方人格上的尊重、工作上的支持与合作。现在的新教师一般都毕业于高等院校，比起已参加工作多年的老教师来说，学历更高，思想更前卫，观念更新潮，方法更灵活，但毕竟在教育教学实践上还得从头开始。所以，新教师一定不能自恃才高、学历高而目中无人、狂妄自大，同时也不要为了表示恭敬谦虚而刻意逢迎。

2. 心态单纯，坦率真诚

新教师往往对新的环境心存顾虑，特别是刚毕业的教师会觉得社会环境深不可测、人际关系捉摸不定。再加之刚参加工作，总有父辈亲朋教导为人处世要如何小心、说话交往要如何谨慎、同事关系如何复杂等，使得新教师惶惑不安，感觉“人心隔肚皮”，也就“逢人且说三分话，未可全抛一片心”。其实，新教师要保持青年人单纯的心态，坦率真诚地去面对周围的人与事，复杂的人际环境便会变得简单明朗起来。

3. 受得住委屈，挑得下重担

学校为了更好地锻炼新人，往往会把比较有挑战性的工作交给新教师承担。大多数新教师本来是抱着对新环境、新工作的热情和憧憬而来的，这时顿时会产生一种怀才不遇之慨、受尽欺凌之感，于是怨气滋生、热情不再、干劲顿消。这种心态对新教师的成长是不利的。新教师要能受得住委屈，在有挑战性的工作中踏踏实实地干出成绩来，领导和同事自然会刮目相看。

（三）与学生的关系

班级是一个小社会，在这个社会中，教师与学生是一种互动的关系，这种关系对班集体建设具有举足轻重的影响。有资料表明，在学生时代，一个人与教师相处的时间是与父母相处时间的两倍；而教师的人际交往，有80%是与学生的交往。这种朝夕相伴的生活，如果没有和谐的师生关系，没有师生之间的相互理解和相互信任，教师的教育教学工作便难以顺利开展，学生的学习热情就难以提高。那么，怎样才能建立和谐的师生关系呢？

1. 建立良好的第一印象

第一印象是学生对教师第一次最深刻、最清晰的直观感觉，它将长时间地镌刻在学生的心目中。每一个学生，无论是学优生还是后进生，对新的集体、新的教师都会产生某种渴望，渴望自己在新的集体中受在大家的欢迎，渴望得到教师的关注和理解。当然，由于教师个人素质不同，教育风格各异，建立良好的第一印象的方法也不尽相同。教师可以以知识渊博见长，可以以风趣幽默取胜，也可以以亲切和蔼感人。

2. 尊重和信任学生

每一个学生都是独立的个体，都有着自己的思想，虽然有些思想并不成熟。而教师的职责就是要走入学生的内心深处，把学生某些不成熟的思想转变为与班级发展相协调的因素，同时尊重学生的人格，给他们一个可以陈述自己想法的空间。因此，尊重和信任学生是教师与学生建立相互尊重、相互信任的亲密关系的基础，这对营造融洽的心理气氛起着关键性作用。

（四）与家长的关系

苏霍姆林斯基说："教育的效果取决于学校和家庭的教育影响的一致性。如果没有这种一致性，那么学校的教学和教育过程就会像纸做的房子一样倒塌下来。"当今许多因素都影响着学生的身心健康，家长在教育中容易产生种种困惑，需要正确引导。而教师在教育中感到家庭教育与学校教育不和谐，因而需要改变家庭教育的现状。所有这些问题的存在，使教师与家长沟通、协调具有十分重要的意义。教师与家长之间建立密切的联系，互相交流教育信息，形成和谐的合作关系，对学生的成长起着积极的作用。

1. 在平等的基础上相互沟通

在教师与家长的交往中，沟通起着举足轻重的作用。在每一位父母眼中，自己的孩子都是最棒的。他们认为自己的孩子即使犯了错误也只是一时糊涂，孩子的调皮更是一种可爱。一旦孩子在学校受了一点伤或委屈，家长就会非常心疼和紧张。因此，教师要以一颗真诚、善良、理解的心去关爱学生，在平等的基础上多与家长沟通，将一切可能发生的矛盾消灭在萌芽状态，将一切已经发生的误会解释清楚。这样，家长就会越来越信赖教师，会更容易接受教师的意见和建议，并与之积极地配合。

2. 在尊重的基础上相互合作

尊重是合作的基础。教师要尊重家长，与家长保持平等关系。当学生犯错误时应与家长取得联系，但要理解家长的难处，不能把学生的错误归咎于家长。要尊重家长的情感，对家长做到温和有礼。对爱挑剔的家长，教师不能敷衍了事，更不能置之不理，而应主动向家长介绍学生在学校的表现；对“有个性”的家长，教师要以充分的耐心来对待，以宽厚的胸怀来接受家长的意见，以积极的态度来改变家长的看法。

第二章 学校体育活动

从终身幸福的角度出发评价学校体育活动，是学校体育活动的最高评价标准。学校体育活动涉及的项目多，要想使全体师生全面参与体育活动，是一项艰巨而复杂的工作。但在学校及体育教师的共同努力下，学校体育活动一定能够提高学生的自我锻炼能力，促进学生身体素质的提高，培养现代人的社会体育意识，促进社会体育的快速发展，实现社会人因体育活动而终身幸福的目标。

第一节　体育教师基本技能

体育教师的业务素质决定着一所学校体育发展的宽度与广度。业务素质中最重要的是基本技能。体育教师的基本技能包含课程执行力、课间组织能力、课外训练能力、沟通能力、展示能力、科研能力等。

一、基本教学能力

（一）发展现状

如今，阳光体育、学生体质等越来越受到人们的关注，我们首先必须正视中小学体育教师的发展现状。有些教师自己有能力，却随波逐流；有些教师无能力，又不肯付出，在工作上只是应付了事；有体育梦想的体育教师，则能推动学校体育向前发展。

1. 不知何为

很多体育教师的自身素质不高，导致他们不知道该如何开展学校体育工作。学校若重视还好，学校若不重视，教师更不知道该怎么办。特别是教育科研这一块，很多体育教师对此感到很茫然。

2. 不作为

很多体育教师觉得体育学科在学校的地位较低，不受学校重视，要做出一番事业难于“上青天”，于是就得过且过、不作为，不能很好地完成学校布置的任务。

3. 有所为

有所为的体育教师是我国中小学体育教育的希望。他们认真践行教师职责，努力为学校体育发展做出了自己应有的贡献。

（二）原因分析

1. 高校的专业设置不合理

高校教授的课程与中小学日常教学内容严重脱节；高校在设置课程时没办法考虑到全国不同区域的发展；而且随着校园安全日渐被人们所重视，很多高校取消了一些危险性较高的项目，只设置单双杠、跳跃等，基本都是没什么难度的基础性项目。

2. 教育功利化

唯分数论、唯上线率把体育学科边缘化了。有些体育教师对此也感到无所谓，认为只需完成学校布置的任务即可。

3. 体育教师专业发展缺失

受过度强调分数思想的影响，体育学科常常处于边缘地位，学校在考虑教师专业发展、专业培训时往往忽视了体育教师。

4. 体育教师责任心缺失

其实，基本素质不好没关系，还可以加强学习，但责任心的缺失是最为可怕的。有一部分体育教师是因为自己学习成绩不好才选择了体育之路，还有一部分是从小就开始从事体育，文化教育严重缺失，责任心有待提高。

（三）基本能力范畴

课堂是教师的主战场，因此教师的基本能力都是为课堂服务的。下面主要从动手、动嘴、动脑三方面来阐述体育教师在课堂教学中应该具备的基本能力。

1. 动手能力

对于各项技术动作，体育教师要做到示范到位、精确。中小学体育课中需要示范的内容还是比较多的，如田径的跑、跳、投，篮球、足球、排球三大球类，等等。动作教学示范是体育教师必备的基本功，不会示范，就无法胜任体育教师这门工作。

2. 动嘴能力

动嘴能力包括课堂上的讲解、纠错、指导，以及说课、片段教学。讲解是对示范的补充与延续，抽象的动作需要用简单的语言进行陈述。纠错是教师发现问题的环节，指导是纠正环节，包括点评、总结，都涉及教师的语言艺术，言简意赅是教师必须具备的讲话能力。说课、片段教学两项过去常被比喻成单口相声，更是需要较强的语言表达能力。说课即教师要把上课的内容生动地说出来，说出自己的指导思想，进行教材分析和学情分析，把握教学重难点，合理使用教学方法，把整堂课的教学流程说出来，阐述清楚设计意图，并且要掌握语言的声调与节奏。

3. 动脑能力

动脑能力主要应用于计划制定、备课、听课、评课。计划制定主要包含水平计划、学年计划、学期计划、单元计划、课时计划，是教师对整个知识体系的把握与梳理，是对学科知识的宏观把控。备课则是对学科单个知识点的微观设计，精心备课能让课上得很生动。听课是学习别人长处、发现自己短处的一面镜子，教师在听课过程中可进行换位思考，想想如果自己是执教者能上成什么样。听课是为了评课，因此听课的时候注意力要集中，为接下来的评课做准备。评课是听课者水平的直接体现。以上这些能力，都能从侧面反映出体育教师“用脑”的水平。

二、竞技风采展示

（一）说课

说课是指让对教材的某章节有准备的教师根据课程标准和教学理论，对教材内容、教学目标、教法、学法、教学过程等进行全面的设计与阐述（不仅要层次清晰地说明这节课怎样教，而且要简练精辟地说明为什么要这样教），然后由评委评说，提出改进意见，再由授课教师修改、完善的教研形式。

1. 说教材

主要是说教学目标、教学重难点、课时安排、教具准备等，这些可以简单地说，目的是让听的人了解要说的课的内容，关键是教师要说明自己对教材的理解，因为只有对教材理解透彻，才能制定出较完善的教学方案。

2. 说教法

主要是说明“怎样教”和“为什么这样教”。在确定教学目标后，选择恰当的教学方法是至关重要的。因此，说课者要解释自己是用什么方法体现以生为本、渗透德育、培养能力、开发智力的，还要说出自己在教学中是如何引导学生参与课堂教学的，同时说出自己为何选择这样的教学方法。

3. 说学法

主要是说明学生要“怎样学”和“为什么这样学”。说课者要讲清自己是如何激发学生的学习兴趣、调动学生的积极思维、强化学生的主动意识的，还要讲出自己是怎样根据年级特点和学生的年龄、心理特征，运用哪些学习规律指导学生进行学习的，同时要说明开展探究性学习的具体措施。

4. 说教学过程

这是说课的重点，主要是说明自己准备怎样安排教学过程。要按照教学的先后顺序说明每一环节所用的大体时间，重点说明主要环节的教学活动，要致力于教学重难点的突破，并简要说明为什么要这样安排。一般来说，应该把教学中的几个重点环节说清楚，如导入部分、基本部分、结课部分等，在这个过程中要特别注意把教学依据说清楚。

（二）片段教学

近年来，片段教学逐渐成为考核教师语言表达能力的一项测试。它与说课一样，都是为了考查教师的语言组织能力，成为探讨教学教研、评估教师基本素质和展示教师教学能力的重要途径之一。遗憾的是，目前对片段教学的研究较少，尤其是在理论研究上鲜有成果。因此，有必要在片段教学上做一些有益的探索。

1. 什么是片段教学

所谓片段教学，是相对于一节完整的课堂教学而言的。一般来说，是截取某节课的某个局部的教学内容让教师进行教学，时间大致限定在12分钟。也就是说，片段教学只是教学实施过程中的一个缩影，教师通过完成指定的教学任务，来展现自己的教学思想、教学能力和教学基本功。片段教学与正常的课堂教学不同：前者是局部的、虚拟的，功用是开展教研或评价，听课者是领导、同行或专家、评委；而后者是整体的、实际的，功用是传道、授业、解惑，听课者是学生。

2. 怎样进行片段教学

每个学科都有自己的特点，因此，教师首先要树立“大学科”“大课堂”的教育新理念，从知识积累入手，关注学生的内心需求，将兴趣作为学科学习的起点。其次，教师要准确地把握单元和本课的知识点，恰到好处地引导学生进行合作式、探究式学习，在较短的时间内以最优化的组合完成教学任务，把教学的亮点展示出来，这是片段教学的精髓。再次，如果要求在片段教学前说课，那么教师可先用一些时间简要介绍片段教学设计，然后用较多时间进行片段教学（一般可按规定时间安排）。如果要求片段教学后进行说课，那么片段教学就可以用足给定的时间。下面具体说一说怎样进行片段教学。

（1）体现崭新的教学理念。在新课程改革的背景下进行片段教学，必须体现新的教学理念。比如，要根据三维目标来确定教学目标；要采用启发式、讨论式教学方法，充分发挥学生的主体作用，积极倡导自主、合作、探究的学习方式，而不能“满堂灌”；要在新视角下挖掘教材内容，体现新课程理念下的教学价值取向，而不能老生常谈。只有用新理念来指导片段教学，才能紧跟教育教学新形势，片段教学才能有学术价值。

（2）注重片段教学设计。片段教学的内容或由教师自定，或由评委指定，但无论如何，都要吃透教材，做好片段教学设计，只有这样才能在教学时胸有成竹、从容不迫。教学设计涉及教学目标、教学重难点、教学方法、教学步骤等。其中最应重视的是教学方法和教学步骤。教学方法可以体现教师的教学理念，是突破教学重难点、实现教学目标的途径；教学步骤则是教学方法的具体操作程序，安排好教学步骤可以使教学过程有条不紊，富有层次感。在进行教学设计时，还要注意导入语设计、问答设计、活动设计、板书设计等，使之为片段教学增色添彩。教材单元课次的划分、重难点的确定，都是教学设计的重点。

（3）善于虚拟教学情境。片段教学中没有真正的学生，教师必须虚拟教学情境，让教学逼真地进行到底。教师可以提出一个问题让某个学生回答，停顿片刻后，通过评析回答的好坏来完成虚拟的答题情境；可以让学生进行讨论，并在课堂上稍作巡视，通过对不同观点的评论来完成虚拟的讨论情境；可以虚拟争论、质疑、辩论、活动等情境，体现师生互动、生生互动的良好氛围；可以通过口头语言、肢体语言、间歇停顿等来虚拟教学情境，力求真切，忌用提示语加以说明。

（4）注意运用教学语言。既然片段教学是教学活动，不是说课，也不是课后总结，所以要运用课堂教学语言，要像上课那样——有声有色，灵活多变，前后连贯紧凑，过渡流畅自然。教师要把听课者看成学生，有问有答，有交流，用自己的语言、动作将他们带入课堂教学中，使其感受到教师的课堂教学效果。

（5）及时调整自己心态。片段教学中的角色与说课中的角色不同，与讲课中的角色也不尽相同。片段教学中角色的变化需要教师迅速适应，而且在实施过程中因其虚拟性也需要有较强的表演能力，因此教师应有较强的应变能力，能够及时调整自己的心态，让自己尽快地进入片段教学中去。

(6) 努力展示自身素质。如同说课和课堂教学一样，片段教学也能展现教师的基本素质。比如，可以用讲解示范来表现基本功，可以用纠错指导来表现对教学重难点的把握，可以用集合—分组—集合来展示自己的队伍调动能力，还可以用自然的教态、饱满的精神、洋溢的激情去感染评委，引起评委的共鸣，最终获得评委的好评。

三、教师综合素养

(一) 问学能力

问学能力就是体育教师的科研态度与能力，包含学习态度、合作意识、反思高度等方面。

1. 学习态度

一个善于学习、善于向别人“取经”的教师，通过努力一定能提高自身的基本功。其中，主动学习对个人成长的作用巨大。

2. 合作意识

一个愿意合作的人能更好地体现自身的价值。把合作意识作为教师的一项指标，可以预见今后教师专业发展的趋势就是团队构建，学校体育的发展需要团队合作才能实现。

3. 反思高度

反思是教师的成长途径之一，可分为课后反思和阶段总结两类。

(1) 课后反思。课后反思，是对课堂教学过程及结果的理性分析。认真做好课后反思，总结课堂成败，有助于提高教师的课堂执行力和写作能力。可反思如何促进学生主动学习、如何最大限度地增加每个学生活动的机会、如何扩大交流、如何对待学习有困难的学生、如何扩大教师间的交流合作、如何控制课堂秩序等较宏观的问题，也可反思教学设计的得失、对课堂上突发事件的处理、由于自身知识储备不足而引起的尴尬等微观问题。这种反思，可以指导教师以后的教学行为，可以使教学经验升华为理论，促进教师自身的成长，因而是非常可贵的。

(2) 阶段总结。这是针对一段时间教学的回顾与总结。阶段总结可以从教师对课程标准的学习入手，从如何实现严谨治学、团结协作，如何带好队、上好课、出成绩、上台阶等方面来写，还可以从课题研究、学生兴趣爱好的培养、大课间活动的有效组织、课外兴趣小组训练、班级趣味活动等方面去总结。

（二）科研能力

1. 撰写论文

这是针对课堂教学或学校教育中的任何问题进行研究，并总结出解决问题的办法，按论文的格式进行书写的一种形式。可以从校园文化、学生培养、个人发展等角度入手。

2. 进行课题研究

这是针对在课堂教学或学校教育中发生的问题进行系统的研究，采用科学的方法加以解决的一项系统的科研工作。

3. 开发校本课程

这是根据本校发展实际与特点，开设符合本校发展的项目，形成自身的特色课程，对国家、学校课程进行补充与完善的一项工作。校本课程开发是教师科研能力的综合体现，体育教师应循序渐进，注重积累，养成做科研的习惯。

（三）听评能力

1. 听课

听课是教师学习的一个过程，也是发现自身优缺点的一次机会。因此，教师要以谦虚的态度、欣赏的眼光、分享的心态和研究的精神去听、去品、去悟，坚持经常去听不同类型、不同科目、不同学段和不同教师的课，及时向授课教师讨教授课经验，聆听评课教师的意见，并将自己的看法表达出来让其他教师评议，这样会使自己的授课水平得到迅速的提升。那么，听课到底听什么？

（1）听课的结构。课的结构是指课的组成部分及各部分的顺序安排和时间分配。课型不同，课的结构也不同。在听课时，要看教师是怎样安排课堂结构的。例如，在何时采用何种方式呈现教学目标才能最大限度地引起学生的好奇心，激发学生的学习动机；如何设计多种形式的练习，加强知识的应用与迁移；等等。除了注意每个环节的实现方式之外，还要注意时间安排，否则就会出现一节课前紧后松或前松后紧的不合理状况，使课堂结构显得不够严谨。

（2）听教学重难点的突破。一节课的教学重难点能否得以突破，标志着这节课成功与否。听课时要看教师采用什么样的教学方法，化难为易，突破难点，突出重点的，这些往往是他们多年教学经验的积累。

（3）听队伍调动。队伍调动是体育课独有的风景，能显示出体育教师的课堂组织能力和管理能力。但是队伍调动不是多多益善，频繁的队伍调动未必能收到良好的效果。所以听课时要注意结合教学内容，看教师是如何调动队伍的，以及队伍调动是否行之有效。

（4）听课堂气氛。课堂气氛是弥漫、充盈于师生之间的一种教育情境氛围。如果这种氛围是和谐融洽、平等民主的，就能激发学生的潜能，树立学生的信心，培养学生的创新能力。一位好的教师能够创设一种愉悦、和谐、充满人文关怀的课堂氛围。教师是通过何种方式让学生积极参与教学活动的？是以激情感染学生，还是用亲切的语言鼓舞学生？这些都是在听课时需要特别注意的。

（5）听教学细节。细节往往是教师综合素质的反映。有经验的教师举手投足间往往能体现出一定的教育意图，一个肯定的眼神往往会起到使学生自信心大增的效果。对学习有困难的学生，有经验的教师经常用“试试看”“还有没有要补充的”“还能不能再完善些”等非常有人情味的语言鼓励这部分学生积极参与，体现了教师对学生的真心关爱，体现了面向全体、以人为本的教育理念。有的教师在叫学生回答问题时用“请”，同时掌心向上，像托起太阳一样，这一举动中透露出教师对学生的尊重和期待。

（6）听闪光点。一节课哪怕从整体上来看是失败的，但只要认真去听，总会发现一两处闪光点。因此，听课时一定要抱着一种虚心学习的态度，要积极调动敏锐的眼光，善于发现教师课堂上的每一处闪光点，这样也有助于提高自己的教学水平。

（7）听课后的反思、总结。听课后要认真思考：教师为何对教材这样处理？换成自己该如何处理？……思考之后，记下其得失优劣，写下自我反思之法、借鉴之道，并和自己的备课思路进行对比分析，大胆地去粗取精、扬长避短，写出符合自己特点的教案，并付诸实施。

2. 评课

评课有利于改进课堂教学，有利于教师不断反思，有利于促进教师专业水平的不断提高，有利于校本教研的发展。评课时应从以下几个方面进行。

（1）从教学目标方面评析。教学目标是教学的出发点和归宿，它的正确制定和达成是衡量一节课好坏的主要尺度。

首先，从教学目标的制定来看，要看其是否全面、具体、适宜。全面指能从知识、能力、思想情感等方面来确定目标；具体指知识目标要有量化要求，能力、思想情感目标要有明确要求，体现学科特点；适宜指确定的教学目标以课程标准为指导，能体现学段、年级、单元教材的特点，符合学生的年龄实际和认识规律，难易适度。

其次，从目标达成来看，要看教学目标是不是明确地体现在每一个教学环节中，教学手段是否都紧密地围绕教学目标进行，为实现教学目标服务。

（2）从处理教材方面评析。评析教师一节课上得好与坏，不仅要看教学目标的制定和落实，还要看教师对教材的组织和处理。在评析一节课时，既要看教师教授的知识是否准确、科学，更要注意分析教师在教材处理和教法选择上是否突出了重点，突破了难点，抓住了关键。

（3）从教学程序方面评析。教学目标要在教学程序中完成，教学目标能不能实现要看教学程序的设计和运作。由此，评课时必须要对教学程序做出评析。教学程序评析主要包括以下两个方面。

第一，看教学思路设计。教学思路是教师上课的脉络和主线，是根据教学内容和学生水平两个方面的实际情况设计出来的。它反映一系列教学措施怎样编排组合、怎样衔接过渡、怎样安排详略、怎样安排讲练等。教师课堂上的教学思路设计是多种多样的。为此，评析教学思路时，一要看教学思路设计是否符合教学内容和学生实际；二要看教学思路设计是否有一定的独创性，给学生以新鲜的感受；三要看教学思路的层次、脉络是否清晰；四要看教学思路在课堂上实际运作的效果。

第二，看课堂结构安排。教学思路与课堂结构既有区别又有联系，教学思路侧重教材处理，反映课堂纵向的教学脉络，而课堂结构侧重教法设计，反映教学横向的层次和环节。课堂结构也被称为教学环节或步骤，是指一节课的教学过程各部分的确立，以及它们之间的联系、顺序安排和时间分配。课堂结构不同，课堂效果也不同。可见，课堂结构是十分重要的。通常一节好课是结构严谨、环环相扣、过渡自然、时间分配合理、密度适中、效率高的。

（4）从教学方法方面评析。评析教学方法的选择和运用是评课的又一重要内容。教学方法是指教师在教学过程中为完成教学目标和教学任务而采取的活动方式的总称。但它不是教师孤立的、单一的活动方式，而是既包括教师教的方式，还包括学生在教师指导下学的方式，是教的方式与学的方式的统一。

（5）从教学基本功方面评析。教学基本功是教师上好课的一个重要方面，所以评析一节课还要看教师的教学基本功。通常，教师的教学基本功包括以下几个方面。

第一，看讲解。好的讲解能让学生更快、更准确地把握要点。一般在动作讲解前首先进行动作的完整示范，其次进行动作的分解示范，让学生更快地建立起动作的表征。

第二，看教态。心理学研究表明，人的表达靠55%的面部表情、38%的声音和7%的言辞。教师课堂上的教态应该是明朗、快活、庄重、富有感染力的。

第三，看语言。教学是一门语言的艺术，教师的语言选择有时关系到一节课的成败。教师的课堂语言，首先要准确清楚，普通话标准，精当简练，生动形象，有启发性。其次，语调要高低适宜，快慢适度，抑扬顿挫，富于变化。

第四，看组织。体育课主要在室外进行，场地比较宽广，学生一旦散开，教师有时无法全方位监控到学生的活动，因此如何采用合理的队伍调动、区域划分，让学生在教师的注意力范围之内活动，也是非常重要的。

（6）从教学效果方面评析。苏联教育家巴班斯基说："分析一节课，既要分析教学过程和教学方法方面，又要分析教学结果方面。"课堂教学效果是评价课堂教学的重要依据。课堂效果评析主要包括以下几个方面。

第一，教学效率高，学生思维活跃，气氛热烈。

第二，学生受益面大，不同层次的学生在原有基础上都有所进步。

第三，有效利用时间，学生学得轻松愉快，积极性高，课堂问题当堂解决，学生负担合理。

第二节　体育教师风采展示

教师风采包罗万象，呈现的方式也多种多样：有业务娴熟、精彩绝伦的授课艺术，有站在主席台上整顿大课间秩序的恢宏气势，有课外训练的专业与耐心，还有运动场上的叱咤风云、带队比赛时的运筹帷幄，以及公开课及技能大赛上的踌躇满志。

一、常态课风采

（一）常态课的要求

有别于公开课的精致和热闹，常态课追求的是简单与高效。常态课教学中教师并不需要刻意去追求亮点，只要在有效的时间内能让学生掌握所学知识、获取学习方法、养成学习习惯就行了。

上好常态课，教师是关键。新课程呼唤着高素质的复合型教师，对教师的教学能力、知识的宽度和深度都提出了更高的要求，常态课考验着教师的知识结构、教学能力。因此，加强学习、提高素质是保证常态课质量的重要因素。

常态课教学需要突出重点，而教学重点的确立则需要教师从学生成长的角度深入地理解与把握教材，要做到有所为有所不为。常态课要求教师在深入研究教材的基础上，精心设计每一个教学环节，并给学生留出充足的训练时间。

另外，常态课的主要教学环节包括讲解教学目标、实施目标教学、师生质疑释难、完成课堂作业（可以根据实际情况调整）。其中，“讲解教学目标”是基础环节，教师必须在充分把握学段、学期、单元教学目标的基础上提出符合学生实际的课时教学目标。课时教学目标要精细，每节课的教学目标必须在本节课内完成，至于什么时间来呈现则由教师决定。“实施目标教学”是常态课的重点和难点，教师要依据学生的实际情况精心备课。

（二）队形队列练习介绍

在学校，无论是体育课的开始部分、准备部分、基本部分和结束部分，还是课间操、课外体育活动、学校集会等都离不开队列队形的组织和变化。它贯穿于课的各个环节之中，是衔接各个环节的纽带，是提高教学质量的基础，是学校集体活动的组织保证，也是对学生进行作风培养、思想教育的重要途径。

1. 队列队形练习的场地运用

队列队形练习场地的大小没有统一的要求和规定。为使练习方便起见，一般可在篮球场大小的一块长方形场地上，因地制宜地根据方位定出各种标记，场地的画线及钉点要根据学生的操练水平、接受能力及教学内容来确定。学生明确了方向、标记，听到口令之后，就能按照一定的场地、方向、路线进行一路或多路纵队行进，以及一个或几个队形的连续变化练习。

2. 队列队形练习的基本术语

列：学生左右并列站成一排。

路：学生前后站成一行。

间隔：个人或成队彼此之间左右相隔的空隙。个人之间的间隔一般为10 厘米，成队之间的间隔一般为两步。

距离：个人或成队彼此之间前后相距的空隙。个人之间的距离一般为75 厘米，成队之间的距离一般为两步。

横队：学生左右排列所组成的队形。一般横宽大于纵深。

纵队：学生前后排列所组成的队形。一般纵深大于横宽。

排头：位于横队右翼第一名或纵队之首的学生。

排尾：位于横队左翼第一名或纵队最后的学生。

基准学生：站在排头或教师指定的，作为看齐或行动目标的学生。

步幅：一步的长度。两脚前后一步时，为后脚尖至前脚尖的距离；两脚左右一步时，为两脚内侧间的间隙。

步速：每分钟行进的步数。

口令：指挥动作时，指挥员下达的口头命令。口号包括指示词、预令和动令三部分。有的动作只有预令和动令，如“向右——转”；有的动作只有动令而无指示词和预令，如“立正”；有的动作三部分都有，如“面向单杠（指示词），向左向右（预令）——转（动令）”。

3. 队列练习内容

（1）原地队列练习。包括立正、稍息、停止间（原地）转法、集合、解散、看齐、报数等。

（2）行进间队列动作。包括齐步、正步、跑步、踏步、原地跑步、立定、步法变换、行进间转法、方向变换等。

4. 队形练习内容

（1）队形变化。包括分队、合队、裂队、并队、特殊队形等。

（2）基本图形变化。从与场地的关系来讲，基本图形变化一般分为按直线、斜线和曲线三种方向行进，并且可在这三种方向的基础上做出不同的图形变化。

(3) 疏散与密集。疏散和密集是指用各种散开和靠拢的方法，完成各种队形的变化。它主要用于各项准备活动和原地定位操的练习，以及某些项目内容的组织教学中。

二、公开课魅力

公开课能体现一位教师乃至一个教学团队的综合素养。要上好一节公开课，教师需要做好、做细方方面面的工作：要用心准备，充分备课、备学生，熟悉教材，合理利用场地；还要细心地考虑不同层次学生的需求、他们的差异表现在哪里、怎么缩短他们之间的差距、如何调动课堂气氛等。

（一）公开课课前的准备

1. 抽题前的准备工作

抽题之前的准备工作非常重要，这是上好公开课的知识储备阶段。这时候教师可以先暂定一个课题，有目的地准备一下，算是练兵。这时候的准备可以分为四个阶段：海选、吸收、精选、创新。海选工作就是围绕这个课题，广泛地收集各方面的备课信息，查阅网上相关课题的教案、课件等资料，学习别人的优点，看能不能为自己所用，并在此基础上加以吸收、精选和创新。

2. 模拟试讲，及时纠正

无论课前把教案背得多么熟练，都不如进课堂给学生试讲一次所获得的经验来得直接和丰富。学生就是授课的一面旗帜，指引着教师讲课的方向，决定着课堂效果。试讲不一定非要有指导教师听，只要在学生面前讲一遍，这节课是成功还是失败，看学生的反应和自己的情绪就能知道个大概。若有指导教师听课，试讲完之后，指导教师往往会提出很多宝贵的意见，这时授课教师要一字一句地记下来，然后回去慢慢琢磨。

（二）公开课的注意事项

1. 课前精心准备

课前，教师要找出一条主线，找好切入点，这样上课时就会比较顺利、轻松，千万不要多任务、多主题、多头绪；要扬长避短，充分发挥自己的优势，展示自己的风貌，不要上自己不熟悉的课型；要熟悉教材，吃透教材，千万不要匆忙上阵。

2. 突出新颖，立足学生

要讲别人没讲过的课，或找别人没讲过的角度；要紧扣文本，突出学科的特点；要以学生为主体，学生发言时要注意倾听，不失时机地点拨要让所有环节始终围绕着本课的主要目标，最后适当升华。

3. 沉着应对课堂生成

不要怕学生出错，而且可以有意设疑，给学生设置一个不易发现的陷阱；要让学生积极参与课堂，创设平等民主的课堂氛围；要把握好课堂节奏，或无声胜有声，或狂风骤雨，最忌平淡，最忌缺乏激情。

三、课间嘉年华

长期以来，课间体育活动仅限于学生做操，其内容单一、乏味，形式机械、呆板，学生早已厌倦，绝大多数学生只是敷衍了事、应付一下而已。这不仅使体育锻炼的效益低下，而且禁锢了学生的个性发展，如果管理得不到位，还会让学生形成一些坏习惯，如做事马虎、被动应付等，从而影响学生的身心健康发展。因此，改革传统的课间体育活动形式势在必行，应让大课间成为师生欢乐的嘉年华。

（一）何为课间嘉年华

嘉年华原是欧洲的一个传统节日。多年以来，嘉年华逐渐演变为今天的包括大型游乐设施在内，辅以各种文化艺术活动形式的公众娱乐盛会。而课间嘉年华，就是学校大课间中包含各种体育活动形式的公众娱乐盛会的总称。它将成为学校体育课堂教学的拓展和延伸，使原来单一的课间操变为以班级为单位、将技能训练和趣味活动相结合的多元活动项目，活动内容可以由师生自己设计。根据学校的要求，全体师生一起参与课间嘉年华，师生同乐，教学相长，在活动中构建和谐的师生关系。

（二）教师在课间嘉年华中的角色定位

1. 主导者

课间嘉年华要求体育教师、班主任、带班领导等齐上阵，切实把活动落到实处，让它们能真正发挥作用，增强学生的体质。体育教师尤其应该发挥主导作用。在课间嘉年华中，体育教师要提前制定好活动计划，设计好活动内容，确定好组织方法，布置好场地，同时通过引入民间体育游戏、新兴的体育运动等，把丰富多彩、富有特色的体育活动源源不断地、有选择性地提供给学生，不断充实、更新课间嘉年华的内容，使学生在玩中学，在玩中练。在学生活动的过程中，教师要巡回指导，认真观察学生的表现，仔细分析其中存在的问题，及时给予指导、评价。

2. 培训者

体育骨干是体育教师的小帮手，特别是在课间嘉年华中。因此，体育教师要利用体育课和平时的业余体育活动，对体育骨干进行单独培训，强化体育骨干的体育特长，让体育骨干明确自己的责任，帮助体育骨干在全体学生中树立威信。体育骨干在受到培训后，就能接替体育教师的一部分工作，行使“小体育教师”的职责。出色的体育骨干能让课间嘉年华有序进行，使学生始终处在快乐、积极的氛围中。

3. 参与者

体育教师要积极投入课间嘉年华中，用自己的号召力调动学生的积极性、激发学生的热情，以自己坚强的意志、优美的动作、熟练的技术，促使学生由羡慕想学到培养起浓厚的活动兴趣。

4. 学习者

在活动的过程中，学生经常会产生一些奇思妙想，这些奇思妙想往往会给活动带来无尽的动力，使得课堂其乐无穷。所以在课间嘉年华中，体育教师应该细心地观察学生的一些特殊的做法、玩法，对于他们的创新不应“一棍子打死”，而应学习他们创新做法中的优点，进一步提炼、加工、改进。同时，体育教师应该定期找各班的体育骨干、积极分子等一起探讨，让他们提出建议、方法，再对他们提出的建议、方法进行整理、完善，然后在课间嘉年华中试行，通过试行采纳好的建议、方法。

5. 调控者

课间嘉年华中会出现这样那样的问题，体育教师对出现的问题要及时出面解决。课间嘉年华中容易出现的问题有因场地、器材分配不均而导致学生争抢，部分学生对活动项目不感兴趣，班级活动组织混乱等情况。对此类问题，体育教师首先要对学生进行说服教育，其次及时向学校领导汇报，提出解决的方法，从而为正常、有序地开展课间嘉年华提供保障。

（三）课间嘉年华的实施

课间嘉年华是利用课与课之间的间隔时间组织的体育活动，一般安排在上午或下午的第二节课课后，时间在 30 分钟左右。课间嘉年华是落实

“学生每天锻炼一小时”理念的重要保障，是阳光体育的重要组成部分。课间嘉年华的实施包括以下几个方面。

1. 召开师生动员会

课间嘉年华要想有序、有效地开展，仅仅依靠体育教师的热情是远远不够的，还得依靠学校的行政干预。在学期初的时候，可利用开学典礼的机会，由分管德育工作的校长在全校师生面前强调课间嘉年华的重要性，并提出具体的要求。

（1）为保证课间嘉年华的时间统一性，任何教师不得拖堂，不得肆意占用大课间时间。课间音乐一响，所有学生必须走出教室，快速、整齐、有序地到达活动地点。

（2）班主任全程负责本班的活动，明确自己是本班课间嘉年华的直接组织者、领导者。

2. 培养体育骨干

课间嘉年华是在室外进行的开放性的身体活动，不同于学生在教室里上文化课。要想达到较好的效果，需要助手，学生体育骨干就是最好的人选。体育教师可以把体育课上的学生骨干直接抽出，进行相应的培训，提高他们的业务能力，使他们在课间嘉年华中更好地配合班主任的工作。为了提高体育骨干的工作积极性，要对他们的工作给予及时的肯定，定期评选优秀体育骨干，在全校师生面前进行颁奖表彰。

3. 组织学生有序地进场、退场

课间嘉年华是全校性的活动，要保证全校来自不同年级、班级、教学楼的众多学生快速、安全、有序地进（退）场，是一个重要的问题。教师可以根据班级分布情况，规定各班级的行动路线和先后顺序；然后各班学生在体育委员的带领下，从走出教室开始以两路纵队小跑前进到达指定地点（退场形式一样），中途不得擅自离队。

4. 解决场地、器材问题

由于学校体育活动场地、器材有限，而学生人数又比较多，二者形成了矛盾。解决这一矛盾成为组织好课间嘉年华的关键。这就要求体育教师根据课间嘉年华的主题，合理运用校园内一切可以利用的场地、器材，必要时要创造性地解决这一难题。例如，在跑操单元，先安排好各个班级的位置，使整个操场、校园内的道路全部站着学生，体育教师利用喇叭同步指挥，使所有学生同时开始，可以有效地提高场地利用率，增加活动时间。再如，在跳绳单元，学校是没有这么多跳绳的，但跳绳的价格不贵，且容易携带，所以可以让学生自己准备。

5. 统一性与特色性相结合

课间嘉年华是全校性的活动，为了保证活动的规范性，要有统一的活动内容、活动方案。另外，为了体现人性化，取得“百花争艳”的效果，有必要考虑突出特色。每学期可以单独安排一个班级特色单元，每个班级选好自己的主题，然后交到体育组，体育教师负责划分场地、准备器材。当有多个班级主题相同导致场地、器材不够时，体育教师要召集班主任，当面说清情况，帮助他们修改主题，争取使每个班级都有称心如意的活动主题。

6. 做好监督评比工作

监督评比是有效开展课间嘉年华的重要举措，可以起到约束和激励的作用，主要有日常监督评比和单元末评比。日常监督评比主要是领导巡查，学校当日点评，各班值日学生打分；单元末评比主要是将日常分值累加起来，评选出优胜班级，或进行单元末的比赛。

7. 需要进一步研究的问题

开展课间嘉年华是一项复杂的工作，要全面提高效果，还得深入地研究一些细节问题。

（1）学生素质差异性问题。学生个体素质的差异非常大，用统一的标准来要求学生，锻炼效果一定不会很好。如何才能保证每个学生都能“吃饱而不过量”呢？这是一个值得思考的问题。是以性别划分还是以素质划分，使不同的学生群体进行不同负荷的锻炼？过程又该如何控制呢？

（2）学生兴趣差异性问题。学生个体兴趣的差异也非常大。为了使学生在活动中能全情投入，必须满足学生的活动需求。采用俱乐部形式开展课间嘉年华是一种比较好的办法，但是如何解决场地有限、器材短缺、学生技术水平参差不齐等问题呢？这个问题若解决不好，就无法再谈组织开展活动了。所以，体育教师对此要认真考虑。

（3）阴雨天气问题。遇到阴雨天气，尤其江南地区的梅雨季节，小雨绵绵可达一两周，该怎么办呢？能不能在走廊、过道、教室等场所高效地开展体育活动呢？

第三节　学生基本心理映射

苏霍姆林斯基说："孩子的心不应是真理的仓库。我竭力要防止的最大恶习就是冷漠，缺乏热情。儿时的内心冷若冰霜，来日必成凡夫俗子。"教育是为了培养人的心灵的丰富性、多样性，在平时的教学中，如果教师能对学生多一些关注、多一些观察，一定能更加了解学生。

一、解读学生心理

（一）懒惰的学习心理

有懒惰心理的学生在完成作业时，常找出各种理由拖拖拉拉，边玩边学，也常有依赖别人的思想。我们经常会发现，在课堂上踊跃发言的总是某几名学生，而更多的学生往往懒得动脑思考问题。懒惰是成功的绊脚石，在充满困难与挫折的人生路上，懒惰的人习惯于等、靠、要，从来不想去求知、发明、拼搏、创造，最终只能一事无成。那么怎样指导学生改掉学习上的懒惰习气呢?

1. 为自己制定学习计划

各科作业都严格按教师规定的时间保质保量地完成，逐步改变不完成作业就睡觉、玩耍的习惯。

2. 为自己寻找学习榜样

找一个学习勤奋、做事勤劳的同学做自己的榜样，把他的名字或照片放在自己的房间里，如果与他做得一样好，就在自己的名字或照片上贴一朵小红花，久而久之就会养成良好的习惯。

3. 提醒自己改掉坏习惯

做一个小丑娃放在写字台上，每当发觉自己有懒惰的心理或行为时，就在小丑娃的脸上画一笔，或涂些颜料，看到小丑娃丑陋的样子，就会提醒自己改掉懒惰的习惯。

（二）自卑的学习心理

自卑不是生来就有的，而是受后天环境的影响逐渐形成的。一方面，父母和教师不正确的教育方式可能会引起学生的自卑心理，如父母过分宠爱或极端严厉，父母和教师的过高期望与要求；另一方面，自卑也可能是由学生的生活环境及条件引起的，如家庭的经济条件不如别人家，天生资质比别人差，或生理方面有某些缺陷。

著名的心理学家阿德勒曾说，任何人都会有点自卑，只是程度不同而已，关键是要战胜自卑，迈向超越。那么，教师应怎样教育学生正确对待自卑心理呢？可以从以下几个方面去试一试。

第一，自卑主要是由不正确的认识所引起的，澄清这种认识是消除自卑心理的关键。在课堂上，教师要适当夸大自卑学生的优点，课后和他谈心，关心他的每一个进步。

第二，要有意识地培养自卑学生的勇气和信心，让他经常对自己说“我能行”和“我能够做好”，不断给自己打气，树立对自己、对人生的自信心，以这种自信与自卑对抗，从而战胜自卑。

第三，教育学生正确对待家长和教师的批评及其他人的评价，让学生知道父母和教师说“你不对”或“你比别人差”时，其实并不是说“你真的很差”，而是为了给予一种鼓励和鞭策，或者只是一时的气话。

（三）嫉妒的学习心理

学生在日常学习中常常会产生嫉妒的心理，这可能是由于学生之间的竞争而造成的，也可能是由于教师的偏爱而造成的。

当学生有嫉妒的表现时，教师可以从以下几个方面做起。

第一，列举能控制自己的嫉妒之心从而取得巨大成绩的古今中外名人，如《将相和》中的廉颇，为学生树立学习的榜样，引导他们正确对待别人的进步，正确看待荣誉，正确面对自己的优缺点，取人之长，补己之短。

第二，教师在教育过程中应该做到公正和公平，切不可厚此薄彼。不仅如此，教师还应该对那些成绩暂时落后、有待进步的学生多给予一些关注，并采取具体的措施帮助他们总结经验和教训，改进学习方法，提升学习成绩，从根本上消除嫉妒心理。

第三，要优化学生间的人际关系，在组织学生进行适量、适度的竞争的同时必须强调合作的重要性。

二、运动心理映射

（一）学生喜欢体育却不喜欢体育课

学生喜欢体育，主要是因为文化课学习太紧张，学生希望到室外放松一下紧张的神经，呼吸一下新鲜的空气。而学生不喜欢体育课，是由于体育课受到了考试的影响，学生上课逐渐失去了自主性，失去了兴趣。

如今开始了体育中考，很多学校从学生一入学就开始规划体育中考计划，学生无法在体育课堂上体会到参与的快乐，教师一味强调测试达标要求，让很多学生对体育课望而生畏。

另外，大多数的体育教师比较古板，完全按照教科书来上课，一板一眼地传道解惑，让学生再次步入课堂学习的氛围，导致兴趣全无。

体育教师应该站在学生的角度去考虑问题，在体育课上多和学生沟通、互动，只有这样，学生才会爱上体育课。

（二）学生不喜欢长跑

笔者了解到，不少学校的运动会上都已不再设置3000米、5000米长跑项目。除了因为长跑耗时太长外，还怕学生在长跑中受伤。一位小学体育教师告诉笔者，本来冬季长跑这个项目开展得还不错，因为小学生本身对校外集体长跑比较有兴趣，但由于场地、组织等因素，直接导致冬季长跑的推行越来越困难。由此可见，学生不喜欢长跑在很大程度上是学校导致的。

而且，若长跑只能在学校内进行，对学生而言就太枯燥了，组织学生去校外跑，安全隐患又太多。这让长跑失去了对学生及学校的吸引力。

此外，学业压力过重直接导致学生平时的运动量减少，目前学生的体质呈逐年下降的趋势，这使他们在面对长跑项目时往往力不从心。

据有关专家介绍，长跑具有增强血液循环、强化肌肉力量等作用，经常长跑的人的心肺功能比一般人强得多。长跑并不可怕，贵在坚持。不过，需要注意的是，长跑要循序渐进，最好先热身，逐渐加长跑步路程，不可一蹴而就。患有哮喘、心脏病等先天性疾病的孩子不适合参加长跑。体育教师在组织长跑前，要做好参与者的健康问诊。

三、学生兴趣引导

（一）教师认真备课

备课时，教师要以学生为本，立足学生的兴趣，关注学生，把学生放在课程的首要位置，多渠道促进学生参与活动。还要与学生多交流，了解学生心理，针对学生不喜欢体育课的现状做相关课题研究。

（二）引入竞争因素

学生都喜欢参与充满竞争性的体育项目。比如，受到种种因素的限制，导致单纯的中长跑无法有效开展，此时教师可以采用数趟往返跑的形式，充分调动学生参与体育活动的积极性。

（三）创设激励机制

激励就是激发和鼓励，能真正使学生学得有趣、高效，获得成功和自信，因此，激励是体育教师应掌握的一门教学艺术。但激励不等于奖励，激励不仅要具体、有针对性，而且应建立在客观的评估之上，要避免不切实际、不合情理。

（四）调动学生积极性

如何调动学生学习体育的积极性，是广大体育教师十分关注的问题。

1. 满足学生的需要

需要是个体和社会的客观要求在人脑中的反映，是人的活动的基本动力，是人的积极性的源泉，能使人朝着一定的方向追求一定的目标，以行动求得自身的满足。只有让学生从思想上真正认识到学习体育知识与进行体育锻炼对其身体、学习、生活、事业的近期作用和长远影响，使他们懂得锻炼身体、增强体质，不仅是国家的要求、社会的需求，更是自身的需要，才能对体育锻炼形成强烈的求知动机。

2. 激发学生的学习情感

良好的师生关系是学生爱上体育课的情感基础，师生关系越和谐融洽，学生上体育课的积极性越高。热爱和尊重学生是师生情感交融的坚实基础，渴望得到教师的爱护、关心和尊重是学生的心理需求。因此，教师要将自己对学生的热爱投射到学生的心灵中，唤起学生对教师的热爱，使学生把这种爱迁移到体育课中。

3. 培养学生的学习兴趣

兴趣是人积极认识事物或参加活动的心理倾向，是人学习活动的动力机制。在教学中，教师要运用激励的语言与正确、优美的示范动作，提高学生的学习兴趣，激发学生自觉锻炼的积极性。教师每次示范动作时，要明确所要解决的问题，不能随意、盲目地示范，否则会分散学生的注意力。教师示范动作时要做到准确、熟练、优美，使学生一开始学习就对动作建立正确的、完美的认识，从而激发学生的兴趣，使学生产生跃跃欲试的感觉，切实地体验到体育的乐趣。

第四节　课堂前行的总舵手

舵手是把握方向的领导者，这里所说的指挥课堂前行的总舵手是指引领体育课堂教学有序进行的体育教师。

一、启程之前准备

上课之前，体育教师应该了解体育课程目标。课程目标涉及两个方面：一是学生的学；二是教师的教。具体来说，体育教师应该怎么做呢？

（一）精心准备

只有做好课前准备，教师才能从容地走进课堂，更好地实施教学计划，体现教学智慧，实现课堂生成。具体的课前准备包括以下两个方面。

1. 熟悉各个环节

先了解体育课程教学计划，再制定学年或学期教学计划，最后制定单元或课时教学计划，熟悉从计划到具体实施的每一个环节。

2. 完成教学设计

教学设计是课堂执行的具体体现，也是备课智慧的体现。教师要先熟悉教材、了解学生，然后据此完成教学设计。

（二）解读课程目标

什么是体育课程目标？它是指学生通过体育学习所要达到的预期的学习效果，是体育教学的出发点与归宿，决定体育教学的方向与过程，是设计体育教学活动、选择与组织体育教学内容、选用体育教学方法、采用体育教学组织形式、评价体育教学质量的重要依据。制定体育课程目标应遵循以下几点。

1. 社会发展的需求

随着社会的发展和科学技术的进步，人类的生活方式发生了巨大的变化：人们的体力活动减少，脑力活动增加，生活节奏加快，心理压力加大。这样对身体健康有很大的影响，因此促进学生的身心健康是现代社会发展的需求。

2. 教育发展的要求

1999 年发布的《中共中央国务院关于深化教育改革，全面推进素质教育的决定》指出："健康体魄是青少年为祖国和人民服务的基本前提，是中华民族旺盛生命力的体现。学校教育要树立健康第一的指导思想，切实加强体育工作，使学生掌握基本的运动技能，养成坚持锻炼身体的良好习惯。"2010 年颁布的《国家中长期教育改革和发展规划纲要（2010—2020年）》明确指出："加强体育，牢固树立健康第一的思想，确保学生体育课程和课余活动时间，提高体育教学质量，加强心理健康教育，促进学生身心健康、体魄强健、意志坚强。"因此体育课程是中小学生的必修课程。

3. 学生身心发展的特征

学生是体育课程的主体，只有以学生身心发展的特点和规律为依据，结合学生学习、生活、锻炼的具体条件来制定课程目标才是科学的、可行的。

4. 课程的特点和功能

课程目标在很大程度上还与体育课程本身的特点和功能有关。体育课程的主要功能包括健身功能、教育功能、个体社会化功能、娱乐功能、竞技功能等，其中健身功能、教育功能是体育课程的本质功能。

二、航线规划实施

要使轮船航行安全，还要见到美丽的风景，船上的总舵手一定要先做好航线规划工作。体育课堂要顺利、出彩，教师也要制定好水平（学段）教学计划、学期教学计划和单元教学计划。

（一）水平（学段）教学计划的制定

教师首先要制定好水平（学段）教学计划，具体包括以下几步。

（1）认真学习和钻研课程标准，熟悉教科书（包括教材和教师用书），明确各项内容的性质和教学目标，分析这些内容与年级设置的关系，确定测定目标、难易程度、考核项目和标准等。

（2）根据年级目标及学生的实际情况，恰当地确定各学年的教与学的要求。

（3）计算学段教学总时间，每学期一般不少于 16 周的教学时数，还要适当留出两三周作为机动时间（包括考试和参加学校活动）。

（4）选择各学习领域水平目标的内容，预计时数比例。

(5) 将各学习领域水平的内容及各学校教师自行选择的内容合理分配到各个学期中去。

(6) 考虑学校场地、器材的实际条件，充分挖掘学校的课程资源，保证内容的落实。

(二) 学期教学计划的制定

学期教学计划也称教学进度，是把全年教学工作计划中所规定的每个学期的各项教学内容和教学时数，按一定的要求合理地分配到每次课中去，并提出考核项目和考核时间。制定学期教学计划包括以下几步。

(1) 在水平（学段）教学目标的基础上，根据本学期的教学内容与学生实际确定本学期的教学目标。

(2) 将水平（学段）教学计划中某个学期的教学内容和教学时数抄录到进度表的相应栏目内。

(3) 根据全年教学计划中所规定的本学期各项教学内容的教学时数，计算出各项教学内容在本学期出现的次数。

(4) 根据学期教学计划的制定要求，结合预先对单元教学计划的把握，将本学期的考核项目和主要学习内容按学习内容出现的课次系统地安排到每次课中去。因安排时需考虑的因素较多，可先用铅笔记录，以便于调整、修改。

(三) 单元教学计划的制定

单元教学计划又称单项教学进度，是根据每个年级某一项教学内容按课次顺序制定的教学目标，是教师备课的依据。制定单元教学计划包括以下几步。

1. 确定教学目标

单元教学目标是某一单元教学所要达到的目的要求和学生通过本单元学习后要达到的程度。单元教学目标的确定应依据学期教学目标，是学期教学目标的进一步细化和具体化。同时，它又是课时教学目标的纲领，具有纽带作用。单元教学目标应包括知识目标、技能目标、体能目标和情感目标四个部分。知识目标为通过本单元的学习，学生要了解或知道、掌握的体育与健康知识；技能目标为通过本单元的学习，学生所要掌握和运用的运动技术和能力；体能目标为在本单元学习过程中，学生所要锻炼或发展的身体素质与运动能力；情感目标为在本单元学习过程中，所要贯彻的思想教育渗透及学生的情感体验。

2. 设置课时数

单元教学课时的多少直接影响学习内容的广度与深度及单元教学目标的达成度。在分配单元课时次数时，教师要充分依据学期教学计划与学期教学目标，合理设置单元课时数，并根据单元课时数的设置合理分配教学内容。对学生兴趣较高又有利于增强学生体能、培养学生终身体育意识的单元，设置的课时数可以多一些，教学内容可以广一些、深一些。对那些与实际生活联系少、学生又不太感兴趣的单元，设置的课时数可以少一些，让学生有所了解或基本掌握即可。

3. 分析重难点

在单元教学计划中，本单元的重难点应根据教学内容和学生的实际情况来确定，并把重难点合理分配到教学课时中去，通过课时教学的重难点突破来完成单元教学的重难点突破。

4. 选择单元教学内容

单元教学内容的选择应在单元教学目标的统领之下，为实现单元教学目标服务。教师应注意场地、气候等外界因素的影响，选择促进学生身心健康发展的内容进行教学。单元教学内容要有利于激发学生的运动兴趣，要能为培养学生的终身体育意识奠定基础。

5. 制定教学方法与学习策略

教学方法是教师教授的手段与措施。在该单元的每节课中，是全班教学还是分组教学，在分组教学中是同质分组还是异质分组，是预先分组还是随机分组，都要事先设计好。

学习策略是为学生提供学习、练习的方法。是学生自主选择练习还是根据学习目标让学生创新练习，都要事先设计好。

三、教学设计引领

由于教师的知识、经验、特长、个性是千差万别的，而教学工作又是一项创造性的工作，因此教学设计不能千篇一律，而要发挥每一位教师的聪明才智和创造力。

（一）为什么要进行教学设计

所谓教学设计，简单地说，就是指教育实践工作者（主要指教师）为达到一定的教学目标，对教学活动进行的系统规划、安排与决策。由此可以看出，教学设计实际上就是为教学活动制定蓝图。进行教学设计的原因有以下三点。

第一，通过教学设计，教师可以对教学活动的基本过程有个整体的把握，可以根据教学情境的需要和教育对象的特点确定合理的教学目标，选择适当的教学方法、教学策略，采用有效的教学手段，创设良好的教学环境，实施具有可行性的评价方案，从而保证教学活动顺利进行。

第二，通过教学设计，教师可以有效地掌握学生学习的初始状态和学习后的状态，从而及时调整教学策略、教学方法，采取必要的教学措施，为下一阶段的教学奠定良好的基础。

第三，教学设计是教学活动得以顺利进行的基本保证。好的教学设计可以为教学活动提供科学的行动纲领，使教师在教学工作中事半功倍。

（二）教学设计的类型

教学设计的主要理论基础有学习理论、教学理论、系统理论和传播理论等，每一种理论都从不同的角度对教学设计的形成与发展产生了重要的影响，其中学习理论是教学设计最重要的基础。尽管教学设计的模式繁多，但通过对其理论基础（尤其是学习理论）的认真分析后发现，教学设计主要包括面向教师教的传统教学设计、建构主义环境下的教学设计和学教并重的教学设计三类。

1. 面向教师教的传统教学设计

面向教师教的传统教学设计通常也被称为以教为中心的教学设计，主要面向教师的教，其主要内容是研究如何帮助教师把课备好、教好。按这样的理论和方法设计出来的教学有利于教师主导作用的发挥，有利于教师对整个教学活动进程的监控，有利于系统科学知识的传授，有利于教学目标的达成；不足是由于长期重教轻学，忽视学生的自主学习、自主探究，容易造成学生对教师、对书本、对权威的盲目相信，且缺乏发散思维、批判思维和想象力。其设计过程主要包括以下几个环节。

（1）教学目标分析——确定教学内容及知识点呈现顺序。

（2）学习者特征分析——确定教学起点，以便因材施教。

（3）确定教学方法、教学策略。

（4）选择教学媒体。

（5）施教，并在教学过程中做形成性评价。

（6）根据形成性评价得到的反馈对教学内容、教学方法与教学策略加以调整。

2. 建构主义环境下的教学设计

建构主义环境下的教学设计通常也被称为以学为中心的教学设计，其教育思想倾向于以学生为中心，特别强调学生的自主建构、自主探究、自主发现，这无疑对学生的创新精神与创新能力的培养是大有好处的，但容易忽视对教学目标的分析和教师主导作用的发挥。其设计过程一般包括以下几个环节。

（1）情境创设——创设有利于学生自主建构知识意义的情境。

（2）信息资源提供——提供与当前学习主题相关的信息资源（教学资源），以促进学生的自主建构。

（3）自主学习策略设计——自主学习策略是引导学生自主学习、自主建构的内在因素，其作用是调动学生学习的主动性、积极性，以达到自主建构的目标。

（4）组织协作学习——通过协作交流、思想碰撞、取长补短，深化学生对知识意义的建构。

（5）组织与指导自主发现、自主探究——在建构知识意义的基础上，通过解决实际问题的发现式学习与研究性学习，进一步培养学生的创新精神与实践能力。

3. 学教并重的教学设计

学教并重的教学设计兼取面向教师教的传统教学设计与建构主义环境下的教学设计之长并弃二者之短，既突出学生的主体地位，又重视教师的主导作用。其设计过程主要包括以下几个环节。

（1）教学目标分析——确定教学内容及知识点呈现顺序。

（2）学习者特征分析———确定教学起点，以便因材施教。

（3）教学策略的选择与活动设计。

（4）学习情境设计。

（5）教学媒体选择与教学资源设计。

（6）在教学过程中做形成性评价并根据评价反馈对教学内容与教学策略进行调整。

环节（3）中已涵盖建构主义的自主学习、协作学习与自主探究等策略的设计；环节（4）和环节（5）中则包括了情境创设和信息资源提供的要求。

(三) 教学设计的重点

帮助学生树立适当的学习目标，并选择达到目标的最佳途径，是教师作为学生学习促进者的重要任务之一。传统备课中的目标确定只是一种知识的预设。而新课堂的特征具有开放性，要求学生达成知识与能力、过程与方法、情感态度与价值观三维目标。教学设计的重点包括以下几个方面。

1. 注重过程和方法

教师在进行教学设计时必须为每个学生都提供自主思索的平台，让每个学生都能用体育的方法思考问题、解决问题，既要考虑达成教学目标的过程，又要使学生掌握相应的方法。

2. 灵活应对课堂生成

教学面对的是一个个活生生的、有思维能力的学生。每个学生的思维能力不同，对问题的理解程度不同，常常会提出不同的问题和看法，对此，教师不可能事先都估计到。在这种情况下，教学进程常常有可能离开教师所预想的路线，因此教师不能死盯着教学设计，打击学生的思维积极性，而要根据学生的实际改变原先的教学计划和方法，满腔热忱地启发学生的思维，针对学生的疑惑积极引导。

3. 坚持创新性

教师要能“学百家，树一宗”，在深入钻研教材的基础上，广泛地涉猎多种教学参考资料，向有经验的教师请教，但不要照搬照抄，而要吸取精华，去除糟粕，结合个人的教学体会，巧妙构思，精心安排，从而写出带有自己风格的教学设计。

第五节　课堂出彩的加油站

课堂能否出彩，除了在于教师的基本素质之外，更多的要靠教师课前的准备工作。因此，笔者把备课工作比作使课堂出彩的加油站。只有预设不同情境的生成，针对多种模式的课堂预设，才能让课堂异彩纷呈，捕捉到有价值的教学素材。

一、了解体育用语

体育：是以身体练习为基本手段，结合日光、空气、水等自然因素和卫生措施，以增强体质、增进健康、丰富社会文化生活为目的的一种社会活动。

学校体育：指在学校教育环境中，指导学生学习和掌握体育的基本知识与技能，使他们形成体育锻炼意识，提高体育活动能力，增进身体健康的教育活动。

竞技体育：是为了最大限度地发挥个人或集体的运动能力，力争取得优异成绩而进行的运动训练和竞赛。

终身体育：学校体育教学注重学生的身体基础，帮助学生学会自主练习和锻炼，促使学生养成运动习惯，并掌握一两项能够终身受益的体育锻炼方法，培养学生的自我体育意识。

快乐体育：指让学生把身体锻炼建立在自身的愿望、需要的基础上，注意体验运动中的内在乐趣。

体育与健康课程：是一门以身体练习为主要手段，以增进中小学生健康为主要目的的必修课程。

体育教学：是在教师的指导和学生的参加下，按照教育计划和课程标准，由教师向学生传授体育知识、技术和技能，发展学生身体素质，增强学生体质，对学生进行良好的思想、道德、意志品质教育的过程。

体育教学常规：为保证体育教学活动的正常进行而制定的一系列常规和制度。

体育教学模式：指在一定的教学思想或教学理论的指导下，建立起来的较为稳定的体育教学活动结构和活动程序。

教学案例：一个案例就是一个实际情境的描述，在这个情境中，包含一个或多个疑难问题，同时也可能包含解决这些问题的方法。

教学原则：是教学过程中客观规律的反映，是通过长期教学实践积累起来的。

教学方法：指教师在教学过程中为了向学生传授专项知识、技术、技能，完成教学任务，达到教学目标所采用的教学途径和手段。

学习领域：指在体育与健康课程中，按学习内容性质的不同而划分的学习范畴。

领域目标：指期望学生在特定的学习领域中达到的学习结果。

水平目标：指不同阶段的学生在各个学习领域中预期达到的学习结果。

健康：指的是不仅没有疾病和不虚弱，而且是在身体、心理和社会各方面都完美的状态。

心理健康：指心理健康状态，个体处于这种状态时，不仅自我感觉良好，而且与社会处于和谐的状态。

社会适应：指个体为了适应社会生活环境而调整自己的行为习惯和态度的过程。

运动参与：指学生主动参与体育活动的态度与行为表现。

运动技能：指在体育活动中有效完成专门动作的能力，包括神经系统调节不同肌肉群间的协调工作的能力。

体质：指人体的质量，是人在遗传变异和后天获得的基础上表现出来的机能和形态上相对稳定的特征。

体能：指人体各器官系统的机能在肌肉活动中表现出来的能力。

身体素质：指人体肌肉活动的基本能力，是人体各器官系统的机能在肌肉活动中的综合反映，主要包括力量、速度、耐力、灵敏度、柔韧度等。

运动处方：由指导医生或教练员按运动锻炼的人的年龄、性别、心肺或运动器官的功能、运动经历和健康状况等特点，用处方的形式为其规定适当的运动内容和运动量。

运动密度：指一节课中练习的时间与实际上课的总时间的比例。

运动负荷：指身体练习给予人体的生理负荷，决定运动负荷效果的主要因素是量和强度。

运动量：指人体在身体练习中所完成的生理负荷量。

练习轨迹：指在体育锻炼中，身体及身体的某些部位的移动路线。

帮助：指给练习者以助力，使其体会到用力的时机、方向、幅度等，协助其完成动作。

步长：指跑时两脚着地点间的距离。

步频：指单位时间内两脚交换的次数。

径赛：指运动会中以时间计算成绩的竞走和跑步项目。

田赛：指运动会中以远度和高度计算成绩的跳跃、投掷项目。

正握（单杠）：两手拇指相对握杠。

反握（单杠）：两臂外旋，两手拇指向外握杠。

极点：在中长跑过程中，有一段时间身体感到特别难受，出现胸部发闷、呼吸困难、心跳急骤、腿软、头晕恶心、步子发沉等现象，这就是生理学上所指的极点。它是一种正常的生理现象。

二、研究备课细节

备课，是学校教学工作的重要内容，也是教师要做的一项艰辛的劳动，还是教师对课堂教学再创造的一项细致工程。所谓“几番心血一堂课”，就形象地说明了这一点。课备得好坏，不但直接影响着课堂教学的效益，还影响着教学计划的实施和教育方针的落实，关系着学生能力的培养和素质的提高。因此，备课既是衡量教师基本功和专业水平的一个标志，又是衡量教师责任感的一把尺子。

（一）备课准备

第一，掌握水平（学段）教学计划，熟悉教材特点及授课对象特征，细化教学目标，选择适合自己的教学方法，结合场地、器材进行有效的课堂预设。

第二，剖析教材，掌握教材的编排体系，掌握知识的来龙去脉，抓住教材的知识结构，确定学生能力的培养方案。深刻地剖析、妥善地处理每堂课的教学内容是教师备课的重要基本功，是运用“少、精、活”教学原则，发展学生智能的关键。

第三，准确地分析教学重点，在精读基础上对教材内容进行深刻、全面的剖析。只有掌握知识的系统性和科学性，搞清楚各部分知识之间的内在联系，才能较准确地分析教学重点。

（二）备课中普遍存在的问题

目前，备课中普遍存在的问题是教师对备课倾注的心血不多，思维含量较低，主要表现在以下四个方面。

1. 机械摘抄

有些教师对备课的意义认识不足，对课程标准、教材缺乏研究，照抄教材或现成的教学设计，以应付差事。有些教师借鉴特级教师的教学设计，也有生搬硬套、削足适履之嫌。教学设计程式化现象比较普遍，各个教学环节的展示仅仅是教材和教学参考书内容的机械重现，致使课堂教学过于刻板，缺乏变化，缺少生机。

2. 教法呆板

教学中“以不变应万变”的教学方法不少，简单套用某种教学模式的做法屡见不鲜。有的教师似乎对新授课、练习课、复习课等课型的特点缺乏深入研究，在备课中缺少自己的个性。更很少见到典型错例分析课、思维专项训练课等实用的课型，即使偶尔看到也不过是非常粗糙的框架，或只上课而不写教学设计。

3. 备、用不一致

有的教师备、用不一致，上课时往往不用写在备课笔记上的教学设计。备课是一套，上课是另一套。我们说“备课是为了讲课”，如果讲课用不上，备课还有什么意义?

4. 过于简略

教学设计中只有教材内容的纲目或习题标号，看不出目的要求、方法步骤，这是备课不深入、不具体的表现。拿这样的教学设计上课，其教学效果是可想而知的。写详细的教学设计是完全有必要的，也是对教师的基本要求。

(三) 备课的对策与思路

1. 树立正确的观念

教师要以21世纪需要的人才的标准来培养学生，要不断研究、改革自己的教育教学行为，树立正确的教育观、学生观、备课观等。

2. 用现代教育理论指导教学

提高学生素质是学校办学的宗旨，更新观念是实施素质教育的关键，所以教师要学习教育学、心理学和新的教育思想，遵循教育教学规律，积极探索最佳育人途径，教给学生获取知识的方法，面向现实，树立科研意识，培养刻苦钻研、勇于创新的精神。

3. 保持积极进取的姿态

教师要跟上时代的步伐，保持积极进取的姿态，认真探讨教育教学的新思路、新方法，不断研究教学中的问题和科学的管理方法，向科研型、学者型教师转变。

4. 增强事业心和责任感

能不能备好课其实首先是态度问题和思想认识问题，要解决这个问题，就要增强教师的事业心和责任感，认识到备课、授课的质量将影响学生的未来乃至国家的兴衰。

三、打造优质课堂

教师应该把课堂还给学生，让学生有更多的时间参加运动，教师言简意赅，动作示范清晰到位。体育课应该从备课、教学设计做起，关注各个环节，才能生成一节优质高效的体育课。

（一）体育课的要素

体育课包含两大要素：人与物。其中，人包括教师与学生，物包括教学设计、课堂、场地、器材等。不过，物这个层面都可以转化为教师的教学行为，也就是说，决定体育课优质高效与否的主要因素是教师。

1. 教师外在的因素

教师是优质高效课堂的策划者。教师课前熟悉教材，对学生进行分析，合理利用场地和器材，这些都是教师可控、可努力的行为。

2. 教师内在的因素

教师应该具有亲和力，这主要体现在能充分调动学生的积极性，使课堂生动活泼，让学生喜欢，利用有限的时间解决教学重难点并达成教学目标，积极反思课堂教学上存在的问题。虽然这些都是教师不可控、短期内完成不了的行为，但教师应注意往这方面努力。

（二）上出精彩体育课的具体措施

要上出一堂精彩的体育课，教师应做到以下几点。

1. 提高课堂教学效率

要上出一堂精彩的体育课，就要提高课堂教学效率，这应该从以下几个方面入手。

（1）课堂决策力。解读课程标准，确定教学目标，分析教学重难点，了解学生、场地的具体情况。熟悉了这些要素，就能提高课堂的执行力，有效地提高课堂教学效率。

（2）用活时间。教师要安排好上课时间，做到不拖课，不占用学生的课余时间。

（3）过程精彩。把课堂还给学生，体现以生为本，注重学生的课堂参与积极性和过程体验，在课堂上落实健康第一的理念，彻底改变学生不喜欢体育课的状态。

（4）结果生动。一堂精彩的体育课应该是学生喜欢、教师满意的体育课。衡量的标准就是学生的体质增强了、兴趣提高了、自我锻炼加强了、合作学习自觉了。

2. 关注不同层次学生的需求

学生在学习中存在着不同层次的需求，作为教师，要用细心、耐心、爱心、恒心去关注和引导每一位学生。

(1) 细心。学生的喜怒哀乐都会写在脸上，对于学生的身体不舒服、气色不佳，教师都应该明察秋毫，对有困难的学生给予帮助。从这些细微处入手，教师才能真正成为学生的好朋友。

(2) 耐心。学生的健康体魄不是一蹴而就的，教师必须制定详细的发展规划，针对本班的实际情况、学生的体质状况开出不同的运动处方，有耐心地面对问题学生，努力解决课堂上出现的各种问题。

(3) 爱心。教育是一项充满爱心的事业，教师要用爱去关怀学生，无论是对学优生，还是对不听话的、调皮捣蛋的、成绩不好的学生，都要一视同仁，关注每个学生的发展，发现每个学生的长处，用爱心去温暖学生。

(4) 恒心。恒心主要是针对教师自身的工作热情来说的。人长期做同样的事情时往往会产生倦怠，教师也一样。教师要做好自己的心理疏导，加强锻炼、沟通，保持对教育事业的爱，让细心、耐心、爱心得以永恒。

附：基层的回音——怎样上好一堂课

我校的教师在探讨“怎样上好一堂课”的过程中，提出了自己的观点，使研讨的内容更为丰富、深刻。

观点一——状态良好

连仁都：要想上好一节课，教师的状态很重要。如果教师满怀激情地走进教室，那就有可能上好这节课；反之则不然。教师的精神是否饱满很重要，如果教师情绪低落，教学进不了状态，自然无法调动起学生的学习积极性，教学的效果也不会好。

郑丹：上课时教师应该充满热情，这样学生也会被感染。让教学成为与自己的生命价值相融合的一件事，不仅容易激发教学的创造性，也能消除职业倦怠情绪。

兰伟伟：当一位教师满怀自信、面带笑容地走进教室时，他的力量是无限的，他在教学方面的一切优势就得以展现，他的课就有可能成为一节好课。

朱波：只有以情激情、以爱唤爱，才能让师生在课堂上经历生命体验的过程，收获才会丰厚。

观点二——明确教学目标及教学重难点

连仁都：要想上好一节课，教师首先要明确本节课的教学目标及教学重难点，然后通过挖掘教材，预设恰当的情境；上课时要注重师生之间的互动交流，让学生主动参与；当然，教师要具备丰厚的文化功底、富有激情的语言及敏捷的判断力，要善于捕捉课堂中的亮点，围绕教学目标“借题发挥”。那么，这节课就是成功的好课。

郑丹：这里预设的恰当情境应该是更符合教学内容、更能够体现教学要点、更容易实现教学目标、更贴近学生生活实际的情境，以教学意图为基础的教学情境的预设有利于课堂目标的达成。

连仁都：教师在教学过程中还要经常给学生提供合作与交流的机会，使学生在交流的过程中也能够学习别人的方法和思路，从而使学生学会从不同的角度思考问题和解决问题，逐步养成与别人合作交流的学习习惯。还可以利用多媒体激发学生的学习兴趣，帮助学生了解一些抽象的概念和现象，提高教学效率。这样可以使课上得更好。

兰伟伟：如果教师已十分明确本节课的教学目标、教学重难点，那么上起课来一定是得心应手的。所以，功夫还是应该做在备课中，所谓“功在课前，利在课后”。

朱波：上好一堂课首先要以目标为切入点进行构建，也就是说，这一节课你想达成什么样的目标。这种目标固然是从三维目标开始的，但三维目标是一个笼统的概念。因此，在设计教学目标时，教师需要对目标进行再构建，即进一步将其细化成可操作、可观测或可测评的子目标，这样方可实现教学目标与课堂实践的有效对接。否则，模糊的三维目标无法让观摩者或观课者看到你的课堂教学过程是如何促进目标的达成的。

观点三——转变学法

连仁都：要上好一堂课，就要在转变学生的学习方式上下功夫。要转变学生的学习方式，让学生自主学习，不进行时间和空间方面的改革是不行的。第一，让学生有时间练。练有助于学生培养体感，熟悉动作，加深对动作的理解，也就是古人所说的“拳不离手，曲不离口”。练的方式是多种多样的，诸如自由练习、合作练习等，只有在一定的单位时间里才能达到训练目标。第二，让学生有时间进行独立思考。“满堂灌”的课，教师往往讲得多，没有留出足够的时间让学生去思考，所以学生得到的仍是教师教给的现成答案。

郑丹：现在，我们强调要让教学过程变成学生自主学习和自主探究的过程，就是要在把问题交给学生后，让他们有时间进行独立思考，并能提出自己的见解，让他们有时间和空间进行合作交流。新教育理念倡导让学生进行合作学习。有合作，就一定要有交流和讨论。因此，提出一个问题之后，就必须有充足的时间让学生在合作小组内、组与组之间进行交流讨论。

兰伟伟：教师灵活的驾驭能力是上好一堂课的重要保证。首先，教师要扮演好自己的角色。教师应该是学生学习的参与者和督促者。参与，就是以学习者身份出现在学生的面前，和学生一起去探索和学习；督促，就是对课堂中的纪律、学生投入状态进行适时适度的调节，尤其要督促学困生积极投入学习中。同时，教师还应是学生学习的服务者和点拨者。教师有责任为学生的学习提供信息，有责任帮助学生树立正确的学习态度，引导学生创造性地运用知识，更有责任对学生的疑难之处进行及时的点拨。其次，要善于把握好各环节的进程及用多种手段调动学生的学习兴趣。一堂课中，学生的自主学习和合作探究是由一个个具体的操作环节构建而成的。每一个环节多长时间，学生该做什么，教师要怎么做，要把握得恰到好处。另外，在教学手段上，即使是条件十分落后的农村学校，也要努力丢掉过去那种“一个口哨一粒球”的做法，让音乐、舞蹈等形式进入课堂，从大脑开发的角度激发学生的学习兴趣；让比赛、展示等形式进入课堂，使学生在亲身体验中提高学习兴趣；等等。凡有利于学生自主学习、合作探究的手段，都可以用起来。再次，要发挥随机评价的调节功能，评价的原则是重表扬和鼓励，严禁呵斥和“一棍子打死”。评价的内容主要是关注学生学习的过程和对知识的应用，关注学生在学习过程中投入的情感和态度，关注学生在学习过程中个性的张扬和创造性思维的训练，而不能只注重学习结果。评价的方式可以是教师口头上的表扬，也可以是一阵掌声、一个大拇指、一个赞赏的眼神等肢体语言，还可以是学生的相互评价。

朱波：采用多种手段、多种方式调动学生学习的积极性，非常赞同！

第六节　多元化的第二课堂

课外体育锻炼是学校体育的重要组成部分，也是一所学校提升体育文化的重要平台，更是教师、学生展示风采与提升能力的途径。人们习惯于把课外体育锻炼称作第二课堂。第二课堂的精彩度决定了学校体育发展的宽度与广度，也是衡量一所学校体育教师水平高低的标尺。

一、何为第二课堂

第二课堂通常是相对课堂教学而言的。如果说依据教材及课程标准，在规定的教学时间里进行的课堂教学活动为第一课堂的话，那么第二课堂就是指在第一课堂外的时间进行的与第一课堂相关的教学活动。从教学内容上看，它源于教材又不限于教材；无须考试，但又是素质教育不可缺少的一部分。从形式上看，它生动活泼、丰富多彩。

学校体育的第二课堂包括学生的自主活动与教师指导的兴趣小组或运动队活动，大课间、课外训练也属于这个范畴。由于前面的章节专门讨论过大课间，因此，笔者提出的第二课堂主要指下午的运动队活动。

二、第二课堂建设

（一）主动作为

在实际训练中，不管出于什么原因，体育教师都应该在训练前十分钟赶到训练场地，等候学生，在全体学生都离开训练场地后才离开。训练中，教师要言行一致、言出必行，只有这样才能现身说法，教育学生，树立威信。在教学和训练中，充分发扬民主精神，重视集体的作用，与学生相互尊重，相互信任，对学生一视同仁，帮助学生树立奋斗目标，拟定学习和训练计划，指导学生的学习和训练，对学生的学习成绩做出客观的评价。此外，要想成为一名符合时代要求的体育教师，还要不断学习和掌握本学科最新的理论知识，了解体育教学改革的动态、信息，提高自己的教学和科研能力。

（二）协调关系

1. 和谐的师生关系

和谐的师生关系是构建宽松学习环境的前提。建立和谐师生关系的基础在于师生间的相互尊重。作为体育教师，我们不但要教给学生训练方法，提高他们的运动水平，还要经常找他们谈心，交流情感，了解他们的内心世界，对他们在学习、生活等方面多关心、照顾。另外，和谐的师生关系更能使学生从教师的热情中找到自信，克服怕苦、怕累的心理，增强勇气。

2. 学生学习、生活、训练之间的关系

学生进行体育训练，能促进身心健康发展，提高竞技水平，但学生可能在训练中出现因训练疲劳而影响课堂效率、家庭作业质量等现象，从而影响学生的学习。如果不能很好地解决此问题，轻则会影响运动队的生源，重则会影响队员的一生。那么该如何解决呢?

首先要使学生从内心深处明白学、训并重的道理，促使他们更加努力地学好文化课，提高文化成绩。其次，体育教师要有正确的态度，想办法把此问题的负面作用降低到最小，甚至可以向学、训相互促进的方面努力，关注学生平时的考试成绩，并主动找科任教师了解学生的上课状态，发现问题，及时疏导。再次，加强与家长、任课教师的联系，交流看法，及时了解学生各阶段的身心状况，改进工作方法，让学生能积极地训练、健康地成长。

（三）凝聚队伍

一支队伍有凝聚力，就能团结互助、一致对外、增强战斗力，第二课堂的建设也是如此。教师要从以下几个方面来增强队伍的凝聚力。

1. 加强运动队伍建设

力争把运动队创建成为一个光荣的集体，让学生为自己能成为集体中的一员而感到自豪。在运动队中，应致力于营造一种广开言路的民主氛围，给学生充分的自主权，培养学生的责任感。实现学生管理学生，可能会取得出奇制胜的效果。

2. 加强教师团队建设

学校体育要百花齐放，必须充分挖掘团队的力量。教研组组长必须具备这样的心态：创造公平环境，解决实际问题，让每位教师都明白团队的力量，明白体育组要想立足学校必须靠实力说话。

3. 加强沟通

教研组组长要起到上传下达的作用，既要全面贯彻学校体育工作方针，又要率领团队进行“战斗”。加强与处室的沟通，加强与年段长、班主任乃至科任教师的沟通。

（四）运用教法

有些体育教师采用训练成人的方法、手段来教学生，无论什么活动都要求学生按照他的命令进行，把学生当成了“动作机器”，使学生完全失去了个性，结果学生感到枯燥乏味，昏昏欲睡，无精打采，失去积极性，导致课堂气氛沉闷，训练任务完不成。在实践中，应采用以教师为主导、学生为主体、身心为基础、训练为主线的新型教学模式，运用形式多样的教学方法来提高学生训练的兴趣。

1. 善变

活泼好动是孩子的天性，他们之中的绝大部分都喜欢体育运动。在训练中，采用灵活的组织形式、营造生动活泼的课堂气氛，能较大限度地满足学生活泼好动的天性，较好地调动学生的积极性。但是他们的自我约束能力差，容易受新异刺激的影响，如果不采取一定的措施，将影响他们体育兴趣的提高。因此，教师一方面要变换训练的方法、手段，充分满足学生的好奇心，另一方面又要循循善诱，严格管理，维持良好的练习秩序。

2. 善评

对于学生的学习成绩和学习态度，教师及时做出正确的评价，适当进行表扬和鼓励，可以激发学生的上进心、自尊心、集体荣誉感，有利于学生学习兴趣的培养。在训练中，教师可把表扬和批评结合起来，以表扬、激励为主，批评、教育为辅，对于那些学习努力、进步较大的学生，及时给予表扬和鼓励，同时指出其不足及努力方向；对于那些进步较慢的学生，只要他们稍有进步，就及时给予肯定和激励，并提出希望。

3. 善问

提问是调动学生积极思考、提高教学效果的重要手段。在教学中，围绕教学任务，从学生实际出发，合理巧妙地提问，能较好地调动学生的学习情绪，调节课堂气氛，引起学生对所学知识要点的充分注意，促进学生的积极思考。

三、第二课堂策略

运动队是学校体育的一个缩影，能从某些角度折射出学校的真实情况。一个运动队的快速成长，靠的是教练的精神素养和技术水平及队员的思想风貌和整体素质。每一位体育教师在训练上无疑都是有一定能力的，但在训练中尤其是带田径队的过程中，大家都会遇到一个问题：由于田径训练既辛苦又枯燥，而且家长和一部分教师对田径训练又不十分支持，所以学生往往不愿意参加田径队的训练。

在此讨论一下把学生留在田径场上的策略。

（一）教师对学生要有爱心

有爱心的教师能够对学生产生强烈的感召力、凝聚力，能够让学生真正对教师产生感情，信任教师，听教师的话。教师的爱心首先体现在教师对学生的责任心上，对于学生，教师所要做的是培养他，使他成材，而不是利用他为自己出成绩、赢得名利。学生是有思想的，他们感觉得到教师对他们的心意，当他们体会到教师的苦心时，就会回报给教师一颗最真的心。当一个个学生经过教师的调教有了好的发展时，新入队的学生就会更加信服教师，这是一个良性的循环。

（二）体育教师要热爱体育

我们做体育教师的要让学生知道，学体育并不只是为了一条出路，为了升学时有点好处，要让学生真正懂得体育对人一生的益处。教师应积极参加运动，用自己的实际行动告诉学生，体育可以贯穿人的一生，可以带给人一生的健康，让我们的生活更加精彩；教会学生科学锻炼的方法，让学生掌握合理、有效的放松方法，学会处理轻微受伤的方法，用专业的方法让学生更加热爱体育。

（三）选材侧重态度和能力

在田径运动上有潜力的学生很多，经过科学的训练，他们都能够成材，我们不要只把目光盯在运动会中前几名学生的身上。有的学生的比赛成绩虽然并不突出，但是他们的身体素质好，非常喜欢田径运动。要知道，兴趣是最好的教师，这样的学生训练时肯投入，只要经过系统的训练，很快就会有质的飞跃。反过来，有的学生就算很有天赋，但是训练不认真、不系统，不但难出成绩，而且会给整个队的训练造成负面影响。

（四）营造良好的训练氛围

在前面选材的基础上，营造良好的训练氛围就很容易做到了。由于选出来的队员都喜欢田径，大家兴趣相投，有共同语言，所以相互之间很容易产生真挚的友情，变成很要好的朋友。在训练的时候，朋友间相互逗趣、相互鼓励，单调的跑跑跳跳也就不那么枯燥了。而且在紧张的学习之余，有这么一个让自己感到开心的团队，学生会觉得很留恋，所以训练时间一到，学生就会积极地参与。

（五）加强与家长的沟通交流

学生的思想通了，但如果家长的思想不通，训练还是很难进行下去。家长最关心的其实就是学生的文化成绩，如果这个顾虑没有了，家长很少会反对学生训练。所以学生一进队，教师首先应对他们强调文化课的重要性，使他们树立文武并重的意识。每次考试进行跟踪，出现问题及时与家长沟通交流。关注学生的成长细节，家长也会看在眼里。

第三章 学校体育问学

“博学”的“博”，即宽广、广博。体育教师的博学应体现在专业、学科等方面，在学术思想、学术风格、学术观点上应兼容并包、百花争艳，打下坚实的基础，全面提升综合素质。教育是大海，教师就是船，心态就是航线，教师一定要定好自己的航线，要驾驶自己的船自由航行在教育这片海洋里，踏踏实实把每堂课上好，夯实自己的教学基本功，多积累，多思考，多总结，多交流。

第一节 体育教师问学之路

体育是以身体练习为基本手段，结合日光、空气、水等自然因素和卫生措施，以增强体质、增进健康、丰富社会文化生活为目的的一种社会活动。因此，体育教师可以问学的领域与知识点是非常丰富的，只要多思考、多行动，相信每个人都能寻找到自己的突破口，建立起自己的问学体系。

一、问学路在何方

（一）问学的方向

1. 学习与反思

随着科技与社会的进步，教育理念也发生着变化，教育工作者要紧跟时代步伐，加紧学习，满足学校发展的需要。体育教师的学习包含专业领域的提升及教育领域的学习，如教育信息技术的学习与运用、心理学的学习与运用、个人职业领域的规划与学习等。反思是促进个人进步的有效手段之一，反思的领域包含教学、训练、竞赛指导、教育科研等。

2. 动作原理分析

体育教师要想在课堂里出彩，除了要具备较强的表达能力之外，还需要将精准的示范与精彩的教学相结合。当然，随着体育教师教龄的增长，示范的技巧与时机把握会日趋成熟，教学手段日趋合理，课堂的组织与管理日趋高效，技术动作原理讲解日趋到位。这些都是体育教师问学的方向。

3. 先进理念渗透

学校教育要树立健康第一的指导思想，可事实上很多教育工作者还是只关注升学率。因此先进理念的渗透对体育教师非常重要。2007 年《意见》的出台，让学校体育发展出现了转机，随后“阳光体育”“每天运动一小时，健康工作五十年，幸福生活一辈子”的理念逐渐得到认可。体育教师只有积极贯彻落实这些理念，在日常生活工作中以身作则，才能使学校体育有美好的明天。

4. 校本科研应用

学生在学习、运动过程中及课外出现了各种不良习惯和行为，如冷暴力、打架、沉迷网络等，这些都可以作为体育教师研究的方向；近年来学生近视率、肥胖率居高不下，这些也可以成为体育教师研究的重点。此外，课后反思、论文撰写、课题研究、校本课程研究等，都可以转化为校本科研的主题，这样一来，体育教师就将有取之不尽、用之不竭的素材。

（二）问学的态度

教师要积极端正问学的态度，以乐观的心态在问学之路行进，学海无涯，以乐作舟。

1. 加强职业道德建设

促进学校体育发展是每位体育教师的责任与义务，要切实加强自身的职业道德建设，把学校体育工作做好。热爱教育事业，热爱学生，把工作当成事业来做。让自己喜欢上体育科研，把科研当成工作中的一部分。

2. 多思考，多写作

伟大哲学家、数学家和生理学家笛卡尔曾说："我思故我在。"教师应该让自己静下来，多思考，多写作。思考自己为何从事这份工作，如何把这份工作做好，再把在生活和工作中所看到的、所听到的及交流得到的转化为文字，经过总结、提炼后形成有思想深度的文章。

3. 规划问学路径

教师要把适合自己的研究方向，或者自己感兴趣的领域划定出来，然后开始规划自己的问学路径。身体力行，坚持每天阅读一小时，把理念贯彻到日常生活工作中去。关注课堂，关注学生的行为习惯，观察学生的不良行为习惯是由哪些因素引起的，关爱学生，践行以生为本的课堂观。

（三）问学的蹊径

除了常规的课堂教学、体育训练之外，体育教师的问学还可以以体育课程资源的开发作为切入点，开辟问学蹊径。

1. 人力资源开发

体育教学离不开器材，器材资源的充分利用与挖掘能让体育课程的内容更丰富。然后结合人力资源开发，实现教师资源合理配置，开发符合学校特点的课程，实现教师向"一专多能"发展，实现学校的特色团队建设。

2. 体育信息资源开发

随着高中体育选修模块的设置及体质测试的进一步加强，选课、学分、成绩的管理与登记都成为可深入开发的资源。体育教师如何在这些数据中提炼出能促进体育信息开发的资源，将成为今后分析学生体质变化的指标之一。

3. 课外和校外体育资源开发

加强家校联系，以及学校体育与社区体育的交流，让资源得到共享，使体育教师的功能进一步提升。

二、问学路上阅读

欲求教好书，先做读书人。阅读好像思想的朝圣，可以洗涤人的灵魂。当我们虔诚地伏下身子，安静地聆听先贤的话语时，我们的视野得以开阔，心灵得以丰富。阅读可以使人形成一种特别的气质，这种气质就是日积月累的书卷气。

（一）阅读智慧

读书不要只读一种，正如鲁迅先生说过的，读书“必须如蜜蜂一样，采过许多花，这样才能酿出蜜来，倘若叮在一处，所得就非常有限、枯燥了”。所以，要想增长知识，一定要多读书、读好书，这样才能开阔视野、增长知识。

读书可以明智，愚拙的人读书之后可以变得聪明，聪明的人读书之后可以变得智慧。读书还可以解闷，当你感到孤独时，不妨到书的海洋中去寻找，相信其间会有许多知心的朋友。读书，常常可以使人进入如醉如痴的境界！

（二）如何阅读

1. 有效阅读

（1）你一定要知道自己读的是哪一类书，而且越早知道越好，最好在你开始阅读之前。只有当你能在不同的书籍之间找出区别，并且进行一些合理又经得起时间考验的分类时，阅读效率才会有所提高。

（2）我们读书一定要超越“知道这是怎么回事”，明白“如果我们想做些什么，应该怎么利用它”。这就是知与行的区别。

（3）每一本书的封面之下都有一套自己的骨架，一个分析型读者的责任就是找出这个骨架。

2. 用心阅读

（1）对于整本书的内容，光有一个模糊的认知是不够的，必须确切、清楚地了解才行。只有一个方法能确定是否做到了这一点——使用一个句子或几句话（一小段文字）来叙述整本书的内容。

(2) 将书中的重要篇章列出来，说明它们是如何按照顺序组成一个整体的架构的。一本好书就像一栋好房子，每个部分都要很有秩序地排列起来，但每个重要部分又都要有一定的独立性。

（三）阅读方法

1. 信息式阅读法

信息式阅读法的目的只是为了了解情况。我们阅读报纸、广告、说明书等使用的都是这种阅读方法。对于这类资料，读者应该使用一目十行的速读法，眼睛像电子扫描仪一样在文字间快速浏览，及时捕捉自己所需的内容，舍弃无关的部分。任何人想及时了解当前形势或者研究某一段历史，都可以使用信息式阅读法。然而，是否需要中断、精读或停顿下来稍加思考，视所读的材料而定。

2. 文学作品阅读法

文学作品除了内容之外，还有修辞和韵律上的意义，因此阅读时应该非常缓慢，可以读出声，使自己听到每一个词。阅读诗词和散文时要注意韵律，还需要从隐喻或词与词的组合中获取感知。这种通过眼睛接受文字信号，并将其转译成声音，到达喉咙，然后加以理解的阅读方法，就是文学作品阅读法。

3. 经典著作阅读法

可以采用经典著作阅读法用来阅读哲学、经济、军事和古典著作。阅读这些著作要像读文学作品一样慢，但读者要对书中的一字一句细细思索，以捕捉作者的真正用意，从而理解其中的深奥哲理。

三、体育校本科研

体育校本科研是以学校体育发展过程中所遇到的各种具体问题为研究对象，以教师为研究主体，以行动研究为主要方式，以校本发展为根本目的的教育研究。体育教师给人的印象一般都是叱咤赛场的角色，但笔者在此处强调的是体育教师的智慧。智慧的体育教师要会做科研，其科研要以校本科研为范畴，主要针对学校教育教学工作中的各种问题展开。

（一）校本科研的意义

第一，校本科研是集整个课题研究组的智慧，形成“科研促进教学，教学提升科研”这样的良性循环，培养教师“一专多能”的综合素质，使教师的业务水平得到提高，使教师成为智慧体育教师的最佳途径。

第二，校本科研能创建教师学习、交流、发展、提高的平台，给教师创造自我提高、不断学习的机会，促使教师发挥最大的潜能，打造学校教学亮点，培育名师，引领学校的特色发展。

第三，校本科研能提高教师教育教学的有效性，培养学生的创新思维与实践能力，全面提升学生的综合素质，使学校教育教学向科学化、规范化、高效化的方向发展，营造良好的校园文化氛围。

（二）寻找校本科研的路径

1. 三个梯队

校本科研可以分为教师教研、课题研究、校本课程三个梯队进行。

（1）第一步是进行有效的教师教研。构建和谐团队，调动教师之间交流的积极性，是教师教研的主要任务。和谐的团队能形成一股合力，协商解决工作中存在的问题，共同促进学校体育的发展。

（2）第二步是用严谨的态度做课题研究。学校要构建课题研究平台，让教师静下心来，注重平时积累，反思工作中的得失，把存在的问题通过课题研究加以解决。

（3）第三步是开发校本课程。通过课题研究提升教师的科研意识与能力之后，接下来就是要进一步提升教师的专业素养：①结合学校体育特色项目，挖掘梳理学校体育文化；②编写校本题纲；③构建校本课程；④从教学中反馈出来的问题入手进一步提升、改进校本课程。

2. 具体方式

学校应采用多种形式的校本科研促使教师获得更新的理念，获取将理念变为行动的方法。在教师培训方面应有计划、有重点地加以落实，注意针对教师的实际情况进行分层培训，并采用多种培训形式，为教师的发展创造条件、搭设平台，使教师迅速成长。

校本科研要立足学校实际，从以下三点进行提高。第一，要注重教师作为培训者的培训，总结教师的典型经验并加以宣传和推广；第二，要注重活动式的校本科研，让教师在活动中感悟和体验；第三，要注重所有成员的参与性，各学科相互渗透，各位教师相互学习，通过校本科研达成对可持续发展理念和教师专业发展的共识。

（三）校本科研的机制建设

伴随着新课程的实施，学校的科研方式发生了深刻的变化，校本科研成了推进新课程的重要条件。通过学习和实践，我们认识到，校本科研的机制建设工作，主要有两个方面。

（1）引领教师成长为专家型教师的行为机制。

在实践中我们发现，能够帮助教师成为专家型教师的有效校本科研机制是主题校本教研。主题校本教研是一种主要由教师个体主动进行、明确指向某一类典型问题解决的教研活动。它具有这样的基本特征：基于教师个体在教学实践中，为了有效达成教育目标遇到的最值得关注、最令人困惑、亟待得到解决的典型问题；在研究过程中，某一个问题的解决方向很明确而不是面面俱到；教师围绕问题学习相关理论，对问题做理性的、本质的分析和思考，在问题解决策略的采用上有自己的理论支撑；教师通过改进自己的教育行为来不断提高自己，能够从研究中体会到问题解决和自我提升的教研成就感；持续开展研究，使教师的教学水平得以不断提高。

（2）保证和促进教师实现校本科研的管理机制。

在一个区域内，每一位教师都要积极主动、卓有成效地开展校本科研，但是在现实中，并不是每一位教师都具有追求教学目标达成的内在需求，也不是每一位教师都有能力运用科学、规范的教学科研行为机制来改善自己教学研究和教学实践的行为，从而使自己的教学走向有效和高效。因此，学校需要一套管理机制来促进、帮助和引导教师产生校本科研的内在需要，提高其校本科研的能力和水平，促使其积极地投入校本科研实践中，从而形成新型的校本科研文化。

第二节　教与学的辩证统一

中国近代力学奠基人之一、伟大的教育家钱伟长积极倡导教学与科研的结合，主张实施通才教育，培养全面发展的人才，强调教师的教与学生的学的辩证统一。笔者十分认同这一观点，认为教学过程应既强调学生的学，又不能忽视教师的教，只有实现教学过程中教与学的辩证统一、主导与主体的和谐统一，才能达到有效学习的目的。

一、教学关系分析

教学关系分析包括师生关系分析、教学方法分析和学习方法分析三个方面。

（一）师生关系分析

1. 良好的师生关系

教育理论和实践经验证明，师生关系是影响教学质量的最直接、最具体、最经常、最活跃、最重要的因素。良好的师生关系能够使教师和学生的交往需求得到满足，相互之间建立亲密关系，产生工作和学习的愉悦感，有助于建立相互信任和了解的关系，令教师能够更清晰地了解学生的思想动态和个性特点，使教师的工作能建立在对学生充分了解的基础之上。可见，师生关系对教师工作的顺利开展及教学质量的提高具有重要的作用。

2. 双边良好互动关系

教师和学生在教育过程中各自占据着不同的位置，履行着不同的职责。这种不同的地位和职责，从组织上和制度上决定了他们之间的关系，即教师是施教者，学生是受教者；教师是领导者，学生是被领导者；教师具有权力和权威，学生要听从教师的教导。然而，这种组织制度化的师生关系，在不同教育观点的指导下，乃至在不同教师的教育修养和个性品质的影响下，具体表现形式是有差别的。有的强调师道尊严，教师具有至高无上的权威；有的则重视学生的个性解放，力求限制教师的权威。而在教师的主导作用下，充分发扬教育民主，尊重学生的主体地位，发挥学生的主动性、积极性，应当成为现代教育中师生关系的根本特征。

（二）教学方法分析

体育教学是教师和学生为实现体育教学目标采用的教学活动方式和手段的总称。在体育教学中，传统的体育教学方法有很多，主要包括以下几种。

1. 练习法

练习法是指学生在教师的启发、指导下通过有目的的重复训练达到强化教学内容的方法。练习法是各种技能和能力形成的基本途径，是基本的教学方法。体育教学中进行练习的具体方式有模仿练习法、适应练习法、反馈练习法、强化练习法等。

2. 作业法

作业法是指学生在教师的指导下运用自己学到的体育与健康知识、技术和技能在校内外进行实际操作和指导他人的教学方法。它为拓展体育课堂教学提供了方法上的保证，如在社区担任健身指导教练，进行体质测试的实习，组织一些小型的比赛，参与校外的体育活动俱乐部，等等。

3. 完整法

完整法是指对某一动作从开始到结束，不分段落和部分，整体性地进行传授或学习的方法。完整法一般在技术动作比较简单，或技术动作虽然比较复杂，但若分成几个部分显然会破坏其结构时采用。运用完整法时，若为教授简单的、易掌握的动作技术，教师可通过讲解示范后，让学生完整地练习整个动作技术；若为教授复杂、困难但又不宜分解成段落或部分的动作技术，一般可采用降低难度、突出重点、突破难点、增加辅助性练习、提高身体素质和运动能力等方法，逐步引导学生掌握完整的动作技术。

4. 分解法

分解法是指将一个完整的动作技术合理地分成几个部分或段落，按部分或段落分项进行学习，最后完整地掌握动作技术的一种方法。教师在运用分解法时应注意以下几点：划分动作技术的部分或段落时，应注意分析其内在的有机联系，防止改变动作技术结构或破坏其完整性；动作技术被分解后，各部分或段落的教学先后顺序可按实际情况进行顺进练习或逆进练习，也可从中间某部分开始练习；分解的时间不宜过长，应与完整法结合运用。

5. 纠错法

纠错法是指教师针对学生在练习中产生错误动作的原因，选择最有效的方法和手段，及时有效地加以预防和纠正的方法。体育教学中学生产生错误动作的原因主要有以下几种：心理因素，主要表现为学生的学习目的不明确，缺乏积极性和主动性，怕苦怕累怕受伤，以致缺乏信心和产生畏难情绪；知识和技能因素，主要表现为学生练习时没有掌握动作技术要领，采用方法不当；身体机能因素，主要表现为学生的身体素质和运动能力没有达到相应的水平；教学外部环境、条件因素，主要表现为受场地、器材和设备与周围环境、气候条件的影响；教师素质和组织因素，主要表现为选择教学内容不切合学生的实际水平，教学计划安排缺乏系统性、科学性，组织教学方法不当。

6. 游戏法

游戏法是指体育教学中学生在教师的组织指导下，在规则许可的范围内充分发挥主观能动性，达到预期的教学目标的方法。在体育教学中采用游戏法具有一定的现实意义。游戏通常具有一定的情节和竞赛成分，内容与形式多种多样，因此能激发学生的兴趣，使学生体验到运动的快乐。

（三）学习方法分析

美国教育家杜威说过："学校最大的浪费在于儿童在学校中不能完全自由地运用已有的经验，采用自己的方法去获取知识。"能够使学生最大化地发挥自己的潜能的学习方法包括以下几种。

1. 自主学习

自主学习是指"以我为主"的自学、自练、自评、自控的体育锻炼。这一过程是在教师的激励、指导下，学生自我探索、自我锻炼，通过体验失败与挫折去深入地领会动作，在通过自己努力获得的成功中产生"我要学"的需求和意识的过程。在体育教学中，教师要指导学生学会看图和根据动作示意图进行模仿练习，提高学生在模仿中学习或自学自练的能力，通过布置适当的家庭作业，培养学生自觉锻炼的习惯及终身体育的意识。

2. 合作学习

教师要为学生营造合作学习的氛围，在学生自学自练的基础上让他们组成学习小组，相互观察，相互帮助，相互纠正，使学生在合作学习的氛围中提高发现错误和改正错误的能力，不断提高动作质量，并在合作学习中发展自己的社会交往能力。

3. 探究学习

教师要为学生提供机会，培养他们的创造力、竞争力及迎接挑战的能力。在教学过程中，对于有些教学内容，教师可以只提要求，不教方法，让学生自己去尝试着学习；有些较难的动作，适度提示学练方法，让学生自己去尝试着研究，探究学习更适合高年级学生使用。

4. 评价学习

教师要发扬教学民主精神，经常听取学生的意见，与学生一起研究和改进教学方法，让学生以适当的方式对教学过程和结果进行评价。

二、教学模式设计

（一）教学模式分析

1. 对传统体育教学模式的认识

传统的体育教学模式多以掌握技能为主，注重身体锻炼，过多地主张遵循运动技能的掌握规律和人体活动机能的变化规律。教学时过多地强调教师主导作用的发挥，教学效果偏重“学会”某项技术，而忽略“会学”方法的指导。学生在严密的组织下，在大密度、高强度练习的挤压下，缺乏自主学练的时间，没有思考、探索问题的余地，积极主动参与的意识不强，因而自主学练能力得不到很好的培养。

2. 培养学生自主学练能力的教学模式

笔者创设出一个能够培养学生自主学练能力的新型学习模式，包括四个阶段：引导性学练阶段、尝试性学练阶段、自主性学练阶段、归纳性学练阶段。在引导性学练阶段，机体进入状态，兴奋点提高；在尝试性学练阶段，体验动作并进行思维比较；在自选性学练阶段，依据自己的能力水平，对动作有选择地学练；在归纳性学练阶段，体验到成功的喜悦，使机体恢复到相对安静的状态。这一教学模式让学生在想学、乐学的基础上，将脑、口、眼、手都动了起来，将学生自主学练能力的培养落实到课堂教学的各个环节之中，具有较强的可操作性。

（二）教学关系调整

在教育教学过程中，教师是主导，学生是主体，二者是相互促进、相互制约的辩证统一的关系。教师应愿教、能教、善教，学生应愿学、肯学、善学。教师是关键，是矛盾的主要方面。在教育教学过程中，教师应努力做到对学生严格要求，计划详细周密，教学严谨，从学生的实际出发，采用新理念，让学生触类旁通。

教师一定要牢固树立教为主导、学为主体的观念，坚持教学即教学生学会学的观点，摆正教与学的关系，杜绝教师只管教、学生只管学的现象，严禁注入式、灌输式的教学方式，保证学生思维的自由发展和主动性的充分发挥；面向全体学生，关注学生的差异和需求，激发学生的主动意识，尊重学生的独特体验，提倡先学后教、多学少教、以学论教。

三、教学发展阶段

教学的发展包括以下四个阶段。

（一）自我中心阶段

教学发展第一个阶段的特点是教师关注教材和自己。教师努力把教材中的知识点和训练点讲完整、讲细致，关注怎么把教材的内容据为己有，关注怎么把自己准备的东西发挥出来。在这个阶段，教师是以自我为中心的，很少关注学生怎么学、有什么感受、需要什么。在这个阶段，可以说教材是围绕教师的设计需要被解读的，学生是围绕教师教学的需要被设计的。

（二）学生中心阶段

处于教学发展的第二个阶段，教师开始关注到教学并不是自己唱“独角戏”就可以达到预期目标的，还必须有学生的参与。这个阶段又可以分为两个小阶段。一是在关注教材和自我的基础上关注学生。这时候，教师的教材意识、自我中心意识仍然很强，但已经开始认识到学生对教学的重要影响，在备课和教学实践中，开始关注学生，开始注意把学生作为教学的重要因素纳入教学设计与教学实践中。二是在关注学生的基础上关注自我与教材。前一个阶段如果说是量的积累阶段，这个阶段则是质的飞跃阶段。教师已经由自我中心、教材中心转到了学生中心，教师已经认识到教师与教材都是要为学生的需要、发展服务的，教学设计和教学实践都应围绕学生展开。教师与学生之间有了深度的互动，教师在与学生的互动中了解并不断满足学生的需求。

（三）精致教学阶段

好的教学并不是仅仅完成教学任务的教学，也不仅仅是关注学生发展的教学，还应是精致化的教学、精细化的教学、高质量的教学。而要达到这样的教学，教师就不应仅仅关注教材、关注自我、关注学生，还应该关注一切教学情境中的要素，因此，精致化、精细化、高质量的教学还要求教师关注教学环境，关注一切在场的教学因素。在这个阶段，教师已经是高水平的教师了，他不仅能够宏观地把握教学，而且能够关注教学的细节，能够快速、准确地发现教学中的细微变化，能够迅捷地辨识教学细节及其发展方向，能够迅速判别教学细节中蕴含的教育价值、意义与危害，能够充分地利用教学细节。

（四）教育哲学阶段

在这一阶段，教师不仅关注教学中一切在场的因素对教学的影响，而且关注不在场的事物对教学的影响。什么是不在场的事物？就是那些隐性的、无形的但又对教育教学产生制约的事物，如教师的人生哲学、现行的教育体制、国家的历史、当地的传统文化、学生的家庭背景等。这些事物，并不在教学的现场，甚至不成为教学的内容，也不成为隐性课程的内容，却在无形之中影响甚至支配着教学的进行。高水平的教师，不仅关注学生、关注教材、关注自我、关注环境、关注细节，而且关注在场及不在场的事物对教育教学的影响。也就是说，他能够洞察教学，能够穿越教学，能够把教学放到古今中外、纵横交织的时空里进行。

第三节　在评价中提高自己

“体育课程评价应以学生发展为基础，关注为不同层次学生所设定的目标要求，因人而异，既尊重个体差异，也考虑个体努力程度，对其进行合理的引导，以促进每个个体最大可能地实现自身价值。”这段表述属于对评价传统的认识。笔者则认为，评价应该以发现自己为出发点，从而提升自己的专业水平。评价对象不管是学生还是其他教师，不管是课程还是课堂，目的都是在评价过程中发现自己的不足，或者发现别人的闪光点，从而提升自己。

一、课程评价回看

（一）评价的内涵

课程评价是指系统收集课程设计、课程组织实施的信息，依据一定的标准和方法对其进行价值判断。其目的是对课程设计和组织实施的科学程度进行诊断，并确定课程目标的达成程度。它是不断完善课程建设的重要依据和途径。

课程评价应力求突破只重视技能掌握程度的局限，而更强调学生的学习主动性、情感态度表现、探究合作能力、健康行为、品德达标程度等，强化评价的激励功能和发展功能；既重视教师的终极评价，也重视学生的自我评价和互动评价；既重视定量评价和终结性评价相结合，也重视定性评价和过程性评价相统一。

（二）评价的原则

1. 评价主体的多元性与互动性原则

课程评价是学校体育课程的重要环节，符合新课程改革注重课程评价的精神。广义的评价主体包括学校、家长、社区，狭义的评价主体包括教师、学生。从评价主体看，涉及面广，体现了评价主体的多元性；多元的评价主体能实现评价的互动性，良好的互动能确保评价的合理性。

2. 评价内容的多样性原则

评价内容包括水平标准评价、课堂教学评价、学生自我拓展评价。这三方面相辅相成，方可确保学校体育的可持续发展。多样的评价内容能促使学校体育往更好、更高的方向发展，有助于课堂教学更加开放，有助于学生学习更加自主，有助于学校体育的可持续发展。

3. 评价过程的针对性原则

只有课程评价有针对性，才能确保课堂教学有章可循，教学创新有理论支撑，学生学习有方向、有目标。课堂教学主要应针对教师采用什么样的教学策略、用什么样的教学方法实施课堂教学，从而更好地实现课堂教学目标等方面进行；应针对不同层次的学生如何有效地实现课堂学习、达到自主锻炼的目标、提升个人发展空间等方面进行评价。

（三）评价的意义

第一，评价是为了引导体育课程的可持续发展，满足学校体育发展的需要，丰富体育课程设置，通过评价看课程设置还有哪些地方需要提高与完善。

第二，评价是为了促进学生的发展，能客观地反映学生的真实水平，能从不同侧面发现学生的优缺点，从而促进学生更好地学，更有效地指导学生发展。

第三，评价是为了促进教师的专业化发展，让教师关注不同学生的个体差异，寻找解决问题的办法，发现课程的优缺点，促进教师更好地教学。

二、课程评价内容

课程评价主要是针对课堂教与学的评价，评价对象是教师与学生。体育课程的评价内容包括以下三个方面。

（一）水平标准评价

体育课程评价是规划、指导和了解信息的综合过程，旨在规划与改进学校体育，指导教师教学，了解学生的学习过程。其中最基本的就是水平标准评价，包括各种水平的技能等级标准、体能（耐力、力量、柔韧）、综合能力三方面的评价。

（二）课堂学习评价

课堂学习评价包括学习情况评价、过程性评价、终结性评价，具体内容见下表。

课堂学习评价表

评价方式 评价项目		学生自评	学生互评	教师评定	总评
学习情况评价	知识技能				
	课堂表现				
	出勤态度				
	课外参与				
过程性评价	进步幅度				
	学习观察				
	互帮互助				
	探究合作				
终结性评价	综合能力				
	创新能力				
	健康行为				
	体育品德				

（三）自我拓展评价

自我拓展评价包括学习态度、计划实施、自控能力、成功体验、团结合作五个维度。这五个维度都不是单一存在的，而是相互影响、相互促进的。在评价这五个维度时，可以将下面两个表结合使用。

自我拓展评价表

维度 评价方式	学习态度	计划实施	自控能力	成功体验	团结合作
自评					
互评					
师评					

注：表格空白处应填入“优秀”“良好”“及格”“不及格”，这四个等级的评判标准见下表。

自我拓展评价等级评判标准表

等级 维度	优秀	良好	及格	不及格
学习态度	能积极参与课内外锻炼，能引导同学学习	能积极参与课内外活动，并取得效果	上课不认真，无法专心听讲，参加课内外活动不积极	不积极参与课内外活动
计划实施	能制定详细的运动计划并努力实施，取得良好的效果	能制定较详细的运动计划并实施，取得一定的效果	计划制定得较一般，参与实施过程不太积极，没什么效果	没有计划，参与活动不积极
自控能力	自控能力强，能带领其他同学参与课外活动	自控能力好，课外能积极进行锻炼	自控能力一般，课外能进行锻炼，但效果一般	自控能力差，课外没有运动的习惯
成功体验	有强烈的成功感，在课内外锻炼中取得了非常好的效果，能积极影响别人	有较强的成功感，在锻炼的过程中取得了一定的效果	动作掌握得一般，没有主动学习的意识，没有获得成功的体验	动作完成得不好，没有追求成功体验的意识
团结合作	能进行有效学习，能在学习中实现自主学习、合作探究	能进行自主学习，在合作学习中实现共同提高	较缺乏合作意识，自主学习不积极	自主学习积极性差，没有集体意识

三、课程评价方法

课程评价主要采用以下四种方法。

（一）过程性评价和终结性评价相结合

评价时应将过程性评价和终结性评价相结合，并加大过程性评价在终结性评价中的比例。各水平设置的总体课程目标是否达到？其过程表现如何？是否在原有的基础上得到了大幅提升？这都是要认真考虑的问题。过程性评价更多地考虑学生在学习过程中的表现和进步幅度，有助于那些基础差但又很努力的学生找回自信。

（二）自评、互评、师评相结合

评价可以分为自评、互评、师评三种形式。自评是一种比较直观、显性的评价，在内容设定上要多考虑评价参与者的主观能动性这一因素，有时可以作为互评与师评的参考；互评时，先参考自评状况，再结合学习过程中对同学的观察和分析，以使评价更客观、更具有操作性；师评是教师对学生进行整体性、过程性评价。将自评、互评与师评相结合，能使评价更合理、更真实。

（三）定量评价与定性评价相结合

进行终结性评价时，不能忽视对学生身体素质、体能、综合素质等各种指标的量化分析。此外，还要建立学生个人成长档案，积累日常数据和材料，为最终评价提供合理的依据，使定性评价和定量评价得以有效结合，这种评价更客观、准确，能使学校体育建设更加规范化、合理化。

（四）传统评价与创新性评价相结合

传统的评价主要采用考试的方式来评价学生，新课程改革以来强调的课程评价只把考试作为评价的主要方式之一。课程评价应根据评价的意义、性质、内容和对象，选择与课程相符的评价方法，结合过程性评价及终结性评价，体现评价过程的全面化，再结合问卷、访谈、课堂风采展示、成长记录等形式观察和评价学生，充分利用评价的特有功能来促进学生的进步。

第四节　在反思中解决问题

教学反思是教师以自己的教学活动过程为思考对象，对自己所做出的行为、决策以及由此所产生的结果进行审视和分析的过程，被认为是教师专业发展和自我成长的核心因素。

一、教学过程反思

教学过程中的反思与通常所说的静坐冥想式的反思不同。它往往不是一个人的独处放松和回忆漫想，而是一种需要认真思索的过程，而且常常需要教师合作进行。另外，反思不只是对教学经验的总结，还是伴随整个教学过程的监视、分析和解决问题的活动。

（一）教学反思的时段

1. 教学前的反思

这是在教学设计准备阶段进行的反思，能使教学成为一种自觉的行动。这一阶段的反思其实是对教材如何课程化的顶层设计，能够体现执教者的设计初衷。

2. 教学中的反思

这种反思即在教学中及时、自觉地反思，能使教学高质、高效地进行。这是对课堂无法预判的生成进行一种自我调整的行为，这一阶段的反思能够体现执教者临场应变的能力。

3. 教学后的反思

这种反思力求使经验理论化，并不断地对教学进行改进，使教师逐渐形成自我反思和自我监控的能力，并结合课前、课中的反思来综合监视、分析执教者的总体思路及存在的问题。

（二）教学反思的成分

1. 认知成分

认知成分是指教师如何加工信息和做出决策。在体育课堂中，大量的队形调动、器材使用等呈现出各种信息之间的关联，以便使用更合理的教法促使课堂实施更顺利地进行。

2. 批判成分

批判成分是驱动思维过程的基础，包括经验、信念、社会政治取向及教师的目标等，更强调价值观和道德成分。它会影响教师对情境的理解，影响所关注的问题及问题的解决方式。通过对问题的批评，促使自己教学行为再调整，从而使课堂更加优化。

3. 陈述成分

陈述成分是指教师用写作、交谈的方式来讲述自己的教育故事，以解释和改进自己的课堂教学。它可能包含一些认知成分和批判成分，但重点是教师对各种教学策略和教学情境的解释，这种解释可以使教师更清醒地认识到自己的教学决策过程。

（三）教学反思的内容

1. 反思所得

对于教师来说，每一堂课总有自己满意的地方，也就是成功之处，或是教学过程中达到预设目标的做法，或是课堂教学中突发事件的应变过程，或是对教育学、心理学中一些基本原理运用的感触，或是教学方法上的改革与创新，或是双边活动开展的经验，或是在备课时未曾考虑到而在课堂上突然迸发出的灵感和火花，等等。无论是哪一方面的收获，课后都应对此进行及时反思，日积月累，持之以恒，并把它们归类、整理、提升，形成一些带有规律性的东西，供以后教学时参考使用，并在此基础上不断改进、完善、推陈出新，这样对提高课堂教学能力、探索课堂教学改革的思路、形成自己独特的教学风格都会大有好处。

2. 反思所失

任何一节课，即使教师的备课十分细密，慎之又慎，也不可能十全十美，如对教材处理不当、对教学中偶发事件估计不足、对某个问题的阐述有失偏颇、对某个问题的处理感到力不从心等。要对它们进行回顾、梳理，并做出深刻的反思、探究，使之成为引以为戒的教训。只有敢于正视自己的不足，并及时弥补不足，才能不断走向成功。因此，反思所失既是教师对学生高度负责的表现，也是不断提高自身教学水平的客观需要。

3. 反思所疑

这里的“疑”包括两个方面：一方面是学生的疑点。每节课，学生或多或少会存在某些疑问，对于在课堂上无法及时解决的学生的疑问，教师要记录下来，细加琢磨，以使今后的教学和复习更具针对性。另一方面是教师的疑点。教师对教学中的问题并非一下子就可以理解得十分透彻，有时甚至可能是似是而非。教师把这些疑点记录下来，可以促使自己今后对这一方面的问题加以研究，使之变得明白透彻。

4. 反思难点

在课堂教学中，对难点的突破事关整个教学活动的成败。所谓难点，是指教师难讲、学生难懂的知识点。如果教师不断把对难点的处理方法、关于难点的信息反馈、今后改进的设想等写下来，并且进行深入细致的分析、比较、研究，必将极大地提高教师处理难点的能力，从而化难为易，帮助学生突破难点，加深学生对知识的理解。

二、自我反思策略

（一）掌握反思方法

美国心理学家波斯纳曾将教师的成长与其对自己经验的反思结合起来，提出了一个教师成长公式：经验＋反思＝成长。这意味着，从某种意义上讲，教师在其有限的工作生涯中，随着时间的推移确实能积累大量经验，但光有经验是不够的，经验并不一定意味着成长，教师还必须对自己的经验进行剖析和研究。所以，如果说经验意味着成长，那么前提条件是这种经验必然同时包含着反思。反思的方法主要有以下几种。

1. 写反思日记

写反思日记是指教师以写教学日记的方式来促进自己反思能力的发展。反思日记的内容通常包括教师在教学过程中的所思、所感、所知、所做，并对做某事的原因进行反思，从中得出结论。写反思日记不仅能记录教师的日常教学事件，其过程也是教师与自己对话、对教学进行反思的过程。

2. 撰写教学案例

教学案例是教育实践过程中的故事，是为了突出一个主题而截取的教学行为片段。教师在日常工作中经常会遇到一些对自己内心触动较大的教育教学事例，如果能将其记录下来，形成教育案例，就会帮助自己更好地进行反思。

3. 进行课堂教学反思

在进行课堂教学反思时，教师要列举出这节课的三个优点及要改变的三件事情，并思考如何改变这三件事，可能的结果是什么。此外还包括关于教学内容的反思：课程的主要目标是什么？我是否达到了教学目标？学生对什么内容学得比较好，为什么？学生对什么内容学得不太好，为什么？学生对教学难点的掌握程度如何？课的内容有趣吗？我在将来应如何完善这节课？

4. 进行教学过程反思

在教学过程反思中，教师反思的主要问题有以下几个：我讲了多长时间？学生互动了多长时间？这样的时间安排是否合理？互动的效果如何？是否促进了学生对所学内容的掌握？还有没有帮助学生学到更多知识的活动或方法？我的提问是否有效？我的反馈是否恰当？我在课堂中是如何激发学生的？激发的策略有效吗？

（二）在合作中反思

此处的合作是指教师合作。所谓教师合作，就是教师为了改善学校教育实践，以自愿、平等的方式，就共同感兴趣的问题，共同探讨解决的办法，从而形成的一种批判性互动关系。教师合作能极大地促进教师个体的反思，带动教师的专业成长。

教师合作的形式主要包括以下几种。

1. 集体备课

集体备课是一种促进教师合作发展的有效途径。集体备课能将教师的个体创造性置于群体之中，变静止封闭为互动交流，变内耗为互助，通过集思广益、扬长避短、信息共享达到共同提高、发挥整体效益的目的。

2. 同伴互导

同伴互导是指教师之间相互观摩课堂教学和评课，这也是教师提升反思能力、增进反思智慧的有效形式。西方学者通过实证研究发现，学校内教师之间的相互听课和指导能帮助教师把在职前教育阶段学到的教育教学理论运用到课堂教学实践中去。

3. 合作教研

合作教研是指教师们围绕一定的课题研究任务而进行的合作行动研究。在教师们组成课题组共同对教育课题进行研究的过程中，合作成为可能。课题组成员有着共同的目标——通过完成一定的教研任务，获得共同的专业发展；课题组的成员都是为了共同的任务自发地走到一起来的，因而其兴趣和利益有着一致性；在课题组里，教师的人际关系相对简单，大家平等协商、合作共事，没有严格的等级关系。

4. 利用博客进行合作

随着信息技术的发展，互联网开始成为人们交流与合作的重要途径之一。其中，博客在教师合作实践中最受欢迎和最有实效，它是教师利用互联网“零壁垒”（零编辑、零技术、零成本、零形式）技术，以文字、多媒体等方式，将自己的日常生活感悟、教学心得、教学设计、课堂实录、课件等上传发表，超越传统的时空局限，促进教师个人内隐知识的显性化，让教师团队共享知识、生成新知识的一种方法。通过博客，教师在“发表—回复—再发表—再回复”的循环往复中实现了与同事及外界人员的广泛交流与对话，达到了有效管理个人知识、促进个人反思、与同伴分享教学经验和心得、解除职业孤独感等多重专业发展的效果。

三、教学反思意义

在经济、文化与教育等高度发展的今天，教学反思无论对教师自身教学水平的提高，还是对教学效果的提高都有着举足轻重的作用。具体来说，教学反思对教师有以下两方面的意义。

第一，进行教学反思有助于教师逐步培养和发展自己对教学实践的判断、思考和分析能力，从而为进一步深化自己的实践性知识，直至形成比较系统的教育教学理论提供了有效的途径。换而言之，教学反思有助于教师立足教学实践，深入地钻研、体会教学理论，从而不断提高自身的专业素质和专业能力。有的教师已从教数年，但课堂教学的效果一直无法达到最佳，为什么呢？就是因为不重视教学反思，所以无法找到合适的对策。教师的理论知识和专业水平固然重要，但如果缺乏对日常课堂教学中出现的问题进行反思和对教学经验不断进行积累的意识，教师就很难掌握驾驭课堂的能力。只有通过反思，教师才会不断剖析自己在课堂教学中的优缺点，细致、冷静地加以推理与总结，对某一个问题的对策、某一教学环节中学生的疑问展开深入思考。在反思中，已有的经验得以积累，成为下一步教学的基础，日积月累，这种驾驭课堂的能力才会日益形成。所以，只有通过教学反思，教师的有效经验才能上升到一定的理论高度，才会对后续的教学行为产生积极的影响。

第二，进行教学反思能够充分激发教师的积极性和创造性，并为其专业发展提供机会和条件。教学反思鼓励教师通过多种策略和方法来审视、分析自身的教育观念及教学活动，充分尊重教师的主体地位，发挥教师的能动性、积极性和创造性。在教学实践中，教师可以通过写教学日记、描述—解释自己的教学活动、观摩—分析教学事件、主动征求同事及学生的意见和建议等多种方式反思自己的教学实践，这实际上为提升教师的专业自主权、促进教师的专业发展提供了更多的可能性。

总之，教学反思是一种有益的思维活动和再学习活动，也是“回顾教学—分析成败—查找原因—寻求对策—以利后行”的过程。一位优秀教师的成长离不开教学反思。

第五节　课堂内外寻找课题

随着时代的发展和科技的进步，教育中要不断融入新鲜的血液，教师要及时更新知识结构，不断整合教材；国家把课程开发的部分权力下放给学校和教师，教师既是课程的消费者，也是课程的开发者、设计者，这就要求教师应以研究者的身份进行课堂教学实践；学生具有鲜明的个性、不同的智力水平等，这需要教师因材施教，创造性地进行教育教学，挖掘每一个学生的潜能。这些无疑都要求教师必须具备较浓厚的科研意识，要求教师在研究的状态下工作。

一、何为课题研究

所谓课题，就是我们要研究、解决的问题。要研究课题，首先要有课题研究方案，在教育中也如此。教育课题研究方案，也叫教育课题研究计划，是如何开展课题研究的具体设想。它初步规定了课题研究各方面的具体内容和步骤。

教育课题研究方案的种类很多，但究其结构则大同小异。它基本由以下几个方面构成。

（一）课题的表述

要研究课题，首先存在着一个名称表述问题。这看起来是个小问题，但实际上很多人在确定课题名称时往往不准确、不恰当，从而影响了整个课题研究的质量。一个好的课题名，要符合准确、规范、简洁、醒目的要求。

（二）研究的目的和意义

在课题研究方案中，首先应对研究的意义和要达到的目的进行阐述。在方案中，课题研究的背景通常以“课题的提出”或“课题的背景”做提示进行阐述，主要介绍研究该课题的目的、意义，也就是为什么要研究、研究它有什么价值。一般可以先从现实需要方面去论述，指出这个问题存在于现实当中，然后写课题的理论价值和学术价值。这些都要写得具体一点，有针对性一点，不能漫无边际地空谈。

（三）国内外的研究现状、水平和发展趋势

此处要陈述相关课题有没有人研究，哪些方面已有人做过研究，取得了哪些成果，这些成果所表达出来的观点是否一致，如有分歧，那么分歧是什么，存在什么不足，以及正在向什么方向发展，等等。对这些内容的分析，一方面可以论证本课题研究的地位和价值，另一方面也可以说明课题研究人员对本课题研究是否有较大的把握，是否具有一定的研究基础。

（四）研究的理论依据

大部分教师进行的课题研究基本上都是应用研究和发展研究，这就要求研究时必须有一些基本的理论依据来保证研究的科学性。比如，要进行活动课实验研究，就必须以课程理论、学习心理学理论、教育心理学理论为理论依据；要进行教育模式创新实验研究，就必须以教学理论、教育实验理论为依据。

（五）研究的对象与范围

课题研究总是指向一定的对象，这些对象往往是人、由人组成的群体及他们的行为和特质。由于人及其行为和特质极具复杂性，所以对之进行研究时必须先明确界定，以避免不同人从不同的视角来理解而带来的混乱。

（六）研究的内容

研究内容是课题研究方案的主体，回答的是研究什么问题及研究问题的哪些方面。它把课题所提出的研究问题进一步细化为若干小问题。研究内容的多少与课题的大小有关，课题越大，内容就越多。但许多教师在确定研究内容的时候，往往考虑得不是很具体，写出来的研究内容特别笼统、模糊，或把研究的目的、意义当成了研究内容，这对整个课题研究十分不利。因此，要学会把课题进行分解、细化，然后一点一点地去做。

（七）研究的方法

研究方法回答的是如何去研究问题。研究方法多种多样，主要有文献法、调查法、实验法、比较法、行动法、经验总结法等。我们可以将其分为两大类。一类是收集研究数据、资料的方法，如调查法、观察法、测量法、文献法等。这些方法旨在获得对象的客观资料，而不给予对象任何影响。另一类方法是旨在改变和影响变量的方法，如实验法、行动法等。这些方法需要通过施加某些干预而获得某些期望的结果。

（八）研究的步骤

研究步骤就是课题研究在时间和顺序上的安排。研究步骤要充分考虑研究内容的相互关系和难易程度，一般情况下都是从基础问题开始，分阶段进行的，每个阶段要达到什么要求，用多少时间，从什么时间开始至什么时间结束都要有规定。它能使研究者一开始就心中有数，在实施研究中一环接一环、有条不紊地开展各项工作，从而保证研究按预定要求如期完成。

（九）研究的预期成果形式

成果形式是指最后的研究结果以什么形式出现。教育课题研究成果包括研究论文和报告、专著和教材、教具和教学仪器、教学软件（包括音像制品、计算机软件）等。研究周期较长的课题，还应该分别有阶段成果和最终成果。课题不同，研究成果的内容、形式也不一样。但不管形式是什么，课题研究必须有成果，否则，就是这个课题研究没有完成。

（十）课题组成员及其分工

要根据课题研究的需要确定课题组成员。课题组成员并不是越多越好，每一个成员都必须承担课题研究的某一方面任务，不应有光挂名不干事者。在课题研究方案中要明确课题组负责人、成员及其分工。必要时，还可把各人的专业、能力特长、曾有的研究经历和成果列出，以便课题管理者对课题组的研究力量有所了解。

（十一）经费预算与设备条件要求

经费与设备是开展教育研究的物质条件，不同的研究要求的条件是不同的。经费的支出主要包括以下几个方面。（1）资料费：购买、检索或复印文献资料的费用；（2）印刷费：印刷问卷调查材料、成果材料的费用；（3）旅差费：外出调查的费用；（4）会议费：组织或参加研讨会、课题论证会的费用；（5）设备费：购置研究所需的设备、器材，如购买电脑等的费用。小课题研究一般可以不写这部分内容，因为所需经费不多，学校一般能实报实销。但确需添加设备的课题和某些大课题的研究，在方案中要把开支的项目、用途和金额一一列出。所列的项目应是研究所必需的，要本着少花钱办大事的原则，实事求是地规划。

二、课题研究方法

教育课题研究的基本方法主要有以下几种。

（一）观察法

应用观察法是为了了解事实真相，从而发现某种现象的本质和规律。观察法的实施分为三个步骤。步骤一就是进行观察研究的设计，此步骤又可分为以下几步：首先确定拟观察的总体范围；再确定拟观察的个案对象；最后确定拟观察的具体项目。步骤二是制定观察计划。观察计划中除了明确规定观察的目的、中心、范围，以及要了解什么问题、收集什么材料之外，还应当安排好观察过程：观察次数、密度、每次观察持续的时间、如何保证观察现象的常态等。步骤三是提出观察提纲。在观察计划的基础上，应对每次或每段观察提出具体提纲，以便使观察者明确每一次观察的目的、任务和要获得的材料。

（二）调查法

应用调查法同样是为了了解、分析事实，得出结论，证实某个问题，以便改进工作（包括改进研究方法）或形成新的研究课题。它包括问卷调查、访问调查等。

（三）测验法

应用测验法是为了描述某些行为的状况，或推论某些行为的状况，从而考虑改进的策略、方案或进一步形成新的研究课题。在教育学和心理学中，测量法被用作定量研究的重要方法，主要功能是评估、诊断和预测。

（四）教育经验总结法

教育经验总结法是根据教育实践所提供的事实，分析教育现象，挖掘现有的经验材料，使之上升到教育理论的高度，以便更好地指导新的教育实践活动的一种研究方法。运用教育经验总结法要遵循以下基本要求：注意经验的先进性（观念必须更新）；全面考察总结的对象，充分占有原始的事实材料；做到有“点”有“面”，“点”“面”结合，防止以偏概全；以教育实践活动为依据，不能想当然；善于进行理论分析。

（五）文献法

文献法是分类阅读有关文献（包括文字、图形、符号、音频、视频等具有一定历史价值、理论价值和资料价值的材料），从而得出一般性结论或发现问题，寻找新的思路的研究方法。按内容性质，文献可分为零次文献、一次文献、二次文献和三次文献。零次文献是未经发表和有意识处理的最原始的资料；一次文献指直接记录事件经过、研究成果、新知识、新技术的专著、论文、调查报告等的文献；二次文献是指对一次文献进行加工整理的文献资料，包括著录其文献特征、摘录其内容要点，并按照一定方法编排成系统的便于查找的文献；三次文献是指工具书和在二次文献的基础上，对众多一次文献进行综合的研究结果。

（六）个案研究法

个案研究法就是对单一的研究对象进行深入而具体的研究的方法。个案研究的对象可以是个人，也可以是个别团体或机构。在个案研究中，原始的资料积累是非常重要的，同时不应仅停留在对个案的研究和认识水平上，而需要认识教育与发展之间的因果关系，提出一些积极的教育对策，以改进教育教学方法。个案研究法特别适合教师的专业成长研究。教师可以抓住一两个典型的学生或一类学生，结合教育教学工作实践进行研究。

（七）实验法

通俗地说，这是一种先想后做的研究方法，即从已有的理论和经验出发，形成某种教育思想和理论构想，即“假说”；然后将形成的假说在积极、主动、有计划、有控制的教育实践中加以验证；再通过对实验对象变化、发展状况的观察，确立自变量与因变量之间的因果关系，有效地验证和完善假说。

三、课题研究步骤

我们做课题研究，是把现实教学、训练中存在的问题拿来研究，课题即问题，研究目的是解决存在的问题。以下结合笔者之前进行的课题研究“校园排舞推广及运用”来分析基层体育教师进行课题研究的步骤。

（一）开题论证

前几年全国一直在实施校园舞蹈推广，这是一个大工程，多少年来很多教师都想研究这一课题，但都因有难度而放弃了。随着新课程改革的推进，新课程资源不断涌现，笔者所在的海沧中学进行了“校园排舞推广及运用”这一课题研究。我们开题立项时，考虑到校园排舞能不能推广、怎么推广、推广群体是谁，这些问题都得论证。于是邀请相关专家、学校领导与课题组成员也一起进行了开题论证。

面对目前大课间学生只是单一地做广播操的现状，学校、学生都非常希望引进新的形式。我们认为，之前一些学校的校园舞蹈之所以推广不开，就是因为没有考虑性别差异，目前中学生还很不习惯与异性一起跳舞，所以我们的课题推广对象确定为全校女生。

厦门市教育科学研究院体育科的宋超美老师在逻辑起点、理论论证及如何推广上对课题研究做了指导。他认为该课题的研究若能成功，将对改变全市大课间现状有着积极意义，并指出：课题研究时间要服从质量，要出精品，要解决学校问题，要与重大、重点课题学科建设规划相统一，要借助重大、重点课题整合学校力量，依托重大、重点课题培养团队精神，做强、做精大课间活动。

在开题论证中，专家组成员充分肯定了该课题研究的价值和意义，并表示了很高的期望，对课题选题及研究目标、对象、内容、方法与步骤进行了科学论证，对研究思路和操作策略做了具体指导，提出了许多可操作的宝贵意见。他们都觉得，可以先试着在大课间推广校园排舞，只要能让学生在大课间动起来，就是好的。

（二）开题报告

开题报告中需要明确提出课题所要解决的具体问题。“校园排舞推广及运用”要解决的主要问题是校园排舞如何运用：是将其运用于阳光体育之中，还是将其运用于校本课程建设之中？

写开题报告的目的就是要请专家帮忙判断所提出的问题是否值得研究，准备论证的观点、方法是否合理。如何改变传统的校园舞蹈推广模式，另辟蹊径进行校园排舞的推广，这是我们课题研究的重点。我们在开题报告中详细介绍了校园排舞的研究背景、研究目的。国外排舞发展得早，但在校园里全面推广的目前还没有，而国内校园排舞推广刚起步，至于研究目前也比较少，这为我校进行校本课程开发提供了机遇，同时也增加了研究的难度。目前与此课题拟研究解决的问题密切相关的前沿文献少之又少，能够借鉴的只有一些健美操专业方面的书籍。我们认真、仔细查阅了与本课题有关的文献资料，了解了他人所做的研究及其指导思想、研究范围、研究方法、研究成果等，把已有的研究成果作为研究参考，并从中发现不足，从而确定自己研究的特色或突破点。

开题报告的主要内容为初步提出课题的研究方向和内容结构。本课题的研究方向即如何在校园里全面推广排舞，具体内容分为两部分：其一是推广，其二是运用。推广是浅层面的排舞学习，使学生掌握3～6套排舞跳法即可；运用是指构建校园排舞校本课程，丰厚校园文化。课题创新点在于提升校园排舞的运用效果，在推广过程中提升校园文化底蕴和学生综合素质。怎么提升？这就是本课题的研究重点，也是我们的创新之处。先进行全校问卷调查，看学生对排舞了解多少，弄清楚他们学习排舞的意愿；然后进行课堂实践，在实践过程中逐渐摸索，同时进行座谈讨论，并请专家指导，逐步推广校园排舞。我们推广排舞的最终目的就是使在校女生人人会跳排舞，人人喜欢跳排舞，人人对排舞有所了解；教师能在研究过程中具体体会校园排舞，能结合课题进行教学，并能写出几篇相关论文；校园排舞校本课程成册，校园排舞图册成册，校园文化得到提升。完成这些目标大概需要两年的时间，大致分为四个周期。

（三）中期报告

课题中期报告是课题执行人在研究过程中向科研主管部门汇报课题研究工作进度情况及展示阶段性成果的书面材料。

中期报告包含课题名称、课题概述、本阶段研究工作的内容、存在的问题，对本阶段研究进度做出的合理评价，下一阶段工作的重点及实施步骤，参加这一阶段工作的人员名单及分工要求。中期报告应按工作计划上规定的每一阶段的任务条款逐条进行汇报，注意写明完成情况，同时写明存在的问题，并分析原因。这部分写得如何，是衡量中期报告质量的关键。如果研究工作计划有变动，应写明变动原因并做出新的安排。中期报告的重点应放在课题计划完成情况和未能按计划完成的工作两部分，应如实反映研究的实际情况，正确评价取得的成果。

“校园排舞推广及运用”课题经过一年的研究后，中期材料包括课题立项申请书、批准书、课题方案、每个阶段具体的研究计划、每个阶段的总结。过程性资料整理重在平时，要边做边整理，以使过程性资料翔实、研究实践真实、研究成果丰实。“校园排舞推广及运用”课题组在每次研讨会中形成的材料包括以下几类：课题组成员所写的课题小结、随笔、案例评析；课题组成员所获得的荣誉；参与全省录像课评比、全国课例评比时的教案、说课、评课、自我反思、课堂评价表、光盘、图片、相关报道；课题组成员发表的与课题有关的文章（附刊物封面和目录、刊物级别、文章内容）；举办校园排舞大赛通知、章程、规则、报名表、评分表、最后成绩表；等等。

（四）结题报告

撰写结题报告是课题研究的最后一个程序。结题报告应具备科学性、创造性、规范性、可读性四个特点。结题报告分为调查报告、实验报告、总结报告三类，三类报告基本上都包括以下几个组成部分：题目、前言、主体、探讨、结论、参考资料。

那么怎么写好结题报告呢？要把第一手材料变成结题报告，需要经过思考和文字加工，这是一个再创造的过程。要写好结题报告，必须抓住以下几个环节：撰写者必须统筹规划好整个报告的结构，对整个课题的过程性材料进行整理，草拟出提纲，对整个报告的结构、中心思想、内容表达层次，每一小节的内容，以及所配的图表、照片都要做认真的考虑。

要写出一份高质量的结题报告，撰写初稿是基础。研究报告的题目、前言、主体、探讨、结论等几个主要组成部分要有主次之分。前言部分必须说明进行这项工作的缘由和重要性、前人在这方面的研究情况、存在的问题、研究的目的、采用的方法、计划解决的问题、学术意义等。主体即研究报告的正文，是报告的精华所在，体现着整个报告的质量和水平。在探讨部分，为了科学、准确、生动地展示研究成果，提高说服力和可信度，应尽量采用图表、照片来集中展现数据和重要的过程，选用的图表或照片要有代表性。结论部分是经过反复研究后形成的总体结果，能起到画龙点睛的作用，结论必须指出哪些问题已经解决、是怎么解决的、有什么成果、还有什么问题尚待研究等。

我校的研究课题“校园排舞推广及运用”经过实践后，得出的结论是校园排舞能在校园推广，并能运用于学校体育之中。撰写结题报告的主要精力应放在方法和结果上，要把研究方法交代清楚，使人感到该项研究在方法上是比较科学严谨的，从而承认结果的可靠性。校园排舞推广的方法很多，包含课堂教学、大课间集体跳、课外专业队训练、夏令营、校园排舞大赛、艺术节展示、兄弟学校交流、国内外交流等，这些活动真实地记录着排舞的推广与实施过程。在此基础上，我们的结果是可喜的，有校园排舞图册集、校园排舞校本课程等，更令人欣喜的是学生总体面貌变化了，校园文化底蕴提升了。

第六节　校本课程创新架构

《国家基础教育课程改革纲要（试行）》提出要大力发展符合学校地方特色的校本课程，让地方课程、校本课程丰富学校的课程结构。

国家对课程设置的规定要求学校创造性地发挥学校在课程结构体系改革中的主体作用，使每所学校的课程设置具有鲜明的个性和特色，这是新课程改革的一个重要方面。在新课程实施的过程中，必须将国家课程、地方课程和校本课程整合起来考虑。

一、校本课程新价值

校本课程应以学校特色项目为载体，以校本科研为推手，以促进教师的全面发展与学生素质的提升为目的。

（一）校本课程的理论价值

第一，校本课程的开发与实施，有利于培养学生的人文素养，丰实学生的文化底蕴，增加学生的积累，拓宽学生的视野，为学生的创作提供取之不竭、用之不尽的素材；有利于培养学生的合作精神和团队精神，促进学生间的和谐相处。

第二，校本课程的开发与实施，有利于促进教师的专业发展。应借校本课程开发之际，用科学、系统的理论来指引教师的专业发展，这样有利于提升教师的专业素养，在实现学生、课程发展的同时发展教师。

第三，校本课程的开发与实施，有利于促进学校形成特色，有利于发展学生的特长，有利于培养学生的自信心，有利于促进学生健康心理的发展。

（二）校本课程的实践价值

第一，校本课程的开发与实施，能培养学生的综合能力。学校体育肩负着提升学生综合素质的使命，校本课程就是学校创新教育的体现，构建创新课堂是培养学生综合能力的有力保障。校本课程以校本研究性学习为契机，拓宽学生的课程理念，创建学生学习、交流、发展、提高的平台；校本课程内容符合学校自身特色，随着课程的不断更新，给学生创造了自我提高、不断学习的机会，引领学生形成积极的价值观。

第二，校本课程的开发与实施，能促进教师综合素养的提升。校本课程属于比较系统、专业的课程领域，一位教师无法完成校本课程建设，一定要团队成员共同携手才行。科学、合理地分工，发掘教师的潜力，实现教师间的优势互补，了解课程设置的前提条件与课程开发的必备条件，这样教师就会根据要求去完善、提高自己。

第三，校本课程的开发与实施，能完善学校课程设置。学校依据自身的特点进行校本课程建设，成立校本课程建设团队，进行理论、专业方面的研究，一方面有利于团队成员素养的提升，另一方面有利于学校校本课程建设经验的积累，拓宽校本课程开发的渠道，丰富校本课程开发的内容。

二、校本课程新理解

我国目前对校本课程开发的理解主要定位在以下三个方面：以校本课程开发为契机，关注教师的专业发展，鼓励教师的创造热情；关注学校的特色，充分发挥学校作为课程决策中心的作用；关注学生的需要，促进学生有差异地发展。

（一）关注教师的专业发展

研究者普遍认为，教师最了解自己的学生，应该有部分的课程决策权。教师应该有部分权力决定教什么，有资格承担课程开发的任务。

按照校本课程的开发主体，可以将校本课程的开发分为四个层次，即教师个人开发、教师小组开发、教师全体开发、与校外机构或个人合作开发。教师在各个层次的开发活动中所处的地位都是十分重要的，教师的专业水平及专业发展能力受到广泛的重视实属必然。有研究者却对可能走向教师本位的课程开发表示担忧，他们认为，教师虽然是学校课程的具体执行者，但校本课程开发不应当只局限于教师本位的课程开发，不能只是个别教师根据自己狭隘的经验编写的科目教材或资料。教师本位的课程开发被批评为封闭、缺乏交流的开发模式，容易走向兴趣主义，学术性得不到保障，并会造成校内课程的不均衡和不连续。校本课程实质上是一个以学校为基地进行课程开发的开放、民主的决策过程，即校长、教师、课程专家、学生及家长和社区人士共同参与学校课程计划的制定、实施和评价。校本课程开发作为一个决策过程，需要由所有参与者共同参加。

校本课程开发对教师的专业精神、技能要求很高，但从我国目前的情况看，多数教师并不具备开发校本课程的能力，教师开发的课程也往往无法顾及学生的兴趣和需要，更很少考虑学生的未来发展。

（二）关注学校的特色

从理论和实践来看，任何一所学校都是具体的、独特的、不可替代的，它所具有的复杂性是其他学校的经验所不能说明的，理论所不能充分验证、诠释的。只有在这所学校的基础上发展起来的个别化理论才更为适宜。同时，课程开发是一个连续的动态过程，具有生成性。任何国家制定的课程计划只有通过学校的参与和实施活动才能得到体现或实现，要使理想课程与现实课程较为一致，学校应该是课程的决策中心之一。

校本课程从本质上讲是学校根据本校实际情况自主进行的课程开发，不存在统一模式，不应该搞统一开发。学校和教师应该是课程开发的主体，是积极主动的参与者和贡献者。虽然学校是校本课程的决策中心，但并不意味着课程决策和课程编制都要由学校来完成。校本课程要体现自主性、多样性，同时也需要学校间的相互交流，在借鉴和完善中发展，在发展中逐步形成个性特色，而不应自我封闭。

目前，校本课程开发中仍存在这样两种情况：由于长期习惯于执行国家的课程方案，一些与校本课程开发有直接关系的校长和教师，对学校在课程方面除了严格执行国家统一的课程计划之外还能做什么存有疑虑，对校本课程开发的态度并不十分积极；受学校条件，特别是课程资源的限制，校本课程开发在学校往往是为开发而开发，而不是按学生的兴趣特长而开发。

（三）关注学生的发展

校本课程开发的多样性和选择性源于何处？实际上，这些性质的直接来源就是学生发展的差异性、丰富性和多样性。

然而，从关注的焦点看，目前研究者对教师专业发展和学校特色比较关注，而对学生发展的重视还不够。笔者认为，校本课程的开发应该以学生的发展为本，这才是校本课程开发的灵魂。

学校需要有特色，学校培养的学生更需要有特色，并且，即使是在一所有特色的学校中，社会对这所学校所培养的学生也有不同的要求，学生也有着差异极大的发展倾向。目前，创新教育是我国基础教育的主旋律，创新的前提是个性解放。关注个性、关注差异、关注每个学生，是校本课程开发的出发点。校本课程突出的不是统一性，而是基于学校现实而展开的，是针对学生实际而设计的。

学校应该向全体学生提供各方面发展的机会和可能，所以，学校有责任和义务提供一种全面的、平衡的课程供学生选择。但是，就人的发展规律来说，学生的发展是有偏向的，即每个学生可能更多地朝某一方面发展。在实施校本课程的过程中，我们应该清醒地意识到，考虑学生的需求、兴趣是校本课程设置的起点，进行实践活动之前必须对学生的需求进行合理的评估。关注学生，以学生的发展为本，最终应成为校本课程开发的中心理念。

三、课程资源新探索

课程资源是指有利于实现课程目标的各种因素，即一切对课程和教学有用的物质和人力。课程资源的开发，是每一所学校、每一名教师都应积极努力去做的重要工作。

学校课程资源的开发在内容定位上应该涵盖以下两个方面。

一是针对国家课程补充相应的课程资源。国家课程的实施除了需要相应的课程标准、教材、教师用书外，还需要大量的教学辅助材料，如文字材料，录音、录像、多媒体素材，以及社会自然资源，等等。尽管这些材料和素材可以由相应的出版社和教育机构开发，但学校情况不同，这些机构开发出来的材料不一定能完全满足学校和教师的需要，更不能取代教师在实施国家课程过程中所需要的资源。教师参与开发的国家课程的实施资源，会更加符合学习的实际，符合教学的需求。

二是学校需要对新课程中规定的由学校负责的课程领域进行课程资源的开发。新课程为学校根据自身实际、办出特色提供了一定的自主开发校本课程的空间，这种课程空间多以选修课的形式呈现。这类校本课程资源开发涉及的领域和范围更广，需要更大地调动教师开发课程资源的积极性。

然而，课程资源的分布在目前还存在着相当程度的不均衡，农村地区课程资源短缺问题尤为突出。在经费和设施有限的情况下，如何因地制宜地开发和利用课程资源，实现效益最大化，是当前急需解决的问题。从不同的视角去看待课程资源，去发现学校及其周边那些已经存在或蕴含的资源，有效地利用那些资源，可以在一定程度上缓解课程资源短缺的问题。但从根本上说，学校课程资源的丰富和满足还是要随着所在地区经济的发展才能得到改善。教师的职责主要在于想方设法地发掘自己身边的课程资源，利用课程资源丰富自己的教学活动。

第四章 学校体育突围

突围是指打破某种约束，从困境里解脱出来的行为，包括思想突围、规则突围、行业突围三类，目的是摆脱现状，寻求新的出路。沿着这个思路，学校体育突围应该是打破现行的学校体育现状，从思想、观念上进行突围，制定有利于培养学生健全人格的教育规则，增强学生的体质，构建新型的教育模式，让德、智、体共同发展。

第一节　德智体三分定天下

德育、智育、体育是学校工作的三个重要方面，缺一不可。然而现实是，学校、教师、家长乃至学生自己往往过于注重智育和德育，而将体育忽视了。这种现象是不良的，其实，只有德、智、体共同发展的人，才是一个完整的人；只有倡导德、智、体均衡发展，才是为学生未来负责的教师和学校。

一、学校教育不良现状

（一）学校唯分数论“英雄”

教育的目的是为未来社会培养人才，现实却无视未来社会的需求，只按今天的社会需求来培养。1999 年，国务院明确提出学校办学要贯彻健康第一的指导思想。然而时至今日，应试教育仍然大行其道，高考是学校办学的指挥棒，评价学校好坏的依据就是升学率，这就造就了唯分数论“英雄”。学校为了提高课堂教学质量，引入了各种模式，把学校变成了“考试加工厂”，泯灭了学生的个性。

（二）关注成才忽视成长

健康成长意味着孩子具有健全的人格，有责任心，能承担失败与挫折，能在逆境中生存。然而，家长希望自己的孩子能健康成长最终成才，关注的只是结果；学校教育唯分数论，片面地强调成才，忽视了孩子成长过程中人格的培养。可以说，他们的关注点都比较片面，容易导致孩子向不良的方向成长。

（三）社会现状令人担心

今天的社会对学校倾注了太多的希望，家长和政策都影响着教育，教育被裹挟着前进。然而社会需求不一定符合教育规律，太多人出于功利目的而关心教育，学校只抓升学率，家长只重视成绩，完全忽视了孩子的兴趣爱好乃至身心健康。在这样的环境中，孩子对人类的关心、对社会的关注、对事物的分析与判断，哪能不欠缺呢？

二、德智体平衡的意义

（一）培养学生的健全人格

2000年颁布的《全日制普通高级中学课程计划（试验修订稿）》提出的培养目标中，包括“重视学生个性健康发展和人格完善”的内容。没有人的全面发展，就很难培养人的健全人格。教育的本质就是为了促进人的发展，实施素质教育就是要实现以培养创造力为核心的人的全面发展。现在存在的问题是，既对人的全面发展重视得不够，更对人的个性发展、人格培养缺乏深刻的认识和有力的措施。这就导致了重智育轻体育、重书本轻实践、重理性轻情感、重共性轻个性的现状。在这种情况下，学生缺少主体意识，个性受到压抑，人格不够健全。

（二）实现学生的综合素质发展

传统教学倡导知识本位、教师主体，注重预设和控制，强调教的过程，关注学习结果，凸显学生接受性学习，看不到学生内部的操作过程。1997年，教育部就提出“让体育成为培养孩子综合素质的窗口”，以提醒人们要提高对体育的重视程度，实现德、智、体三方面的均衡发展，这对于促进学生综合素质的发展具有重大意义。

（三）满足社会对人才的需求

社会需要复合型人才。一份调查报告显示，中国教育在基础教育阶段做得非常扎实，学生对知识的掌握非常到位，却在创新领域远远落后于其他国家的学生。邓小平提出“科技是第一生产力”，而科技的核心就是创新。德、智、体全面发展的学生思路开阔，具有较强的创新力，能肩负起民族复兴、国家兴盛的伟大使命。

三、体育地位提升策略

（一）从教育行政主管部门入手

教育部部长、各省的教育厅厅长、各市（县）的教育局局长、各校的校长，都要首先从观念上有所改变。这些人是负责教育顶层设计的人，他们的思维能决定民族的未来。因此，中国教育要改革，就要先从顶层设计开始，从观念改变开始。然后，制定相关的制度要求各教育部门保证教育的地位，并提供一定的资金帮助学校建设体育场馆、购置体育器材，即从经济上给予一定的支持。

（二）从学校教育入手

1. 从人文教育入手

人文教育是使一个人、一个国家、一个民族不断健全的教育，是教人求真、求善、求美的教育。用季羡林先生的话说，就是教人怎样做人和怎样做事的教育。

（1）科学地认识人。人性是由两个部分融合而成的：一部分是美好的、光明的、积极的；另一部分是丑恶的、阴暗的、消极的。一个人，不论是谁，只要心还活着，就总是一半是天使，一半是魔鬼。教育的本质就是启发、引导、帮助人们明白这件事，使人们学会发扬美好的部分，抑制丑恶的部分。

（2）人文教育是学校教育最重要的内容。在学校教育中坚持以人为本，首先要求我们把人当作人来对待，就是要尊重人的价值、人的意义、人的生命与生活、人的权利与利益、人的个性与人格、人的尊严与自由、人的思想与精神、人的健康与情感、人的发展与幸福、人的劳动与创造。人文教育已经成为现代文明条件下照耀着学校教育的一座灯塔，开启了学校教育的一个新的历史阶段。

2. 从体育课堂入手

（1）了解体育的作用。毛泽东认为，体育对于个体来说能“强筋骨”“增知识”“调感情”“强意志”，对于国家来说则能造就不计其数的身体强健、精神刚毅的国民。体育的最终目的并非仅仅是增进个人健康，而是要把个人锻炼和提倡体育与整个国家、民族的命运结合起来。“体育之目的，不仅在养生，还在卫国。”

（2）树立正确的体育意识。“十年树木，百年树人。”我们要鼓励学生科学地进行锻炼，养成热爱运动的习惯。要提高学生的体质，首先要树立健康第一的理念，倡导“三育并重，体育第一”，确立全面发展的人才观。

（3）实现六个维度全面发展。健全的人格包含爱心、学习、责任感、自制力、尊重、自信六个维度。要培养学生的健全人格，仅靠智育是实现不了的。爱心、责任感、自制力、尊重、自信在很多体育运动中都能得到自然的渗透。如篮球、足球、排球三大球类的共同特征就是要求学生有责任感、自信心、团队精神，尊重对手；长跑运动最能锻炼学生的意志力；舞蹈能培养学生的气质与自主学习能力。

（三）从家庭教育入手

1. 成长教育

在今天的家庭教育中，存在一些不可忽视而又极易被忽视的问题，那就是成长教育。人们似乎天天都能听到孩子的健康成长如何重要之类的话，但落实到具体的实践中，家长则不知道怎样做才是真正的成长教育。家长首先要在观念上重视孩子的成长教育，关注孩子的身心发展，而不能只重视孩子的考试成绩；不能因孩子一时的错误而严厉责骂孩子，而要多鼓励孩子、启发孩子；以身作则，自己多参加体育锻炼，从而引领孩子也积极参与。

2. 人文教育

现代社会越来越重视对人的教育。无数事实证明，只有把人做好了，才能做人才。因此，家长必须重视对孩子的人文教育，使孩子关心人、关心社会、关心自然，努力成为和谐社会中一个和谐的人。家长要转变观念，从一切为了分数转变到一切为了人，为了孩子的全面发展；既要重视孩子的学习，也要重视孩子的做人。

第二节　体育教师专业发展

教师职业从经验化、随意化到专业化，经历了一个较长的发展过程。1966年，国际劳工组织和联合国教科文组织联合发表了《关于教师地位的建议》，该文明确指出，教育工作应被视为一种专门职业。这种职业是一种要求教师具备经过严格而持续不断的研究才能获得并维持的专业知识及专门技能的公共业务。教师要成长，就要促进自己的专业发展。

一、专业发展历史

20世纪80年代中后期，由于种种原因，师范教育面临着巨大的压力，急需提高教师的质量。那以后，教师专业发展日趋成为人们关注的焦点和当代教育改革的中心主题之一。

根据西方学者的研究，“教师专业发展”这一概念有两个基本含义：一是指教师的专业成长过程；二是指促进教师专业成长的过程（即教师教育）。此处提到的“教师专业发展”指教师的专业成长过程。教师专业发展是一种动态发展的过程，教师的态度、价值观、信念、知识、技能和种种行为表现时刻需要调整、修正、重新审视、评估、接受挑战和考验。

教师专业化与教师专业发展是相通的。教师专业化是教师个体专业不断发展的过程，本质上是个体成长的历程，是教师不断接受新知识和增长专业能力的过程。相对于教师专业发展，教师专业化更强调教师群体的、外在的、专业性的提升；教师专业发展则是教师个体的、内在的、专业性的提升。为了提升教师的专业化程度，人们起初采用的是群体专业化策略，即着力提高教学工作的专业化水平，但是收效甚微，无实质性进展。此后，教师专业化的重点才由群体转向个体。教师个体的专业化也经历了一个重心转移的过程，先强调教师个体的被动专业化，后来才转向强调教师个体的主动专业化，即教师专业发展。

目前，国内外促进教师专业发展的主要目的是更新教师的学科知识，根据新的教学技术、教学目标、课程和教育研究更新教师的技能、态度和方法。教师要成为成熟的专业人员，就需要通过不断的学习与探究来拓展专业内涵，提高专业水平，从而达到专业成熟的境界。

二、专业发展阶段

（一）探索期

教师专业发展的第一个阶段是入职的前三年，为探索期。在这个阶段里，新教师要完成由学生到教师的角色转换。在探索期，全面的素质对于一个有发展前途的青年教师来说是至关重要的。高素质决定了高起点，这样的教师完全可以缩短甚至跨越瓶颈期，迅速走向成熟。教师在参加工作的前三年要迅速进入角色，并初步树立自己的教学形象。

（二）成熟期

教师专业发展的第二个阶段为成熟期。其标志之一是开始注意对教学实践的理论总结；标志之二是已经形成了自己的教学风格。成熟期教师的备课有“三部曲”：第一步，“有它（教材）没我”；第二步，“有我有它”；第三步，“有我没它”。成熟期教师的上课有“三境界”：第一层境界是“形动”，即千方百计地吸引学生，让学生喜欢上课；第二层境界是“心动”，即用真情打动学生，刻意营造特定的课堂情感氛围；第三层境界是“神动”，即把自己的观点变成学生的思想，进而导之以行。

可以说，从探索期到成熟期是一次飞跃。实现这一飞跃的条件至少有三个：一是在师德上，教师应当有强烈的进取意识，责任感和使命感则是其教学乐章中两个最强劲的音符；二是在教学上，教师必须形成独特的教学风格，能实现职业共性与本人特性的和谐统一；三是在教育理论的运用上，教师必须摆脱教育行为中的盲目性和随意性，对教育理论的运用应从自发升华到自觉。

(三) 创造期

教师专业发展的第三个阶段为创造期。这个时期具有以下三个特点：第一，对事业、对学生的挚爱，这是走向成功的动力；第二，对教育发展的前瞻性和预见性，这直接关系到一个教师的发展方向；第三，具有较强的科研能力，这标志着一个创造型教师的水平。

三、专业发展措施

(一) 教师专业发展的具体措施

1. 加强领导

学校应成立由校长任组长的领导小组，专门负责教师专业发展的规划和实施。领导小组下设三个专项小组：师德建设组，负责师魂的塑造工作；骨干教师培训组，负责各级各类骨干教师和学科带头人的培养工作；教务处，负责教师的学历达标、高一层次培训等教师进修工作。

学校还应根据教师的年龄、学历和现有的专业能力及发展趋势，制定青年教师专业发展规划、教师个人专业发展规划，并完善教师业绩档案，最终形成相应的教师业务发展档案。

2. 加强校本培训

校本培训是促进教师专业发展的主要渠道。学校要本着“从实际出发，注重实效”的原则，为加强校本培训主要做以下几方面的工作。

(1) 现代教育理论培训。通过自学、讲座、报告、研讨交流等形式，让教师了解和掌握现代教育的基本理论和基本知识，使其进一步端正教育思想、更新教育观念。

(2) 现代教育技术培训。通过加强信息技术教研组建设，开办信息技术培训班，以及组织优秀课件、电子教案展评等活动，进一步推进信息技术与学科教学的整合。在此期间，要求全体教师都能熟练运用现代教育技术，大部分教师能独立制作课件，相当一部分教师能制作出高水平的课件并获奖。

（3）学科教学能力培养。一是加强教学基本功训练，使所有教师都能达到规定水平；二是开展“帮教结对”活动，充分发挥骨干教师和老教师的作用；三是实践练兵，通过举办汇报课、研究课、评优课和观摩课等，提高教师的教学能力。

（4）构建学习型学校。终身学习已成为当今世界的潮流，教育工作者通过不断学习来充实自己已成为提升自身素质的重要途径。学校应制定学习规划，健全激励机制，营造学习氛围，确保学习效果，使学习型学校的各项工作都得到扎扎实实的开展，为教师和学校的可持续发展提供不竭动力。

（5）高标准完成继续教育任务。依据上级主管部门的要求和安排，学校应大力配合，抓好继续教育工作，高标准完成任务，并安排专人负责，健全教师的继续教育档案，完善继续教育工作机制。

3. 进行课题引领

以课题研究为载体，不断提升教师的科研能力，从而使教师能以科学的态度和方法来解决教学实践中的问题，这是基础教育科研的真谛。中小学的教育科研有两大特点：一是实用性，二是全员性。学校应要求全体教师都必须参与一个课题的研究，骨干教师都必须亲自认领课题。

4. 借助外力

对教师个体而言，学校创造的一切条件都是外因。对学校而言，学校以外的一切可利用资源也是外因。充分利用外部条件，是教师专业发展的捷径。

（1）聘请大学教授作为学校教师专业发展的顾问。

（2）聘请市区名师来学校“传帮带”，亲自深入课堂指导教学、指导教师。

（3）聘请有丰富实践经验的专家、学者来学校讲学，促使教师的教育观念、教育思想、教育方法等有较大的提升。

（4）学校尽最大努力，让教师多参加一些学术交流活动，同时适时适当地组织一些外出参观、考察活动。

（5）学校尽最大可能确保有相当数量的教师接受专门的学习和培训，让教师享受到学习和培训的快乐。

（6）克服困难筹措资金，选派教师外出深造，以适应教育国际化的需要。

(二) 骨干体育教师的良好品质

要成为一名骨干体育教师，必须具备以下五种良好的品质。

1. 诚

“诚”有很多含义，笔者这里所说的“诚”是指诚实、诚恳、光明磊落、处事公道、待人谦和。体育教师首先是教师，对于教师来说，教书和育人同等重要。教师的言行举止是对学生的一种潜移默化的教育。体育的所有内容都需要学生付出全部心力才能学好，体育教师的“诚”往往就是最好的教学方法。

2. 毅

“毅”，可以解释为刚强、坚毅、目标明确、义无反顾、坚定执着。体育教师要有坚定的毅力，要能够向着既定的目标一往无前，否则会与很多机会失之交臂，就难以成为一名骨干教师。

3. 勤

“勤”，当勤四体、勤脑筋，当勤奋向上、勇于探索、自强不息、用心工作。教师的工作时间从早上 6 点开始到下午 6 点结束。这 12 个小时应该怎么度过？有的人是在无聊与苦闷中度过的，有的人是在失落与困惑中度过的，有的人是在快乐与紧张中度过的。体育教师应该选择后者。也许体育学科不像其他学科那样有那么多作业要批改、有那么多试卷要讲评，但是体育教师要让自己勤快起来。只要自己的脚跑起来，自己的手动起来，自己的脑袋转起来，总是有事情等着我们去做的。

4. 敏

“敏而好学”当是教师之重，敏者当思维敏捷、反应灵活、意识超前、创新开拓。作为教师，学习应该是我们永远追求的目标。如何学习，如何让学习成为我们手中的武器，这些都是值得我们思考的问题。学习时，思维要灵活不要死板，要把眼光放得长远些，如果总是纠结在眼前的困难和不如意上，终究难以成功。

5. 弘

“弘”，可以理解为教师要有远大的目标，站在发展的角度上规划自己的教育生涯。《论语》里有这么一句话：“士不可以不弘毅，任重而道远。”治学、专业规划中都应具备这样的精神，有了目标才能找到前行的方向。

第三节　学生体质提升分析

2014年，教育部发布了30年来我国学生体质与健康“大数据”。数据显示，我国学生体质健康状况在持续20多年下滑的情况下，近年来出现了积极的变化，大部分指标止跌回升，个别指标甚至出现了连续上升的势头，但仍不容乐观。

一、学生体质现状

（一）形态发育水平

数据显示，我国城乡学生身高、体重、胸围的生长发育水平呈现增长趋势。尤其是城市男生以及7岁至12岁年龄段学生的增长最为明显。

（二）肺活量

从1985年至2013年，各学段城乡男女学生平均肺活量水平出现先降后升的趋势，2005年达到谷底，2010年出现上升拐点，然后呈较平稳的上升趋势，尤其是7岁至12岁年龄段学生的上升较为明显。但大学生的变化不明显，而且大学生与高中生的差别远低于高中生与初中生的差别。

（三）爆发力素质（立定跳远）

从1985年至2013年，7岁至18岁学生的立定跳远成绩在1995年达到顶点后开始下滑，2005年到达最低点后出现好转：小学、初中的学生，高中大部分学生（除乡村女生以外）的成绩稳步提高，大学生和部分高中生（农村女生）的成绩仍然下滑，大学生的成绩甚至低于高中生。

（四）耐力素质

从1985年到2005年，各学段学生的耐力素质成绩出现下降，在2010年，7岁至18岁学生的耐力素质成绩止跌回升，尤其以14岁至16岁年龄组最为明显，但大学生的耐力素质成绩持续下滑。

（五）速度素质（50米跑）

从1985年至2013年，7岁至18岁学生的50米跑成绩在1995年达到顶点后开始下滑，女生的下滑程度比男生明显，2005年以后下滑趋势开始得到遏制：中小学生从2010年开始成绩逐步提升；但19岁至22岁学生

（大学生）的成绩仍在下滑，城市女大学生的成绩甚至低于高中生和初中生。

（六）力量素质（女生仰卧起坐/男生引体向上或斜身引体）

从 1995 年到 2010 年，13 岁至 22 岁男生的引体向上或斜身引体、7 岁至 22 岁女生的仰卧起坐成绩持续下降，但到 2013 年，男生引体向上或斜身引体成绩的下降幅度减缓，结果与 2010 年近似；女生仰卧起坐成绩到了 2010 年至 2012 年出现好转，但是 2013 年有所反弹；19 岁至 22 岁大学男生成绩与初高中生成绩持平，大学女生成绩甚至低于初高中生成绩。

（七）柔韧性素质（坐位体前屈）

从 2000 年到 2010 年，男女生坐位体前屈成绩波动上升，2010 年到 2013 年又出现波动上升。但大学生中，城市男生坐位体前屈成绩从 2010 年起持续下降，农村男生成绩不及高中生。

（八）超重和肥胖检出率

从 1985 年到 2012 年，7 岁至 18 岁城乡男女学生超重和肥胖检出率持续增长。2012 年到 2013 年，乡村学生超重和肥胖检出率的增长趋势开始出现下降拐点，而城市学生超重和肥胖检出率的增长趋势依然强劲。但无论城乡，13 岁至 15 岁学生超重和肥胖检出率的增长趋势均明显下降。

（九）视力不良检出率

从 1985 年到 2010 年，7 岁至 18 岁学生的视力不良检出率持续上升，尤以 7 岁至 12 岁年龄段学生的增长速度最快。另外，城市学生的视力不良检出率增长放缓，乡村学生的视力不良检出率增长加快。

二、现状归因分析

（一）心理归因分析

随着社会的进步与发展，人们的业余生活愈发丰富，然而大家宁可选择玩游戏或看手机，也不愿意参加体育锻炼。这主要是由于人的心理惰性引起的，要改变这种现状，就需要提高人们对运动促进健康的重新认识。

（二）现实归因分析

第一，从社会大环境来看，学生体质不良是受到了片面追求升学率及重智育、轻体育倾向的负面影响。学生在升学压力之下，课业繁重，疲于应对考试科目，大部分时间都沉浸在书山题海之中，导致无暇顾及体育锻炼。即便中小学生热切期盼有充裕的锻炼时间，估计学校也很难腾出更多的时间。

第二，从家庭环境来看，现在的学生多为独生子女，生活上父母包办一切的情况比较普遍。另外，如今不少家庭都有了汽车等代步工具，学生上下学都由父母接送，不少学生连走路的机会都没有。

第三，场地不足是制约学生参加体育运动的重要因素。虽然很多家长也希望孩子能够有更多的机会参加体育锻炼，但除了学校之外，免费开放的运动场馆又有几个？除了偶尔去公园跑步运动之外，恐怕很难有更多经济实惠的运动方式供学生选择了。

第四，安全风险是制约中小学开展体育教学的重要因素。在当今以独生子女为主的学校中，对学生体育课安全的日益重视给体育教师带来了很大的压力，学校体育教学中为了安全而因噎废食的现象时有发生。在安全第一的思想下，许多体育教师由于过分担心学生在体育课上受伤，怕受到学校、家长的指责，总是小心谨慎：跑步怕摔伤，跳跃怕扭伤，单双杠、跳山羊怕摔骨折，玩篮球、足球怕砸伤。于是，出现了体育课上不敢让学生运动的现象。

三、体质提升策略

（一）政策解读要到位

我国于 2007 年出台了《意见》，接着教育部、国家体育总局出台了《关于进一步加强学校体育工作切实提高学生健康素质的意见》，教育部出台《关于推广第一套全国中小学校园集体舞的通知》并提倡开展全国亿万青少年学生阳光体育运动。以上种种，无不反映了国家高层对体育的重视和对青少年体质的担心。这是一个很好的开端，但政策的实行需要结合相关的法律法规，我们虽然有《中华人民共和国义务教育法》《中华人民共和国体育法》《学校体育工作条例》等法规，但不少学校都没有认真执行。建议在出台政策的同时应附带一定的法规，强制性地保证国家的政策得到全面的实施，做到有法可依、有法必依，将责任分工到每个人。比如，为推进学校体育工作，福建省陆续发布《福建省人民政府办公厅转发省教育厅等部门关于进一步加强学校体育工作实施意见的通知》《福建省教育厅关于印发福建省学校体育工作三年行动计划（2013—2015 年）的通知》等文件，还制定、实施了初中升学体育考试制度、学生体质健康测试与评价制度、学校体育工作评估制度、学校体育报告公示制度等。

（二）落实健康第一的政策

学校要坚持健康第一的指导思想，为学生的健康成长做好服务工作，抓好教育教学流程的管理，走低负高效的路子，保证学生每天在校有一小时的体育活动时间。教师要把好教学关，向课堂要效益，提高学生的学习效率，不占用学生过多的课余时间，不加重学生的作业负担，将课余活动时间还给学生。

体育教师要积极与校卫生室及其他教师联系、配合，认真做好学生的健康教育工作，搞好卫生知识宣传，对学生进行饮食与营养、运动与保健等方面的指导及常见病防治知识的教育，提高学生的健康意识和良好的卫生习惯，增强学生的适应能力和对疾病的抵抗能力；加强钻研，在课堂上多下功夫，让学生喜欢体育课，让学生乐学、乐练，扎扎实实地上好课；在教学中做到课堂与课后相结合、发展技能与锻炼体能相结合、传授知识与培养意识相结合；发挥主观能动性，根据课程标准的精神，开展更多更好的体育活动，提高学生的体质，为学生的健康成长做贡献。

（三）形成问责制度

问责制度应该是一个问责、追责、负责相统一的配套工程，涵盖决策、执行、监督和事前、事中、事后各个方面和各个环节。

问责是前提和基础，这样在履行职责和追究责任时才能做到有章可循、有规可依。要解决这个问题，一个重要方面就是将领导的责任明确化、具体化。

追责则要解决执规必严、违规必究的问题。追责，就是追踪领导履行职责的情况，应奖励尽职尽责的领导，惩戒渎职和失责的领导。如果不能对领导的履责情况进行科学评价，对领导的渎职行为进行严格追究，就不能达到应有的效果。

无论是问责还是追责，其目的并不仅仅在于处理相关责任人，更重要的是促使领导勇于负责、敢于担当，从而更好地推进事业的发展。也就是说，问责和追责都是手段，负责才是目的。

（四）社会要互动，家校须配合

要增强学生的身体素质，单靠学校的努力还远远不够，政府应该鼓励或要求媒体多宣传体育运动的重要性，并呼吁对从事体育工作的教师多些关怀和鼓励。此外，有必要在学生的升学要求中做出规定：一是体育测试符合要求的学生才可以升学；二是对体育分数达到优秀程度的学生给予加分。然后通过媒体宣传，增强社会的理解和认同，以加深社会、家庭及学生的重视程度。

家庭也应该配合学校对学生进行督促，保证学生每天最少有一小时的锻炼时间，在饮食上督促学生不要过度摄入脂肪或油炸食品，不偏食，要保证学生充足的睡眠时间，改正学生熬夜、睡懒觉的坏习惯。

笔者认为，如果以上各个环节都得以顺利进行，学生的体质不可能不增强。现在国家已经开了好头，无论在政策上，还是在行动中都已经明确了立场，剩下的就是如何去执行的问题了。各个部门应该想尽一切措施，寻找影响政策实施的因素，认真改进，努力落实。

第四节　教研团队建设策略

美国著名的管理学教授、组织行为学专家斯蒂芬·P. 罗宾斯认为，团队是指为了实现某一目标而由相互协作的个体所组成的正式群体。从这一定义中可以看出，所有的团队都是群体，但是只有有着共同目标、能够相互协作的正式群体才是团队。在中小学，体育教师所组建的教研团队俗称教研组。

一、教研团队构成要素

教研团队建设，简单地说首先必须搞清教研团队的构成要素。教研团队构成要素可以用5P来表示。

（一）目标（Purpose）

教研组应该有一个既定的目标，这一目标能为团队成员导航，使他们知道要向何处努力，没有目标这个团队就没有存在的价值。我们所在的组织可以说是一个大团队，因为我们有共同的使命、愿景与目标。同时，教研组又由若干备课组组成，教研团队的大目标被分解成小目标，由各个备课组来承担，各个备课组的目标必须跟教研组的目标一致。备课组目标还可以具体分解到各个团队成员身上，大家合力实现共同的目标。

（二）人（People）

人是构成教研团队的最核心力量。三个或三个以上的人就可以构成团队。目标是通过成员努力而实现的，所以成员的选择是团队中非常重要的一部分。在一个教研组中需要有人制定计划，有人出主意，有人实施，有人协调，有人去监督、评价工作进展与业绩表现。不同的人通过分工来共同完成团队的目标，所以在人员选择方面要考虑团队成员的需求、能力、经验等。另外，组建教研团队时，选择团队领导是重中之重。

（三）定位（Place）

团队的定位包含两层意思：一是团队的定位，包括团队在组织中处于什么位置，由谁选择和决定团队的成员，团队最终应对谁负责，团队采取什么方式激励成员，等等；二是团队中个体的定位，包括成员在团队中扮演什么角色，是制定计划还是具体实施或评估，等等。

（四）权限（Power）

团队领导的权力大小跟团队的发展阶段有关。一般来说，团队越成熟，领导所拥有的权力就越小，而在团队发展的初期阶段，领导权相对集中。在确定团队权限时，要考虑组织规模、团队人数、业务类型，以决定授予领导何种权限及多大权限等。

（五）计划（Plan）

计划有两个层面的含义：一是目标最终的实现需要一系列具体的行动方案，可以把计划理解成目标的具体工作程序；二是提前按计划进行可以保证团队工作的进度。只有在计划的带领下，团队才会一步一步地贴近目标，最终实现目标。

二、教研团队发展阶段

著名的管理学家布鲁斯·塔克曼认为，教研团队的发展要经历五个阶段：组建期、激荡期、规范期、执行期和调整期。这五个阶段是不可逾越的，团队在成长、迎接挑战、处理问题、制定方案、处置结果等一系列过程中必然要经历上述五个阶段。团队在每个阶段的工作效果和精神水平都存在着很大差异。

（一）组建期

激动、困惑、矜持、观望是处于组建期的团队成员的主要特点。这一时期的团队缺乏清晰的工作目标和顺畅的工作流程，工作职责与标准不明确，成员间缺乏有效的沟通，个人的角色定位不明确，部分成员还可能表现出不稳定、忧虑等特征。

组建期的主要工作是明确方向、确定职责、制定规范与标准，进行成员培训。团队负责人一定要向团队说明工作目标、工作范围、质量标准及进度计划，并根据工作目标要求对团队成员进行技能和知识培训。团队负责人要让团队成员参与工作计划的探讨，主动和他们进行平等而真诚的交流，消除他们的困惑与忧虑，确保团队成员之间建立起一种互信互赖的工作关系。

（二）激荡期

经过组建期以后，团队成员获得了发展的信心，但同时也形成了各种观念碰撞的局面，出现了人际冲突与分化。团队成员面对其他成员的观点、见解，更想展现个人的性格特征，对团队目标、期望、角色及责任的不满和挫折感也表露了出来。团队成员间、团队和环境间、新旧观念间会出现矛盾，甚至负责人的权威也面临着挑战，团队组建期确立的原则将受到冲击与挑战。

团队负责人应具有解决冲突和处理问题的能力，营造一个积极向上的工作环境，首要的任务是安抚人心。首先要认识并处理各种矛盾和冲突，同时要鼓励团队成员就有争议的问题发表自己的看法。这一时期，如不能因势利导、防患于未然，团队就会面临颠覆的危险，至少是在团队发展的道路上埋下了隐患。同时，这个阶段要准备建立工作规范。没有工作规范、工作标准的约束，就会造成一种不均衡，这种不均衡就是冲突源。团队负责人在规范管理的过程中，要以身作则，这一点是特别要注意的。

（三）规范期

通过激荡期的磨合，教研团队进入规范期。在这一阶段，规则、流程、价值观、行为、方法、工具均已建立，成员的工作技能开始慢慢地提升，新的技术慢慢地被掌握。成员之间开始建立起互谅、互让、互助的关系。成员的目光重新集聚到工作上来，关注目标与任务，能有意识地解决问题，开始关心彼此的合作和团队工作的发展，并逐渐适应环境、技术和各种规范的要求。

教研组要想顺利地度过规范期，最重要的是形成团队的文化和氛围。

团队精神、凝聚力、合作意识能不能形成，关键就在这一阶段。这一时期的最大危险是团队成员对激荡期存在的问题心有余悸，因害怕引发矛盾而不敢表达自己的声音。团队负责人在这一时期的主要工作就是通过激励使成员放下各种心理上的包袱，提高成员的责任心和相互间的信任度，使他们的工作任务和行为标准紧密地结合起来。规范期的团队建设，可从以下角度切入：鼓励成员提建议，让他们感觉到团队的发展与自己休戚相关；实行参与制，让每个成员认识到自己是团队中的一员；压担子，通过给成员布置任务，激发他们的责任心；进行表扬和奖赏。必须强调的是，激励应该在工作过程中，而不应只在任务完成时。当然，除激励之外，规章制度的约束和惩罚也是必不可少的辅助手段。

（四）执行期

经过第三个阶段，处于执行期的教研组逐步变成高效率的团队。这一阶段，团队成员呈开放、坦诚、及时沟通的状态，具备多种技巧，能协力解决各种问题，能利用规范化的管理制度与标准工作流程化解冲突、分配资源，能自由而有建设性地分享观点与信息，有一种完成任务的使命感和荣誉感。

处于执行期的高效率团队负责人应集中精力关注预算、进度、计划、业绩和成员的教育培训等事关全局的大事，其他事情应进行授权管理。同时，要根据业务的发展需要，随时更新工作方法与流程，推动经验与技术的交流，提升管理效率，营造高效率的组织文化，集中团队的智慧做出高效决策，通过成员的集体努力追求团队效率。

（五）调整期

教研团队运行到一定阶段，完成了自身的目标后，就进入了第五个阶段——调整期。处于调整期的团队可能有两种结果：一是解散，再组建新的教研团队；二是提升，形成团队文化。第一种即以项目或工作周期形式成立的教研团队，一般在项目或某项工作完成后，情况不佳的，或解散，或组建新的团队。团队在发展到一定阶段时，可能根据学校需要而撤销、调整或重组。在执行期内，团队成员已形成了各种关系，不同的调整会对成员心理造成不同的影响，这个时期学校负责人需要做好成员思想的引导，说明调整的必要性及意义，让成员认同学校的决定。第二种即之前的团队形成良好的合作关系，得到学校认可，接下来的工作就是进一步形成团队文化，形成更好的合力。

三、教研团队建设策略

团队建设虽不是一件轻松的事情，但也不像大多数人认为的那样是一件非常困难的事情，好像无从下手。以下是体育团队建设的研究思路、技术路线和内容。

（一）体育教研团队建设的研究思路

第一，成立教师发展小组，挖掘本校体育特色。

第二，根据本校体育特色及教师特点，探索体育教师专业发展思路。

第三，成立校本文化科研研究队伍，构建教师教研平台、教师科研模式。

第四，制定发展评价机制，促进教师个人专业发展与队伍建设发展。

（二）体育教研团队建设的技术路线

第一，成立校本文化科研研究小组，统筹三年的队伍建设规划。

第二，确立各校本项目的具体负责人，明确具体的分工合作。

第三，制定教师个人专业发展目标，拓宽教师专业发展道路。

第四，每个月进行一次小结，每个学期进行一次跟踪评价与考核，对照教师个人发展目标与队伍建设规划，看整个成果进展如何。

（三）体育教研团队建设的内容

1. 专业成长的基本思路和切入点

专业成长的基本思路是教师是怎样发展的。从认识发展的角度看，多数情况是通过在教育反思中提出问题、解决问题实现的。

专业成长的切入点是努力做好校本文化科研建设，就团队文化、教师教研平台、教师科研模式等问题进行分析、研究，从教师的人文素养、团队意识、课堂行为、专业能力、创新思维、校本科研几方面切入。

2. 队伍建设的基本思路和切入点

队伍建设的基本思路是通过校本文化科研建设促进队伍的建设与发展。校本文化科研建设的具体内容包括队伍文化的构建、教师教研的平台建设、教师科研的模式研究。

队伍建设的切入点包括以下三个步骤：第一步是通过构建教师队伍，建立队伍文化，形成发展共同体；第二步是进行有效的教师教研，以教研组为单位进行教研，构建初级的队伍模型，调动教师的积极性；第三步是用严谨的态度进行课题研究、研究性学习，开发校本课程，让教师根据分工进行研究。

第五节　学校体育文化建设

体育的历史与人类的历史一样悠久。在人类文明的历史长河中，体育文化逐渐发展，是人类整个文化的重要组成部分。最初，人类为了生存和种族延续，学会了跑、跳、投、攀爬等技能和生产劳动知识，并将这些技能和知识作为一种社会文化现象代代相传，随着时间的推移，逐渐形成了今天灿烂夺目的体育文化。

一、学校体育文化

（一）体育文化的产生和发展

关于体育文化的产生和发展有很多种说法，但受到大家一致认同的主要有以下几种。

1. 劳动起源论

从总体上说，人类的文化是通过人类自己的双手和大脑的思维创造出来的。早期人类在求生存中学会了奔跑、跳跃等技能，并在追捕猎物等活动中发展了速度、耐力、力量、灵敏等各种身体素质。这个时候的体育以生存为直接目的，人们进行着各种能力的训练。

2. 军事起源论

军事起源论认为，个人之间为争夺狩猎得来的猎物而产生冲突，到后来发展到部落之间的武装冲突。各部落为了提高自己的实力，进行了有组织的身体训练，其中包括摔跤、飞镖、棍棒等技能。

3. 宗教起源论

原始社会后期，由于生产力水平低下，又受到季节和环境的影响，原始人为求助自然恩施，便祭祀天地从而形成了原始宗教活动，并以体育形式进行辅助。

4. 教育起源论

人们将在生产劳动的发展及军事、宗教中演变出来的运动技能、技巧，以教育的方式传授给后代，这就是教育起源论。

综上所述，体育文化是在人类从动物野性变为人性的过程中的各种因素相互作用、综合演化的结果。也就是说，在人类改造自身的过程中，由动物本能改变成自觉人性行为时，原始的野性、进攻性通过劳动、游戏、教育及合理的竞争方式逐步形成了人类社会特有的文化现象，即体育文化。

（二）学校体育文化的特征

体育文化是一切体育现象在体育生活中展现出来的一种特殊的文化现象，也就是人们在体育生活和体育实践过程中，为谋求身心健康发展，通过竞技性、娱乐性、教育性等手段，以身体形态变化和动作技能所表现出来的具有运动属性的文化。

学校体育文化是在学校体育开展的过程中，在师生进行体育运动实践过程中，伴随着对体育内涵的解读而形成的一种校园文化。学校体育文化有如下几个特性。

1. 针对性

学校群体相对集中，又兼具教育使命，在实施学校体育时，会根据需要进行专门领域的文化开发。

2. 广泛性

学校体育文化总是与学生的课堂学习、大课间、课外体育锻炼、社区体育活动紧密联系在一起的，具有广泛性。

3. 特色性

学校体育是学校教学的重要组成部分，它反映了学校传统的体育特征，这些传统的体育文化规范着学校的体育行为，使师生形成了不同的体育价值观念。例如，很多体育项目的开展要依据南北方的气候而定。南方雨季较长，应考虑多设置一些室内体育项目，夏天适合游泳，冬天适合长跑；而北方冬天较冷，适合开展滑冰、冰球等项目，不适合开展冬季长跑及大型的户外团体操。

二、体育文化价值

学校体育文化作为学校教育的重要组成部分，在德、智、体全面发展的教育方针中，在培养身心健康、具有创新精神和实践能力的社会主义现代化合格人才的过程中具有十分重要的作用。

（一）弘扬奥林匹克精神

现代奥运会经过一百多年的发展，已经成为世界上无与伦比的最广泛的社会文化现象。现代奥运会精神文化的设计，是对古代奥运会的继承和发展。奥林匹克格言是“更高、更快、更强”，它激励着青年人奋发向上，超越自我，向着更高的目标迈进。运动员们勇于克服各种艰难险阻、付出辛勤的汗水去争取胜利的意志和品质对所有人都是一种启迪和鼓舞。学校体育文化倡导理解、友谊、团结和公平竞争，让奥林匹克精神促使学生更喜欢体育运动。

（二）发扬竞技体育文化

学校体育文化中融入了竞技运动文化。正是因为学校体育对竞技运动文化进行了吸收与渗透，学校体育文化才能获得创新与发展。这些创新与发展又是在师生的不断实践中完成的。学校体育摆脱了人类求生存的宗教体育文化和强身健体适应环境的科学化、功利性体育文化的特征之后，向着竞技与艺术相结合、形体美与心灵美相结合的形态发展。

（三）弘扬社会主义核心价值观

当代学校体育文化在坚持中国特色社会主义的学校体育方向的同时，既要发展中华民族传统的体育文化，又要进一步弘扬社会主义核心价值观。为完成未来学校体育发展的使命，我国当代的学校体育肩负着一项历史使命：为推行素质教育服务，培养学生坚忍不拔的意志、艰苦奋斗的精神和健全的人格，增强学生的健身意识和品德修养。

（四）培养终身体育意识

学校教育倡导终身学习，学校体育倡导终身体育，让学生树立健康第一的思想，培养学生的终身体育观念，使其自觉、合理地参加体育锻炼。在学校期间，要让学生掌握 1～2 项体育运动，培养健身习惯，“每天运动一小时，健康工作五十年，幸福生活一辈子”。

三、特色体育风采

笔者所在的海沧中学以校长为组长进行了体育文化特色的顶层设计，将“崇德尚学”中的“德”，全面融入“舞风・武德”教育中，全面打造“幸福教育・活力校园”，让学生享受幸福的教育，实现“女生人人会排舞，气质高雅，变得更加柔美；男生个个会武术，一身正气，变得更加阳刚”，使特色项目与学校幸福教育有效地融合起来。

（一）特色文化引领

学校通过开设幸福课程来落实“幸福教育·活力校园”的办学宗旨。幸福教育的特色文化，通过以下三个层面来落实。

1. 工作室文化打造

工作室是专用教室的文化提升，是特色文化制度先行的物质层面。学校规划的幸福课程包括排舞、武术、软陶、书法、生态园等。学校为这些幸福课程打造了专用教室，用于凸显项目的特色文化，如把学生训练时的图片附上文字，聚焦比赛的精彩片刻并稍作说明，这些都能将过去的存在转化为文化的记忆储存起来。

2. 制度文化实践

学校秉承“崇德尚学”的校训，恪守“树人为本，质量为根，师德为先，特色为翼”的办学理念，确立了阳光教育思想，并根据省教育厅有关达标高中内涵建设的精神全面实施素质教育，全面提高教育现代化水平，办人民满意的教育，为实现教育强区目标、基本实现教育现代化和建设人力资源强市做贡献。学校在继承和发扬办学传统的基础上确立校园排舞为学校的办学特色，制定出台了《厦门市海沧中学办学特色建设方案》，将校园排舞纳入学校的发展规划和创建“省一级达标高中”发展规划之中，努力实现构建以阳光校园、阳光教师、阳光学生、阳光课程、阳光课堂和阳光管理为核心的阳光教育目标，形成“一生一特长，一个都不能少”的办学特色。

3. 核心素养引领

体育学科核心素养中最突出和最主要的就是“学生在学习过程中掌握体育技能，形成健康的行为习惯，通过各种措施提升体育品德”。对于体育技能，学生怎么掌握？教师通过什么手段传授？如何促使学生健康成长？体育品德又如何在多元的社会文化中培养形成？这些都是校园排舞文化建设应该关注的重点。针对此，学校提出关注体育精神，通过“舞风·武德”来落实学生的运动价值观；组建幸福课程领导小组，让课程落到实处。这些制度就是核心素养的行为文化，有了这一层面的保证，今后的工作就会得到长远的发展。

（二）特色建设前景展望

学校以“一生一特长，一个都不能少”为学校办学特色。学校特色建设是学校体育文化建设中一项长期而艰巨的工程，也是学校全体成员在长期的教育实践中逐步创造和形成的具有独特凝聚力与稳定性的思想观念和行为方式，是学校的精神生命和灵魂。在这项长期的系统工程中，推广者需要根据学校的特色与学校文化来凝练项目特色内涵，以生为本，充分理解校园排舞可挖掘的内涵，不回避存在的问题，做到大胆探索、不断实践，为创设学校的排舞特色文化不懈奋斗！

第六节　阳光体育健康先行

为了吸引学生走向操场，走进大自然，走到阳光下，积极参加体育锻炼，我国积极倡导亿万学生阳光体育运动，掀起了群众性体育锻炼热潮。

一、何为阳光体育

2007 年 4 月 29 日，全国亿万学生阳光体育运动全面启动。5 月 7 日，《意见》下发。2011 年 3 月 5 日，“保证中小学生每天一小时校园体育活动”被写进政府工作报告中。2011 年 7 月，教育部印发《切实保证中小学生每天一小时校园体育活动的规定》，要求各中小学认真执行国家课程标准，保质保量上好体育课，同时将校园体育活动时间和内容纳入教学计划，列入学校课表。其实，从广义上说，为增强学生体质而实施的一系列体育活动，统称为阳光体育。

笔者所在的海沧中学以“健康、运动、阳光、未来”为宣传口号，深入研究体育在青少年思想品德、智力发育、审美情趣的形成中的重要作用，探讨以体育为手段，促进青少年全面发展的理论与实践问题，旨在落实《意见》精神，全面推动阳光体育运动的深入实施。

二、阳光体育策略

（一）转变观念，关注学生的体质

作为提高中小学生健康水平的重要途径之一，学校体育是学校教育的重要组成部分，也是素质教育的重要内容。提高学生的健康水平，学校教育是基础，教师是关键。学校要树立健康第一的思想，明确体育在学校教育中的地位，把体育作为全面推进素质教育的重要突破口和切入点，紧紧

把握“提高学生体能，增强学生体质，促进学生健康成长”这个核心，充分发挥体育的育人功能，促进学生的全面发展。

（二）加大宣传力度

加大阳光体育的宣传力度，进一步营造全社会关心、重视、支持学校阳光体育工作的良好氛围和有利于开展工作的社会环境。让学生拥有健全的人格、健康的身心和终生的幸福，是教育工作的终极目的。而阳光体育运动不但能锻炼身心、激智、启德、促美、益心，还能促进文明、和谐校园风气的形成。站在这个高度来审视阳光体育运动，我们才会把“保证学生有一小时的体育锻炼时间”变为自身的需求。

（三）依法办学

首先，学校要坚持依法执教，规范办学行为，严格执行国家有关体育课时的规定，不得以任何理由削减、挤占体育课时。其次，学校必须从课程的高度来确立阳光体育法定的地位，把上午的课间操 30 分钟和下午课外活动 30 分钟确立为每天一小时的体育活动时间。

三、健康先行“2＋1”

为贯彻阳光体育精神，学校结合实际，制定了健康先行“体艺 2＋1 项目”的实施方案。

（一）指导思想

实施“体艺 2＋1 项目”是落实德、智、体全面发展的教育方针，出于推动学校体育和美育的改革与发展的需要。实施“体艺 2＋1 项目”，必须与学校的特色教育相结合，积极探索学生多元化评价体系的内容和方式。学生素质的养成是一个长期的过程，必须本着“统一选项，分期实施”的原则。

（二）成立机构

1. “体艺 2＋1 项目”领导小组

组长：校长

组员：德育处、团委、班主任及部分体育、艺术任课教师

2. “体艺 2＋1 项目”认定小组

组长：分管体艺副校长

组员：体育、艺术教师

（三）操作流程

1. 学校宣传

利用教师大会、班会课等向教师、学生进行宣传，让每一位教师和学生都了解“体艺 2+1项目”的内涵、实施方法、实施要求和学校拟开设的项目。

2. 学生选择

学生根据自己的兴趣、爱好和发展意向在学校提供的拟开设项目中选定意向项目，填写选项表。

3. 学校汇总

根据选项表进行项目汇总，编制各项目名单，组建项目组或社团（报名人数特别多的项目，结合学校师资及场地器材实际进行合理分组），并确定项目组或社团辅导教师。

4. 编制计划

学校依据“统一选项，分期实施”的原则，根据各人选项编制活动安排表，适时开展各项活动，所有活动定人员、定时间、定地点、定项目、定辅导教师。制定辅导计划，原则上每项每周辅导一次。平时无法安排的辅导项目，可利用业余时间进行。

5. 过程检查

各位辅导教师应有意识地做好活动过程管理工作，并留下资料备查。领导小组成员于活动时间进行检查。

6. 才艺展示

一是与学校主题活动结合，在每年的六一儿童节、十一月的体育节集中展示；二是利用每学期期末的“校园大舞台”进行展示。

7. 项目认定

学期末进行集中认定。根据教育部制定的认定标准制定适合本校的认定标准。认定的标准应有一定的弹性，认定的方式应灵活多样。

第五章 学校体育密钥

高尔基说过："书籍是人类进步的阶梯。"站在巨人的肩膀上可以看得更远、学得更多。学校体育要发展，教师除了要提高个人的专业素质之外，还要通过阅读来拓宽自身的视野。除了阅读，体育教师还要树立明确的目标，坚定意志，通过对体育特级教师、相关专家、校长、同行、学生的访谈和对话，进一步明确自己的目标，为下一步起航建立人生坐标。

第一节　品读教育经典名著

作为一名体育教师，受世俗偏见的影响，我们成了“四肢发达，头脑简单”的代名词。我们没有其他办法，唯一能做的就是读书，读书，再读书，改变自己。

一、教育经典名著

何谓好书?

读者说，对教师而言，好书就是和教师做同一种梦的书。

作者说，好的文字一定是从血管中流出的，是以心相许的。

出版者说，要做有“心”的书。

书海无涯乐作舟，愿广大读者读到这一章节，放慢脚步，一起细读这些经典名著，以丰厚我们自身的文化素养。

(一) 教育思想理念类书籍

1.《收获幸福的教育：一所从不考试的公立学校》，［美］瑞克·玻斯纳著，安秋子译，华东师范大学出版社

本书基于对一所40年来不考试、无成绩的公立学校所毕业的百名学生的细致调查，进行了真实而中肯的记载与评述，向我们提供了一个生动的全人教育的学校样板，展示了建立一个终身学习者的社区的方法，这对于改革开放之后我国在教育领域实行的精英主义是一种有效的补充。

2.《公共生活与公民教育：学校公民教育的哲学探究》，刘铁芳著，教育科学出版社

以公共生活来开启学校教育空间，意在凸显教育的本质乃是使个体成人，成为服务社会的公民。学校并不只是个体升学的扶手，而是个体灵魂上升的阶梯；不是实现个人私己性欲望的工具性场域，而是促进人的公民性生长、健全之人性形成的教化性场域。怎样切实地开启学校公共生活视野，拓展学校教育的精神空间，提升学校教育的价值目标，当是今日学校教育发展的要义所在。

3.《超越上海：美国应该如何建设世界顶尖的教育系统》，［美］马克·塔克，柯政译，华东师范大学出版社

2009年PISA考试成绩出来之后，世界各国都开始关注上海及中国的教育。本书对被认为当今世界教育做得最好的几个国家或城市（芬兰、日本、新加坡、加拿大、中国上海）在教育上取得成功的主要经验和原因进行了分析和解读，这种分析与解读同样值得我们借鉴。

4.《教育照亮未来——民国八大教育家经典文选》，杨斌编，华东师范大学出版社

本书以中小学教师及教育工作者为主要阅读对象，以普适性、经典性及实践性为标准，遴选了民国八大教育家的经典文章，集中回答了教育的本质、儿童成长、教师职业幸福等诸多在现代社会中依然存在的问题，这些教育思想、教育主张标示着教育的路径，对当代教育具有重要的启迪和借鉴意义。

5.《及格主义》，方柏林著，华东师范大学出版社

教育完美主义让很多中国孩子不敢倾听自己内心的声音。他们早期十分优秀，长大后却成了拙于交往的人，同事关系和家庭关系处理不好，在社会攀比氛围下情绪低落。而倘若孩子能够心态轻松地去进行各种有益的尝试，拥有对生活全方位的欣赏，就会快乐很多。该书从中美教育比较入手，用一种开阔的教育眼光去看待长大成人这件事。

6.《人类行为、学习和脑发展：典型发展》，［美］科克等主编，宋伟、梁丹丹主译，教育科学出版社

本书基于当代儿童青少年行为发展的最新研究成果，通过当代最先进的脑功能磁共振成像技术等先进的科学实验手段，对儿童青少年群体进行了横向和纵向的研究，从认知机制和脑发育机制的角度探讨其行为发展规律和心理发展规律，从而使我们对儿童青少年的认知机制和脑发育机制有了深刻的认识。

7.《家庭、学校与社区——建立儿童教育的合作关系》，［美］钱德勒·巴伯等著，丁安睿、王磊译，江苏教育出版社

本书以对美国儿童周围一切主要的影响因素进行总结作为开端，同时确认了家庭生活、学校生活、社区生活三条主线，并讨论这些方面是如何影响儿童生活的。社会变化了，一些影响儿童生活的因素变得更明显。本书对这些影响模式进行了分类，能使读者获得一个关于美国当前社会现状的清晰概念。

8.《伦理学与教育政策》，［美］肯尼思·A. 斯特赖克、［加］基兰·

伊根主编，刘世清等译，北京大学出版社

本书是美国教育哲学界知名学者的经典作品合集。全书集中讨论了自由与大学、学生权利、平等与多元主义等五个方面的主题，旨在加深教育工作者对政策议题中的核心概念及其价值的理解，从而在实践中促进教育工作者对教育核心价值的关注与理解。

9.《教育的温度》，林格著，清华大学出版社

本书是教育学的散文性理论专著，作者把教育提升到一种“道”的高度，对教育多了一种人文性的深思。作者认为，以人性为出发点的教育理念，才是有温度的教育，这样的教育将滋养人的心灵，唤醒人的觉悟。说到底，人，才是教育的重点和核心。

10.“回望民国教育”系列，傅国涌主编，清华大学出版社

这套书从公民教育、性教育等具体的侧面到教育观等宏观层面，让读者看到20世纪前半叶的教育家和一线教师对教育的思考和实践，可以靠近民国教育，真实地理解民国教育的来龙去脉。这些从1909—1948年间在《教育杂志》上发表的大量文章中选出的精华，无疑已成为珍贵的本土资源，足以为今天的教育提供重要的借鉴。

（二）教师专业成长类书籍

1.《课程动态学：再造心灵》，［美］杰恩·弗利纳著，吕联芳、邵华译，教育科学出版社

作者首先对现代主义的局限性进行了批判性分析，然后创造性地为教学关系、组织型系统、教育意义探究了新的方向。本书带领我们进入了一个以丰富的想象力来重新思考“知识”“自我”和“他人”这些课程理论核心概念的旅途。

2.《教育不简单》，岳亚军主编，江苏教育出版社

教育不简单。雅斯贝尔斯说：“教育是人的灵魂的教育，而非理智知识和认识的堆积。”教育也可以是简单的——几个孩子正玩得不亦乐乎，一个小家伙突然摔倒并哇哇大哭起来。一个小女孩看到了，也跑过去装着一下子跌倒了，但她笑得咯咯响。那个小家伙看了看小姐姐，也笑了，抹抹泪，又玩起来。本书中的故事将给教育者带来智慧的启迪。

3.《始终——对教育及人生的一份心意》，郑锦杭著，教育科学出版社

本书试图从时代现实感出发，提倡符合本意、原意的教育观念，以自然的营养、不止于艺的精神、保全天真未凿的童年等基础观念，探讨自然、精神格局、教师、学校、教学、童年等的关系，以及它们之于教育、之于人的影响和意义，解释了“自始，至终”的教育心意和价值态度，从教育的角度关切人性和信仰的问题。

4.《从新手教师到课程领导者》，黄笑冰著，华东师范大学出版社

透过叙说一位香港教师的专业发展历程，来探讨教师专业发展及教师如何发展为课程领导者，并展示不同的专业作为及专业决定带来的教师专业发展机会，而这些专业作为及专业决定又受不同因素的影响，既可能成为专业发展的助力，也可能成为障碍。读者可以通过阅读这位年轻教师的故事，重新思考教师专业发展和教师发展为课程领导者的问题。

5.《学校本位教师专业发展》，崔允漷、柯政著，华东师范大学出版社

学校本位教师专业发展是当前教育界的热门话题之一。本书第一篇主要从历史、各国教师专业标准、名师调查三方面回答什么是教师专业发展，第二篇主要回答的是为什么教师专业发展需要学校本位的问题，第三篇主要是回答学校本位的教师专业发展可以怎么做的问题。

6.《我的教育视界》，窦桂梅著，华东师范大学出版社

本书汇集了清华大学附属小学窦桂梅校长多年来游学英国、美国、乌克兰、韩国、日本的所见所闻所思，所选文章丰富多彩，体现了作者开阔的教育视野。全书既有对国外教育的展示，也有中外教育的对比，还有在参观访问中形成的美文。作者以独特的视角展现了各国的教育细节和教育故事，为读者展现了另一番教育图景，值得投身教育的每一位读者细细品味。

7.《“不乖”教师的正能量——海峡两岸30位优秀教师的修炼之道》，谢云、陈香吟主编，华东师范大学出版社

这是一本集合海峡两岸“不乖”教师、不羁灵魂的书。这里的30位“不乖”教师，其实是一群富有思想、勇于实践、敢于进取、乐于奉献的人，比起一般的“乖”教师，他们更有见识、更有个性、更有胸怀，也更有激情。相信在分享他们“不乖”的成长经历和体验过程中，读者会从他们身上获得正能量，从而对读者的成长有所助益。

8.《迷人的阅读——10位名师的秘密书架》，朱煜主编，华东师范大

学出版社

教书的人要多读书，时刻不停地读书，这既是一种本分，也是常识性的真理。可惜的是，有相当一部分教师，除了教材和教辅材料之外，其他的书基本不读，这是反常的现象。作者编写这样一本特别的书，旨在介绍中小学中青年名师的阅读生活、阅读体会，与读者分享读书心得，传递阅读乐趣，并以此引领更多的教师爱上阅读，打开一本又一本好书并从中获益。

9.《教师如何做课题》，李冲锋著，华东师范大学出版社

该书从课题研究的价值、如何选择课题、如何进行课题设计、如何成功申报课题、如何做好开题论证会、如何实施课题研究、如何面对中期检查、如何撰写结题报告、如何推广课题成果等方面入手，条分缕析地做出实战指导与疑难解析，力图帮助因为教学工作繁忙，面对课题不知如何入手的教师理顺思路，从而顺利走上课题研究之路。

10.《读书成就名师——12位杰出教师的故事》，张贵勇著，教育科学出版社

杰出教师成功的秘密在哪里？该书为我们呈现了12位杰出教师的读书经历、读书内容、读书方法以及最难忘的读书瞬间。12位名师就是12种不同的阅读风景，读者可以各取所需，用读书成就自己。

11.《创造一间幸福教室》，李虹霞著，教育科学出版社

美国最佳教师雷夫参观了李虹霞老师的幸福教室，观看了孩子们的表现后，连连称这间教室为“中国的第56号教室”！李虹霞老师的这间普通教室，突破了目前中国传统教室的局限，让一群孩子幸福地生活其中，师生和家长共同演绎了一段充实、浪漫而不乏艰辛的教育生活。

12.《教师最喜欢的教育名言》，朱永新编，福建教育出版社

为了帮助教师更好地从事教育工作，过上幸福的教育生活，编者在众多的教育名言中，挑选出最能打动人心的话，以使教师树立正确的教育观。本书内容大致分为教育、学校、教师、德育、教学、艺体、阅读和家教等，阅读时，读者既可根据工作需要查阅，也可采取“风吹哪页读哪条”的办法，随意阅读。

13.《STEM项目学生研究手册》，［美］达西·哈兰德著，中国科协青少年科技中心译，科学普及出版社

该书是一本针对高中生和教师的全面而翔实的学习资料，它帮助教师

在科学研究过程的不同阶段对学生进行指导，并对相应的教学步骤进行了详尽的描述，即使教师没有科学实验设计经验，也能够在本书的帮助下指导学生进行科学、技术、工程学和数学的实验研究。

14.《如果我当教师》，叶圣陶著，杨斌选编，教育科学出版社

本书是一本通俗而系统的叶圣陶教育思想读本。编选者从叶圣陶的论著中精选出适合中小学、幼儿园教师阅读的60篇文章，这些文章涵盖了叶圣陶教育思想的主要方面，有助于教师系统地了解和学习叶圣陶的教育思想。

15.《超越左与右：课程改革的第三条道路》，郝德永著，教育科学出版社

课程改革是教育改革的重心与主体，是课程发展的动力与源泉。本书以对课程改革方法论的检视与重建为主要内容，立足于“二重性”原理，揭示、批判二元论立场所造成的课程改革理论基础、定位、逻辑、方式的错位现象及课程改革实践的失败境遇，在此基础上为课程改革确定一条超越左右对立的简单化思维的第三条道路。

16.《教师意味着什么?》，［美］唐娜·沃克·泰勒斯通著，郑玉飞译，教育科学出版社

本书集中探讨教师在政策环境中的角色地位。一个国家的教育政策通常反映着整个社会对教育的综合需求。身处一个正在巨变的时代，教师需要比以往任何时候都明白：社会的期待是什么？未来需要我们做些什么？唯有站在更高的层面上理解教育，才能清晰地认识到我们工作的意义与价值。该书能帮助我们更好地实现对这种身份的确认。

17.《写在讲台边》，任德孝著，广西师范大学出版社

本书作者是一位长期从事中学语文教学与教育管理的教育工作者，20多年来，他怀揣教育梦想，依凭职业操守，像家庭妇女围着灶台转，送出一份温馨与芳香一样，经常围着讲台转，送出了一份淡定与雅致。他追求着，也回望着；劳作着，也思考着；收获着，也探索着。他在忙碌的教育教学与教育管理之余，写下了这些感性与理性交织、践履与见识并存的文字。

18.《教师成长的秘密》，管建刚著，福建教育出版社

该书展示了管建刚老师从一名普通农村小学教师成长为全国著名特级教师的心路历程，告诉平凡普通的教师如何提升自己，提升自己需要什

么，是一本切合当下教师成长状态的教育励志书。

19.《中国教学的奇迹——成就奇迹的孙维刚“教学五部曲”》，赵国忠主编，南京大学出版社

在很多人眼里，孙维刚不仅是位撼动中国教育界的名师，更是一个教育神话的创造者：他能将其他学校淘汰的三流、四流学生“点石成金”，将100%的学生送入大学，甚至其中的55%进入北京大学、清华大学。他之所以能够创造教育奇迹，跟他勤于思考、敢于打破常规、敢于突破世俗的智慧和勇气是密不可分的。本书用“五部曲”的方式来解读孙维刚精湛的教学艺术和独特的教学方法。

20.《一个教师到底能走多远》，朱良才著，南京大学出版社

本书以第一人称如实记录了一位教师从民办到特级的成长历程，以及在这一过程中的感悟和思考。作者的成长经历非常丰富，以此经历为基础，作者对教育的观察非常细致，对教育的看法和见解非常独到。作者在诸多问题上，如课堂教学、教师专业发展和教师教育科研等，都有自己深入的思考和看法。

21.《孩子的教育》，[美]本森、加尔布雷斯、埃斯普兰德著，田慧婷译，北京理工大学出版社

美国耶鲁大学心理学硕士加尔布雷斯与教育专家本森、埃斯普兰德在《孩子的教育》中，根据20多年的调查研究和数据，以美国超过25万名青少年的调查数据为基础，立足于家庭教育、学校教育、社区教育和社会教育，提出了孩子成功必不可少的40个因素，并对这些因素进行了可操作性的细化分解，供孩子教育的参与者借鉴学习。

22.《新生来了——一年级新生教师及家长必读》，苏静、孙彩红著，湖北教育出版社

这本书用最直接的方式、方法告诉教师如何轻松应对一年级新生的成长，内容几乎涵盖了所有可能遇到的问题；告诉家长孩子将在学校接受怎样的教育、应该如何配合学校的工作、怎样营造良好的家庭氛围、如何与教师共同促进孩子的成长。该书还可为学前教育师资培训提供幼小衔接适应性等方向的研究课题，理论和案例部分可以作为师资培训的内容。

23.《开始和结束一堂课的50个好创意》，[英]凯特·布朗著，王勃涛译，中国青年出版社

上好一堂课，教师要认真考虑如何开始和结束，因为开始活动和结束

活动是优秀教学设计的重要组成部分。优秀的开始活动能够从教学开始的一刹那就调动学生的积极性、参与性和好奇心，并为整节课奠定积极的基调。优秀的结束活动有利于学生总结本节课的重点内容，反思本节课所学的内容。

（三）教育心理、教育管理类书籍

1.《青春期困惑与团体辅导》，林甲针编著，福建教育出版社

如何进行青春期教育？团体心理辅导是青春期教育的一条重要途径，本书大量的心理辅导课例给我们提供了参考。本书内容涉及生命起源、性别平等、月经初潮、预防性骚扰、男女生交往、体相烦恼等21个方面，以案例的形式呈现，以班级团体辅导课模式进行，具有很强的可读性和可操作性。

2.《新学校十讲》，李希贵著，教育科学出版社

本书对“何为新学校”“如何从优质学校向理想学校迈进”进行了系统阐述，描绘了一幅波澜壮阔的教育改革画卷，充分展示了教育者的情怀、改革者的智慧，不仅是教育管理者的管理工具，也是教师探索课程改革的行动指南。

3.《心智、脑与教育：教育神经科学对课堂教学的启示》，［美］舒飒主编，周加仙等译，华东师范大学出版社

本书论述了教育神经科学这门新兴学科的诞生历史和发展过程，并阐述了它对课堂教学的影响。本书从神经科学的研究进展与课堂教学的关系出发，关注教学的科学基础、脑与语言学习、脑与数学学习、脑与音乐学习等的表现及关系，从不同的侧面阐明脑与课堂教学的关系。

4.《“被”虚拟化的儿童：告诉你一个可怕的真相，技术在对我们的孩子做些什么!》，［加］克里斯·罗文著，李银玲译，华东师范大学出版社

通过使用现代技术，我们已经为孩子创造了一个可以随时与他人取得联系的虚拟现实世界，而这种虚拟联系却让现实世界的交流和沟通变得缺乏。本书讲述了当前社会对于技术的过度使用使儿童过分地“被”技术化，分析了技术的过度使用对儿童造成的伤害，并提出如何恰当地使用技术以避免对儿童造成伤害。

5.《想象力第一：释放可能的力量》，［美］刘、洛帕-布兰顿著，王蕾

译，华东师范大学出版社

想象力是创造的源泉。最好的学校不是知识型的，而是创造性地解决问题的；最好的公司懂得唯一的竞争优势就是创造性思考。本书展示了开发想象力的28种实践策略以及各种策略背后的原理和操作步骤。

6.《高效实用的记忆策略：来自心理学的建议》，刘儒德主编，华东师范大学出版社

为了使记忆达到事半功倍的效果，必须了解记忆规律。本书不但深入浅出地介绍了一些经典的记忆规律，还告诉我们怎样将规律转化为可操作的记忆方法和技术。同时，本书特地从师生的成功经验中选取了大量实例做范例，这些范例原本就是中学生必须记忆的内容。

7.《做一个心理健康的教师——教师心理咨询的48个典型案例》，马志国著，教育科学出版社

教师为何教不好自己的孩子？中年教师为何突然病倒？为何关键时刻把课讲砸了？……48个典型案例，涉及教师自我心理、教师职场心理、教师亲子心理和教师异常心理等多个方面；48剂心理处方，帮你做一个心理健康的教师。

8.《做一个优秀的心理教师——20位心理教师的专业成长案例》，袁章奎主编，教育科学出版社

该书系来自一线的20位中小学优秀心理教师讲述的成长故事。“小档案”概括了他们的教学、科研成绩；“成长故事”讲述了他们的职业之旅。这些故事背后都有不为人知的努力和挣扎，相信读者能够从中找到自己的身影。该书还介绍了实用性、操作性强的心育妙招和咨询技巧。

9.《设计和管理最优班级实用手册》，[美] 史蒂夫·斯普林格、布兰迪·亚历山大、金伯莉·伯斯安尼著，张月佳译，中国青年出版社

加利福尼亚州大学洛杉矶分校博士生导师金伯莉带着两位实习生，去听美国教育界“金苹果”奖得主布兰迪·亚历山大和十项麦格劳－希尔奖得主史蒂夫·斯普林格老师的课。来到两位明星教师的课堂，金伯莉当机立断，把这成百上千有价值又实用的班级管理经验编成一本最实用的教学宝典！于是本书面世了。

10.《习惯决定孩子一生》，孙云晓著，北京师范大学出版社

“习惯决定孩子一生”，这句话怎么强调都不为过。教育的核心是培养健全人格，培养健全人格最有效的途径就是从培养行为习惯做起。抓住行

为习惯培养这个根本，就抓住了家庭教育最有效的一条途径，这就是家庭教育最基本的任务。

韩愈说过："书山有路勤为径，学海无涯苦作舟。"人类数千年的智慧结晶——书，能让我们更顺畅地通向成功。体育教师在守住自己的"三尺讲台"的同时，也要挤出时间去读书，并快乐地阅读，从而成为一名智慧体育教师。

二、体育经典名篇

1917年4月1日，24岁的毛泽东以"二十八画生"的笔名在《新青年》第三卷第二号上发表了《体育之研究》，这是毛泽东发表的第一篇体育论文，也是不可多得的体育文化珍宝。《体育之研究》全文六千余字，分"释体育""体育在吾人之位置""前此体育之弊及吾人自处之道""体育之效""不好运动之原因""运动之方法贵少""运动之注意事项""运动一得之商榷"八个部分。在这篇论文中，毛泽东博采古今中外哲学思想的某些长处，融会贯通，对体育的研究建筑在近代科学基础之上。

原文节选如下：

国力苶弱，武风不振，民族之体质，日趋轻细。此甚可忧之现象也。提倡之者，不得其本，久而无效。长是不改，弱且加甚。夫命中致远，外部之事，结果之事也。体力充实，内部之事，原因之事也。体不坚实，则见兵而畏之，何有于命中，何有于致远？坚实在于锻炼。锻炼在于自觉。今之提倡者，非不设种种之方法，然而无效者，外力不足以动其心，不知何为体育之真义。体育果有如何之价值，效果云何，著手何处，皆茫乎如在雾中。其无效亦宜。欲图体育之效，非动其主观，促其对体育之自觉不可。苟自觉矣，则体育之条目，可不言而自知，命中致远之效，亦当不求而自至矣。不佞深感体育之要，伤提倡者之不得其当，知海内同志，同此病而相怜者必多。不自惭赧，贡其愚见，以资商榷。所言并非皆已实行，尚多空言理想之处，不敢为欺。倘辱不遗，赐之教诲，所虚心百拜者也。

释体育

自有生民以来，……体育者，人类自养其生之道，使身体平均发达，而有规律次序之可言者也。

体育在吾人之位置

体育一道，配德育与智育，而德智皆寄于体。无体是无德智也。……

“学有本末，事有终始，知所先后，则近道矣。”此之谓也。

前此体育之弊及吾人自处之道

三育并重，然昔之为学者，详德智而略于体。……

体育之效

……体育之效，至于强筋骨，因而增知识，因而调感情，因而强意志。筋骨者吾人之身，知识感情意志者吾人之心。身心皆适，是谓俱泰。故夫体育非他，养乎吾生、乐乎吾心而已。

不好运动之原因

……不好运动，其原因盖有四焉：一则无自觉心也。……而运动则无此自觉，此其咎由于自己不能深省者半，而教师不知所以开之亦占其半也。一则积习难返也。我国历来重文，羞齿短后，动有好汉不当兵之语。……一则提倡不力也。……一则学者以运动为可羞也。……四者皆不好运动之原因。第一与第四属于主观，改之在己；第二与第三属于客观，改之在人。君子求己，在人者听之可矣。

运动之方法贵少

愚自伤体弱，因欲研究卫生之术。……一则好运动者，以多为善，几欲一人之身，百般具备，甚至无一益身者；一则不好运动者，见人之技艺多，吾所知者少，则绝弃之而不为。其宜多者不必善，务广而荒，又何贵乎？……

运动之注意事项

凡事皆宜有恒，运动亦然。……有恒矣，而不用心，亦难有效。……运动所宜注意者三：有恒一也，注全力二也，蛮拙三也。他所当注意者尚多。举其要者如此。

运动一得之商榷

愚既粗涉各种运动，以其皆系外铄而无当于一己之心得。乃提挈各种运动之长，自成一种运动，得此运动之益，颇为不少。凡分六段：手部也，足部也，躯干部也，头部也，打击运动也，调和运动也。段之中有节，凡二十有七节。以其为六段，因名之曰六段运动。兹述于后，世之君子，幸教正焉。……

青年毛泽东对“国力苶弱，武风不振，民族之体质，日趋轻细”的状况深感忧虑。在探索救国救民方略的道路中，毛泽东看到了体育对增强民族体质、挽救民族危亡的重要作用。在这篇文章中，毛泽东阐述了体育强筋骨、增知识、调感情、强意志的四大作用，同时提出了学校教育要“三育并重”，以及“体育占第一位置”的思想，奠定了毛泽东体育思想、教育思想的基础，对于他后来提出“发展体育运动，增强人民体质”为主的“新体育”精神，具有重要的先导作用。

他清楚地发出了“欲文明其精神，先自野蛮其体魄，苟野蛮其体魄矣，则文明其精神随之”的豪言壮语，并阐述了体育强筋骨、增知识、调感情、强意志的四大作用和“盖此事不重言谈，重在实行”“凡事皆宜有恒，运动亦然”的唯物辩证法观点。《体育之研究》虽诞生于一百年前，今天仍具有深刻的现实意义。《体育之研究》所倡导的是一种历史的清醒，青年毛泽东写此文是要用体育来救国救民。其中对体育的透彻阐释，恰似一股清泉，呼唤我们对体育的重新解读：体育要回归生活，回归现实，回归全民，回归兽性和人性的有机结合。

三、名篇读后感悟

（一）孔子经典语录解读

提起孔子，想必大家都不陌生，很多人可以说是读着《论语》长大的。从孔子的经典名言中，可以学到很多东西，使人受益匪浅。

1. 立志篇

（1）三军可夺帅也，匹夫不可夺志也。（选自《论语·子罕》）

【解读】数百万军队的主帅可以被俘获，一个普通人的坚强意志却是任何力量都不能改变的。引申为大丈夫无论何时何地豪情壮志不可夺。

（2）士不可以不弘毅，任重而道远。（选自《论语·泰伯》）

【解读】一个读书人不可以不志向高、意志坚，因为责任很重，而奋斗的路很长。引申为一个人的目标越远大，前进路上就会越努力。

2. 修养篇

（1）吾日三省吾身：为人谋而不忠乎？与朋友交而不信乎？传不习乎？（选自《论语·学而》）

【解读】我每天多次检查自己：替人谋划事情有不尽心尽力的地方吗？同朋友交往有不诚实的地方吗？教师传授给我的学业有没温习的吗？引申为一个人上进与否在于他会不会自我反省。

（2）择其善者而从之，其不善者而改之。（选自《论语·述而》）

【解读】要选择好的并向其学习，是不好的就要对照，反省并改掉它。引申为生活中人要学会知错改错，以后不要再犯同样的错误。

3. 品德篇

（1）温、良、恭、俭、让。（选自《论语·学而》）

【解读】人要学会温和、善良、恭谨、简朴、谦让。引申为做人一定要有美好的德行，其实这正是自古以来的做人之本。

（2）君子喻于义，小人喻于利。（选自《论语·里仁》）

【解读】有道德的人，他的心里只知道事事有仁义；而没道德的人，他的心里只知道事事有财利。引申为做人要学会先义而后利。

（3）君子坦荡荡，小人长戚戚。（选自《论语·述而》）

【解读】品行端正的人，心胸守着正理，坦荡宽舒；品行不端的人，心怀鬼胎，一天到晚感到不安。引申为做人一定要光明磊落。

4. 谦虚篇

（1）知之为知之，不知为不知，是知也。（选自《论语·为政》）

【解读】对一件事确实是知道的，就说知道；确实不知道，就说不知道，这才是真正知道。引申为虚心是知识的向导。

（2）三人行，必有我师焉。（选自《论语·述而》）

【解读】几个人同行，其中必定有人可以做我的老师。引申为要向所有的人学习，因为人都有可取之处。

（3）见贤思齐焉，见不贤而内自省也。（选自《论语·里仁》）

【解读】看到那些品德高尚的人，就要向他们看齐，努力做到和他们一样好；看到品德不好的人，应当检查自己的言行有没有和他相同的地方，警惕自己不要犯同样的错误。引申为人一定要懂得取长补短。

5. 礼貌篇

不学礼，无以立。（选自《论语·季氏》）

【解读】不学会礼仪礼貌，就难以有立身之处。引申为人们行动要以礼为标准。

6. 真理篇

朝闻道，夕死可矣。（选自《论语·里仁》）

【解读】一个人早晨明白了真理，即使当晚就死，那也可以说是没有虚度一生。引申为教导人们要勇敢地探索真理。

7. 求知篇

（1）学而时习之，不亦说乎？（选自《论语·学而》）

【解读】学到的知识能时常加以温习，不断有所收获，不也是一件很值得高兴的事吗？引申为学习并温习能使人感到快乐。

（2）学而不思则罔，思而不学则殆。（选自《论语·为政》）

【解读】只学习而不用心思考，就会茫然没有收获；只是苦想，而不用功学习，就会无根据地乱想而使精神不安。引申为学习和思考一定要结合起来，不可偏废。

8. 言语篇

（1）君子耻其言而过其行。（选自《论语·宪问》）

【解读】真正品德高尚的人，感到可耻的是自己所说的超过自己实际做到的。引申为要做实事，不要说大话。

（2）言必信，行必果。（选自《论语·子路》）

【解读】说话必定要讲信用；做事必须要踏实、果断。引申为做人一定要说到做到，言行一致。

9. 人际篇

四海之内皆兄弟也。（选自《论语·颜渊》）

【解读】普天下的人都亲如一家兄弟。引申为人与人之间要讲究平等，没有富贵贫贱之分。

（二）读《师说》有感

《师说》是唐代著名文学家韩愈所写的一篇论说从师道理的文章，文章包含着作者民主教育思想的精华。他主张从师学习“无贵无贱，无长无少，道之所存，师之所存也”。

原文节选如下：

古之学者必有师。师者，所以传道受业解惑也。人非生而知之者，孰能无惑？惑而不从师，其为惑也，终不解矣。……吾师道也，夫庸知其年之先后生于吾乎？是故无贵无贱，无长无少，道之所存，师之所存也。

嗟乎！师道之不传也久矣！……圣人之所以为圣，……爱其子，择师而教之；……授之书而习其句读者，非吾所谓传其道解其惑者也。……呜呼！师道之不复，可知矣。巫医乐师百工之人，君子不齿，今其智乃反不能及，其可怪也欤！

圣人无常师。……孔子曰：三人行，则必有我师。是故弟子不必不如师，师不必贤于弟子，闻道有先后，术业有专攻，如是而已。

李氏子蟠，年十七，好古文，六艺经传皆通习之，不拘于时，学于余。余嘉其能行古道，作《师说》以贻之。

生活中没有绝对的愚者和圣人，一个人总是存在着好的方面和不够完美的方面，只是这两个方面所占的比例在每个人的身上有所不同而已。孔子被后人尊为“圣人”，他的思想观点是否就十全十美、白璧无瑕呢？我们是否就该对他的思想观点照搬不误呢？如果真是如此的话，那我们就成了韩愈在文章中所反对的“官盛则近谀”了。我们对于圣人的思想和观点也要客观地加以思索，不能盲从。例如，孔子对从事耕作的劳动人民是很看不起的，我们就不该支持他的这种观点。从事耕作的劳动人民的淳朴、宽厚和善良，值得我们好好学习。

《师说》中阐述了这样的道理：在生活中，只要是“道”，我们就应当学习，不管它来自什么人。不管是什么样的人，总会有值得我们学习的地方，我们既不能因为某个人好的方面很少而放弃向他学习，也不能因为某个人好的方面很多而对他不完美的一面毫无批判地奉迎接受。

第二节　感悟教育名家思想

何为教育？教育中最重要的原则是什么？古今中外的优秀人物对此进行了许多思考，发表了许多言论。穿越千年时空，让我们感受那些贤哲的至理名言，以在教育之路上轻松前进。因为我们是体育教师，所以更应该感悟各家教育思想，以提升自己。

一、走近中国教育

（一）国内古代教育家

1. 孔子

孔子，春秋末期的大思想家、大教育家，名丘，字仲尼，鲁国人。他创立了儒家学派。他的学说后来成为我国两千多年封建文化的正统思想，对后世影响极大。他的教育思想主要有以下几点。

（1）学而知之。“学而知之”是孔子教育思想的主导。在主张不耻下问、虚心好学的同时，他强调学习要与思考相结合（“学而不思则罔，思而不学则殆”），同时还必须“学以致用”，即将学到的知识运用于社会实践中去。

（2）有教无类。在中国历史上，孔子最早提出人的天赋素质相近，个性差异主要是受后天教育与社会环境影响（“性相近也，习相远也”）的观点。因而，人人都可以受教育，人人都应该受教育。他创办私学，广收学生，打破了奴隶主贵族对学校教育的垄断，把受教育的范围扩大到平民，顺应了当时社会发展的趋势。

（3）启发式教学。孔子说：“不愤不启，不悱不发。”意谓教师应该在学生认真思考并已达到一定程度时恰到好处地进行启发和开导。

（4）因材施教。孔子在教育工作中特别注意研究学生，他对学生的个性特征有深刻的观察和分析，并在此基础上对不同的学生采取不同的教育方法。由于他因人而异进行教育，宋代朱熹把这种教育原则概括为“孔子教人，各因其材”，后人将其简称为“因材施教”。

2. 孟子

孟子，战国中期的思想家，他的教育思想在中国古代教育史上占有重要地位。后世把他和孔子的思想并称为“孔孟之道”。他的教育思想主要有以下几点。

（1）智力平等。孟子认为同物则同类，同类则同性，提出了“圣人与我同类者”“人皆可以为尧舜”的智力平等思想。

（2）教亦多术。孟子发展了孔子因材施教的教育思想，根据学生的特点，提出“教亦多术”的原则，实行五种教育方式：①对学习好的，“如时雨而化之”（即如雨露润泽草木一般）；②对德行好的，就注意他的德行培养；③对天资较高的，使之成为通达之才；④对一般的，采取“答问”法，以释疑解惑；⑤对不能登门受业的，使他自学成材。

（3）意志力培养。孟子特别强调意志性格的锻炼，认为一个人要成就一番事业，必须通过锻炼以培养自己的坚强意志。他说：“天将降大任于斯人也，必先苦其心志，劳其筋骨，饿其体肤，空乏其身，行拂乱其所为，所以动心忍性，增益其所不能。”他认为人应有百折不挠的坚强意志，要“富贵不能淫，贫贱不能移，威武不能屈”。

3. 墨子

墨子，墨家学派创始人，思想家、教育家。墨子是躬行实践的教育家，在教育方法上有重大贡献。

（1）他指出教与学是不可分的统一体。他把教与学比作和与唱，“唱而不和，是不教也，智多而不教，功适息”。

（2）他提出教师要发挥主导作用。他以撞钟为例，说：“扣则鸣，不扣亦鸣。”要求教师应主动向学生提出问题，做到“不扣亦鸣”。

（3）他提出“量其力所能至”的原则。他要求教师根据学生的自然发展安排教学，做到“深其深，浅其浅”，使学生能“浅者求浅”“深者求深”，这说明他已经看到教学是一个由浅入深的认识过程。

（4）他强调学以致用。他说：“士虽有学，而行为本焉。”意思是学习的目的在于行。

4. 荀子

荀子，战国末期的思想家、教育家。他的教育思想有以下几点。

（1）“积”与“渐”。荀子认为，要学有所成，必须坚持不懈地进行积累，谓之“积”，圣人就是“人之所积”。他还很重视“渐”，即环境的影响。经过长期的“积”和“渐”，就能达到“君子学问，不时变化，如蝉蜕壳”的境界，就是说教育可以使人发生质变。

（2）笃志内省。在德育原则和德育方法上，荀子和孔孟相同之处甚多，如都重视“笃志”“内省”，但他也有自己的特点：其一，长虑顾远。他认为人都“好荣恶辱，好利恶害”，可是有些人偏偏去做坏事，招来“危辱”，这是因为他们没有受教育，只顾眼前利益，不能“长虑顾后”，不知为长远利益打算的结果。其二，积善成德。他主张人要终生积善，只有这样才有“终乎为圣人”的希望。其三，培养德操。他认为德育的最终目标在于培养德操。他要求一个人要养成不可动摇的意志和德操。他说：“权利不能倾也，群众不能移也，天下不能荡也。生乎由是，死乎由是，夫是之谓德操。”

（3）尊师重教。荀子一方面看重教师，另一方面对教师提出了严格的要求。他认为做教师要具备四个条件：有尊严和威信；有丰富的经验和高尚的信仰；能循序渐进地进行教学；能了解精细的道理并加以运用。

5. 韩愈

韩愈是唐代杰出的文学家、哲学家和教育家。韩愈认为教育的目的就是“学所以为道”，“道”即“先王之教”，主要是儒家的仁义道德。他认为教育的任务和内容大体包括三个方面：一是德育，包括仁义道德等整套儒家伦理；二是智育，有诗、书、易、春秋；三是政治教育，包含礼、乐、刑、政等。韩愈在教育方面还总结出许多带有规律性的东西，提出不少精辟而独到的见解，丰富了我国古代的教育学理论。

（1）要善于识别人才、培养人才。他认为人才总是有的，关键在于能否识别和扶持，“世有伯乐，然后有千里马；千里马常有，而伯乐不常有”。

（2）提倡勤奋刻苦、独立思考。韩愈有一句名言：“业精于勤，荒于嬉；行成于思，毁于随。”这是他治学多年的宝贵经验，也是他对前人治学经验教训的总结。

（3）在教学方法上生动活泼。他主张“讲评孜孜，以磨诸生，恐不完美，游以恢笑啸歌，使皆醉义忘归”。

（4）重视师道和学无常师。他的《师说》是中国教育史上的宝贵遗产。它阐述了“师道”的重要性：“古之学者必有师。师者，所以传道受业解惑也。人非生而知之者，孰能无惑？惑而不从师，其为惑也，终不解矣。”

6. 朱熹

朱熹是南宋著名的哲学家、教育家。重视家庭教育与“小学”教育是其教育主张的一大特点。

（1）注重家庭教育和“小学”教育。他认为只有通过严格的家庭教育，才能使学子“变化气质”，他编撰了《童蒙须知》《程蒙学则》《训蒙诗》等，作为父兄在家教育子弟的守则。他认为只有从小打下基础，学成技能，长大以后才能达到修身、齐家、治国、平天下的目的。在“小学”的基础上，他主张对学子进行高深的教育，即“大学”。朱熹认为“小学”的特点是以事教，即“学其事”，“大学”的特点是以理教，即“穷其理”。

（2）明确学习目的。他认为一个人要求学，必须先“立志”，“立志不定，如何读书？”

（3）循序渐进。他首倡循序渐进与熟读精思，主张教人有序，不可躐等，要将反复学习和学思相结合。他认为读书“先须熟读，使其言皆若出于吾口；继以精思，使其意若出于吾之心。然后可以有得耳”。

7. 王阳明

王阳明是我国宋明时期主观唯心主义的集大成者。他认为学以至圣的关键在于“致良知”，通此理，“满街都是圣人”。他论儿童教育，反对“鞭挞绳缚，若待拘囚”，主张“必使其趋向鼓舞，中心喜悦”以达到“自然日长日化”。他的学说以反传统的姿态出现，在明代中期以后，形成了阳明学派，影响很大。

对于朱熹的“先知后行”等分裂知与行的理论，王阳明是这样理解的：古代的圣贤看到很多人把大量的时间和精力花在“知”上，而忽略了“行”，认为这样下去会造成浮夸的风气，于是开始强调要“知”，更要“行”，而后世的人就理解为要先“知”而后“行”，这就错误地理解了圣贤的意思。其实，他强调的是“知行合一。”

(二) 国内近现代教育家

1. 王国维

王国维，中国近代学者、教育家。他是中国教育史上第一个明确提出教育的目的是培养德育、智育、美育和体育多方面发展的“完全之人物”的人。他力主理论知识与实际知识并重，认为教育应以道德为中心，提出了美育应列为学校的正式科目的见解。其教育主张主要有以下三点：(1) 大学要办成研究学术的场所。(2) 大学应承担培养年轻一代理论学术人才的责任；学术应自由和独立。(3) 重视师资的培养，强调必须办好高等教育，以充实中学的师资；办好中学及师范教育，以充实小学的师资。其著述甚丰，涉猎教育、哲学、文学、史学、古文字学、考古学诸方面，主要收入《海宁王静安先生遗书》中。

2. 蔡元培

蔡元培，中国近代民主革命家、教育家。其主要教育思想有以下几点。

(1) 提出了著名的自由主义和谐发展的教育方针，认为要培养“健全的人格”，必须在“共和精神”的指导下，接受五个方面的教育，即军国民教育、实利主义教育、公民道德教育、世界观教育和美感教育才能完成。

(2) 主张“思想自由、学术自由、兼容并包”的办学思想。

(3) 为使学生的个性和才能得到充分发展，强调要有“自动”“自学”“自助”的精神，防止“注入式”的教学方法。

(4) 重视劳动教育、平民教育和女子教育，还支持“勤工俭学”和“工学互助”活动。

3. 徐特立

徐特立，中国革命家、教育家，著作大都收录在《徐特立教育文集》和《徐特立文集》中。

他的核心教育理念就是大爱育人。正是由于他有大爱，才创立了独具中国特色的“群众本位”教育思想体系和教育、科研、经济“三位一体”的教育科学发展观。

徐特立一生的大部分时间都在从事教育活动，是一位德高望重的教育实践家，其教育思想是很丰富的。他注重自然科学的教育和自然科学人才的培养。他重视教学方法，主张要给大众科学的方法，而不是单纯地给已有的知识。他还指出：“我们要培养具有创造性的劳动者，只会接受书本上的现成知识还不够，还需要能够发现新知识。那就更需要从手脑并用的劳动中，改造事物，分析事物，综合事物，才能得出关于事物的一些新知识。”他主张“灵活使用课本”，反对把“课本神圣化，使学生都不用脑”。

4. 张伯苓

张伯苓是我国近代著名的爱国教育家。他一生致力于教育救国，为中华民族的振兴做出了巨大贡献。

在德育方面，他既注意“大德”，又注意“小德”，特别重视爱国教育。他主张寓教育于生活及课外活动之中。他说，学生“不单是要从书本上得学问，并且还要有课外活动，从这里得来的知识学问，比书本上好得多”。

张伯苓教育思想的核心理念可以用八个字概括，即“允公允能，日新月异”，强调培养学生“爱国爱群之公德，与夫服务社会之能力”。他认为，中国近代存在“愚、弱、贫、散、私”五种社会病态，影响国家兴衰、国民精神、国民人格和社会风俗。他说，唯“公”可以化私，化散；唯“能”可以去愚，去弱。只有培育既有高尚道德又有为社会服务能力的人才，才能复兴中华。这就从正面回答了“培养什么人，怎样培养人”这一根本问题。这是张伯苓最宝贵的思想遗产和价值观念。

5. 陶行知

陶行知，中国近代教育家。生活教育是其教育思路的主线和重要基石。

(1)“生活即教育”是生活教育的核心，其内涵甚广。他认为自有人类以来，生活就是教育，哪里有生活，哪里就有教育，教育没有时间和空间的限制。

(2)“社会即学校”是实行“生活即教育”的形式，“教学做合一”是实行“生活即教育”的手段。“生活即教育”“社会即学校”的基本思想就是教育要同实际相联系，倡导需要什么就教什么。他认为，教、学、做是一件事，做是中心，主张“在做上教，在做上学”“教的法子要根据学的法子，学的法子要根据做的法子”。

(3)“人民教育”是陶行知的生活教育的总基础。他毕生致力于普及教育事业，认为普及教育运动之最大使命是把现代文明的钥匙从少数人的手里拿出来交给大众。为了普及大众教育，他提出了“小先生”制，号召全国的小学生做“小先生”，提出“知识公有”“即知即传人”。他还主张教育的“六大解放”，即解放眼睛、双手、头脑、嘴、空间、时间。他热爱儿童，强调儿童的个性发展，注重解放儿童及大多数人的创造力，主张“在立脚点谋平等，于出头处求自由”。

6. 黄炎培

黄炎培，中国近现代著名的学者、教育家、政治家和社会活动家，是现代意义上的中国职业教育的奠基人，也是根据中国国情推进职业教育发展的杰出典范。他倡导的职业教育是面向大众的生存教育，是在社会大教育视野中的大职业教育。着眼点是民众能够安居乐业和国家能够富强，并通过发展职业教育实现这一理想。

他指出职业教育是生活准备教育，目的是使“无业者有业”“有业者乐业”。“社会化”“科学化”和“平民化”是原则、指标和参照系；“手脑并用”“做学合一”“理论与实际并行”“知识与技能并重”是途径和方法；进行“敬业乐群”教育和职业道德训练是国民基本素质教育中道德和社会规范培养的重要组成部分。

二、聆听外界声音

(一) 国外教育家

1. 苏霍姆林斯基

苏霍姆林斯基是苏联著名的教育家。他在从事学校实际工作的同时，进行了一系列教育理论研究，写有《给教师的一百条建议》《把整个心灵献给孩子》《帕夫雷什中学》《公民的诞生》等教育专著。他提出要把全体学生培养成个性全面和谐发展的人，这既是个性全面和谐发展教育理论的出发点，又是它的归宿。这一培养目标以“全面发展”为主体，把“个性发展”“和谐发展”与“全面发展”三者融合在一起，成为互相联系、互相渗透、互相促进的统一整体。

2. 赞科夫

赞科夫是苏联著名的教育学家、心理学家。他认为苏联传统的凯洛夫教学理论只是放在如何使儿童掌握现成的知识及概念上，主要特点是学校至上、课堂教学至上、传授知识至上，忽视了学生智力的发展，即忽视了学生的思维、想象、逻辑、记忆等能力的发展。因此，他认为要对传统的教学理论进行彻底改革，建立新的教学理论体系。赞科夫通过实验证明，教学改革的主要方向是促进学生的一般发展。赞科夫的教学理论对苏联教育有过深远的影响，他的《教学论与生活》《和教师的谈话》等书，被誉为“广大苏联教师的必读书”。

3. 巴班斯基

巴班斯基是苏联很有影响力的教育家、教学论专家，毕生致力于教育科学研究。20 世纪 60 年代初期至 80 年代中期，他以罗斯托夫地区的普通学校为基地，潜心进行教学教育过程最优化理论的研究，形成了具有丰富内容和积极现实意义的、颇有新意的完整的教学理论。他一生发表的著作有三百多部（篇），代表作是《教学过程最优化——一般教学论方面》《教学教育过程最优化——方法论原理》等。

4. 夸美纽斯

夸美纽斯是捷克伟大的资产阶级民主主义教育家、西方近代教育理论的奠基者。他尖锐地抨击中世纪的学校教育，号召“把一切知识教给一切人”，提出统一学校制度，主张普及初等教育、采用班级授课制度、扩大学科的门类和内容，强调从事物本身获得知识。他从适应自然秩序的原理和感觉论出发，提出了直观性、彻底性、自觉积极性、系统性、循序渐进和量力性等一系列教学原则，主要著作有《母育学校——论幼儿最初六年的教育》《大教学论》等。

5. 布卢姆

布卢姆是美国著名的心理学家和教育学家。布卢姆整个教学理论的核心内容是掌握学习理论。20 世纪 70 年代初，针对美国现行教育制度只注意培养少数学优生而牺牲大多数学生的弊端，他指出当今教育不能再满足于只有一小部分学生充分学会学校所教的东西；也不应有这样的心理定式：三分之一的学生能完全掌握教师所教的知识，三分之一的学生成绩一般，再三分之一的学生可以不及格。布卢姆认为，解决上述问题的最好办法在于改变对学习者及其学习的看法，实施掌握学习教学。所谓掌握学习，就是在“所有学生都能学好”的思想指导下，以集体教学（班级授课制）为基础，辅之以经常、及时的反馈，为学生提供其所需的个别化帮助及额外学习时间，从而使大多数学生达到课程目标所规定的掌握标准。

6. 布鲁纳

布鲁纳是美国心理学家和教育家，是结构主义教育流派的代表人物之一。他的主要教育著作有《教育过程》《论认知——关于左手性思维的论说》等。在教学方法上，他提倡发现学习。他认为，儿童应该在教师的启发、引导下按自己观察事物的特殊方式去表现学科知识的结构，借助教师或教师提供的其他材料去发现事物。他强调，发现是教育儿童的主要手段。“人类学习中似乎有个必不可少的成分，它像发现一样，是尽力探索情境的机会。”

7. 杜威

杜威是美国实用主义教育思想的代表人物。从实用主义经验论和机能心理学出发，他批判了传统的学校教育，并就教育本质提出了他的基本观点：“教育即生活”“学校即社会”。他认为，教育就是儿童现在生活的过程，而不是将来生活的预备。他说：“生活就是发展，而不断发展，不断生长，就是生活。”他认为最好的教育就是“从生活中学习”“从经验中学习”。在他看来，教育不是强迫儿童去吸收外面的东西，而是要使人类与生俱来的能力得以生长。由此，他认为，教育过程在它的自身以外无目的，教育的目的就在教育的过程之中。

（二）国外教育观点

1. 教育即生长，生长就是目的，在生长之外别无目的

这个观点由卢梭提出，而后杜威做了进一步阐发。“教育即生长”，言简意赅地道出了教育的本义，就是要使每个人的天性和与生俱来的能力得到健康生长，而不是把外面的东西如知识灌输进一个容器中。懂得了“教育即生长”的道理，我们也就清楚了教育应该做什么事。比如，智育是要发展好奇心和理性思考的能力，而不是灌输知识；德育是要鼓励崇高的精神追求，而不是灌输规范；美育是要培育丰富的灵魂，而不是灌输技艺。

“生长就是目的，在生长之外别无目的”，这里特别反对用狭隘的功利尺度衡量教育。人们即使承认了“教育即生长”，往往也要给生长设定一

个外部的目的，如将来适应社会、谋求职业、做出成就等，仿佛不朝着这类目的努力，生长就没有任何价值。用功利目标规范生长，结果必然是压制生长，实际上仍是否定了“教育即生长”。

2. 儿童不是尚未长成的大人，儿童期有其自身的内在价值

带着外部功利目的规范教育，无视生长本身的价值，一个最直接、最有害的结果就是否定儿童期的内在价值。把儿童看作“一个未来的存在”，一个尚未长成的大人，在“长大成人”之前似乎无甚价值，而教育的唯一目标是为儿童未来的成人生活做好准备，这种错误观念由来已久，流传极广。蒙台梭利明确地批判了这种观念，在确定儿童的人格价值的基础上建立了她的儿童教育理论。杜威也指出，儿童期生活有其内在的品质和意义，不可把它当作人生中一个未成熟阶段，只想让它快快地过去。

人生的各个阶段皆有其不可取代的价值，没有一个阶段仅仅是另一个阶段的准备。尤其是儿童期，是身心生长最重要的阶段，也应是人生中最幸福的时光，教育所能成就的最大功德是给孩子一个幸福而有意义的童年，以此为他们幸福而有意义的一生打下良好的基础。然而，今天的普遍情形是，整个成人世界纷纷把自己渺小的功利目标强加给孩子，驱赶他们到功利战场上拼搏。令人担心的是，在他们未来的人生中，在若干年后的社会上，童年价值被野蛮剥夺的恶果不知会以怎样可怕的方式显现出来。

3. 教育的目的是让学生摆脱现实的奴役，而非适应现实

这是西塞罗的名言。今天的情形恰好相反，教育正在全力做一件事，那就是以适应现实为目标塑造学生。人在社会上生活，当然有适应现实的必要，但这不该是教育的主要目的。古往今来的哲人都强调，学习是为了发展个人内在的精神力，从而在外部现实面前获得自由。当然，这只是一种内在自由，但是，正是凭借这种内在自由，凭借这种独立人格和独立思考能力，那些优秀的灵魂和头脑才对改变人类社会的现实产生了巨大的作用。教育就应该为促进内在自由、产生优秀的灵魂和头脑创造条件。如果只是为了适应现实，要教育做什么？

4. 最重要的教育原则是不要爱惜时间，要浪费时间

这句话出自卢梭之口，在今天的许多人听来，这简直是谬论。然而，卢梭自有他的道理。如果说“教育即生长”，那么，教育的使命就应该是为生长提供最好的环境。什么是最好的环境？一是有自由时间，二是有好的教师。卢梭为其惊世骇俗之论辩护说：“误用光阴比虚掷光阴损失更大，

教育错了的儿童比未受教育的儿童离智慧更远。”今天的许多家长和教师唯恐孩子虚度光阴，逼迫着他们做无穷无尽的功课，不给他们留出一点玩耍的时间，自以为这就是尽了做家长和教师的责任。卢梭却问你：什么叫虚度？快乐不算什么吗？整日跳跑不算什么吗？如果满足天性的要求就算虚度，那就让他们虚度好了。

5. 忘记了课堂上所学的一切，剩下的才是教育

这是在爱因斯坦的文章中，他未指名引用的一句俏皮话。它很可能脱胎于怀特海的一段论述，大意是抛开了教科书和听课笔记，忘记了为考试背的细节，剩下的东西才有价值。知识的细节是很容易被忘记的，一旦需要它们，又是很容易在书中找到的。因此，把精力放在记住知识的细节上，既吃力又无价值。那些应该剩下的配称为教育的东西，用怀特海的话说就是，完全渗入你的身心的原理、一种智力活动的习惯、一种充满学问和想象力的生活方式；用爱因斯坦的话说就是，独立思考和判断的总体能力。通俗地说，一个人从此成了不可救药的思想者、学者，不管今后从事什么职业再也改不掉学习、思考、研究的习惯和爱好，方可承认他受过了教育。

6. 教师应该把学生看作目的而不是手段

这是罗素为正确的师生关系所提出的原则。他指出，一位理想教师的必备品质是爱他的学生，而爱的可靠征兆就是具有博大的父母本能，如同父母感觉到自己孩子的目的一样，感觉到学生是目的。他强调，教师爱学生应该甚于爱国家和教会。针对今日的情况，还要补充一句：更应该甚于爱金钱和名利。因为今日一些教师以金钱、名利为唯一目的，明目张胆地把学生当作获取金钱、名利的手段。

三、体育名人名言

（一）国内体育名言

1. 安燕而血气不惰，劳倦而容貌不枯。——荀子

2. 活动有方，五脏自和。——范仲淹

3. 磨练肌络，防病御症。——姜子牙

4. 努力发展体育事业，把我们的国民锻炼成为身体健康、精神愉快的人。——朱德

5. 人的健全，不但靠饮食，尤靠运动。——蔡元培

6. 殊不知有健全之身体，始有健全之精神；若身体柔弱，则思想精神何由发达？或曰，非困苦其身体，则精神不能自由。然所谓困苦者，乃锻炼之谓，非使之柔弱以自苦也。——蔡元培

7. 不言体育而空言道德，空言智识，言者暗矣，听者心厌矣，究于事实何裨之有。——恽代英

8. 足球要从娃娃抓起。——邓小平

9. 凡是有志为社会出力，为国家成大事的青年，一定要十分珍视自己的身体健康。——徐特立

10. 健全自己的身体，保持合理的规律生活，这是自我修养的物质基础。——周恩来

11. 友谊第一，比赛第二。——周恩来

(二) 国外体育名言

1. 运动是一切生命的源泉。——达·芬奇

2. 生命在于运动。——伏尔泰

3. 活动是生活的基础。——歌德

4. 一个埋头脑力劳动的人，如果不经常活动四肢，那是一件极其痛苦的事情。——列夫·托尔斯泰

5. 我生平喜欢步行，运动给我带来了无穷的乐趣。——爱因斯坦

6. 静止便是死亡，只有运动才能敲开永生的大门。——泰戈尔

7. 生活多美好啊，体育锻炼乐趣无穷。——普希金

8. 一个民族，老当益壮的人多，那个民族一定强；一个民族，未老先衰的人多，那个民族一定弱。——顾拜旦

9. 运动的作用可以代替药物，但所有的药物都不能替代运动。——蒂素

10. 身体教育和知识教育之间必须保持平衡。体育应造就体格健壮的勇士并且使健全的精神寓于健全的体格。——柏拉图

11. 体操和音乐两个方面并重，才能够成为完全的人格。因为体操能锻炼身体，音乐可以陶冶精神。——柏拉图

12. 运动太多和太少，同样损伤体力；饮食过多与过少，同样损伤健康；唯有适度可以产生、增进、保持体力和健康。——亚里士多德

13. 身体的健康因静止不动而破坏，因运动练习而长期保持。

——苏格拉底

14. 为了使他有坚强的心，就需要使他有结实的肌肉；使他养成劳动的习惯，才能使他养成忍受痛苦的习惯；为了使他将来受得住关节脱落、腹痛和疾病的折磨，就必须使他历尽体育锻炼的种种艰苦。——卢梭

15. 教育上的秘诀，便是使身心两种锻炼可以互相调剂。——卢梭

16. 长期的身体毛病使最光明的前途蒙上阴暗，而强健的活力就使不幸的境遇也能放金光。——斯宾塞

17. 日复一日地坚持练下去吧，只有活动适量才能保持训练的热情和提高运动的技能。——塞涅卡

18. 我们力求使学生深信，经常的体育锻炼，不仅能发展身体的美和动作的和谐，而且能形成人的性格，锻炼意志力。——苏霍姆林斯基

19. 在我们劳动人民的国家内，需要千百万身体健壮、意志坚强、勇敢无畏、朝气蓬勃、坚忍不拔的人。——列宁

20. 世上没有比结实的肌肉和新鲜的皮肤更美丽的衣裳。

——马雅可夫斯基

教育经典名著、教育名家思想，已经帮我们打造了开启学校体育之门的密钥。中华民族复兴，靠一代又一代人的共同努力。“少年强，则国强”“体育强大，则国家强大”，体育教师们，让我们共担历史使命，砥砺前行！

第三节　倾听专家畅谈体育

一、专家畅谈体育

运动是培养健康人格的最佳途径

孙云晓①

中国改革开放几十年，经济总量已经达到世界第二的水平，人民生活

① 孙云晓，中国青少年研究中心家庭教育首席专家、研究员，中国教育学会家庭教育专业委员会常务副理事长。1999 年被国务院表彰为有突出贡献的教育科学研究专家。1993 年发表的报告文学《夏令营中的较量》震撼全国，引发了热烈、持久的教育大讨论，推动了教育改革。他的一系列教育观点影响重大，如“教育的秘诀是真爱”“没有惩罚的教育是不完整的教育”“良好习惯是健康人生之基”“德育为何成了一壶烧不开的水”等。

也有了极为显著的改善，青少年体质健康的许多指标却持续下降。怎么会出现如此强烈的反差呢？这个巨大的疑问让所有关心下一代的人心里沉甸甸的。原因自然很多，而一个根本的问题在于，我们对体育的认识是极其落后的，严重误解了人与体育的本质关系，以为体育强就是得到的金牌多，体育的结果就是四肢发达头脑简单。

为什么许多发达国家奉行“运动第一，学习第二”的教育宗旨？显然，运动第一就是健全人格第一，就是做人第一。我与北京师范大学体育与运动学院的院长毛振明教授交流时，他说，运动是儿童社会化最有效的途径。我完全相信这一点，并认为运动也是青少年健全人格最有效的培养途径。请大家想想什么是运动？运动一定是讲团队合作，一定是讲遵守规则，一定是讲顽强的意志，一定是讲崇尚荣誉，这些都是健全人格的要素。所以，对体育要高度重视。

1993 年，我写了《夏令营中的较量》一文，引发了全国性的教育大讨论。从那以后，我做了很多相关的研究。我发现，决定一个人的健康与否有三要素，第一是睡眠，第二是营养，第三是运动。在这些方面我们有一系列的问题，如睡眠不足、营养不均衡、运动缺乏等。我们中国青少年研究中心通过十年的中小学生发展跟踪调查发现，1999 年的时候近半数的中小学生睡眠不足、学习超时，到了 2010 年近八成的学生睡眠不足、学习超时，占用双休日学习的也达到七成。为什么会这样？因为人们普遍认为，学习时间越多成绩越好，体育无关紧要。

实际上在提倡运动的学校中，学生的学习成绩会更好。运动会对大脑功能产生激活力量，人在 80 岁的时候，如果坚持运动，大脑还会有很好的发展。这是美国心理学和脑科学的发现。因此，美国某地区学生的运动量非常大，学生的成绩非常好，并且在国际科技活动中屡屡获奖。如今，这里的学生每天的第一节课就是体育，体育能让人快乐、振奋，进入良好的状态中。

毫无疑问，男女学生都需要运动。中国青少年研究中心与北京师范大学合作研究发现，中小学男生最主要的四个学习的优势中，第一个就是运动，第二个是动手操作，第三个是应用计算机，第四个是体验。可是有多少中小学能够满足男生的这些需要呢？现在许多学校与家庭的趋势是排斥运动、排斥动手操作、排斥各种体验，男孩子很容易充满挫败感，难以发挥自己的优势和潜能。教育是人的解放而不是枷锁，我们要解放孩子，运动是解放孩子、培养孩子健康人格的最重要的途径。

如何推进学校体育的改革与发展？我在微博上征求网友意见，仅两天就有 35 万人关注，提出九类建议。我已经整理出来，发在我的新浪博客和微博上，希望大家关注，希望学校、家庭和社会都来支持体育。有人希望把体育课作为中小学生的主课，把体育成绩作为高考依据，或许有些道理，但更为重要的还是使学生激发兴趣、掌握技能和养成习惯，最根本的动力还是兴趣与风尚，这才是一种深入人心的价值追求。

我到一些发达国家时发现，打开电视，永远都是体育比赛，足球、篮球或棒球，运动成为人们的一种狂欢形式，一种最具魅力的时尚。

教育是综合的问题。一定要注意对家庭的支持和引导，如中小学和幼儿园的家长委员会要成为促进体育的积极力量。根据未成年人身体健康成长的需要，应该是每天在学校和家庭各运动一小时。在家庭中双休日不需要运动吗？放学以后的时间不需要运动吗？运动一小时比闷在家里学四个小时好得多，明智的父母要陪着孩子运动，应该有这样一种爱心与智慧。

加强体育运动自然需要建立健全安全机制。教育部提出设置体育课意外伤害处理办法是必要的，但是我认为还不够，因为体育并不仅限于体育课，它一定包括许多课外的活动，如春游、夏令营、秋游、冬令营，还有研学旅行等。教育部出台过《学生意外伤害处理办法》，我认为特别需要做的事情是把这个办法修订之后，上升到法律层面，要提交全国人大常委会让它成为法律，这个是非常重要的举措。

多年前，我曾到日本去参加中日青少年登山探险，用 14 小时爬一座海拔 2000 多米的荒山。这样危险的活动，日本居然没有教师带队，均是大学生志愿者带队。如果发生意外事故，家庭一般会找保险公司解决，很少追究组织者的责任。在放手锻炼方面，中日差别在于法律保障机制和国民共识不同。

我们务必要确立健康第一的教育宗旨，既要身体健康也要人格健康。加强体育的目的是让青少年一代热爱运动，学会运动，养成运动的习惯，培养健康人格。

二、聚焦媒体期待

校长与体育

钟秉枢[①]

还在当学生的时候就听老师说起，有位叫张伯苓的人说过：“不懂体育的人，不应该当校长。”当时，给笔者留下的印象是，老师在用这句话激励我们学体育的学生认真学好体育，不要看不起自己。毕业工作后，看到身边的许多校长并不懂体育，也不喜欢和参与体育，但校长做得挺好，对这句话便渐渐淡忘了。再后来，自己做起了学校领导，当上了校长，还是独立设置的体育院校的校长，于是，不得不重新审视这句话。

对于体育的认识，印象最深的是“发展体育运动　增强人民体质”。基于这样的认知，增强体质成了不少学校体育课的目的，体育课教学强调以身体锻炼为主，选择对增强体质具有直接实际效果的教学内容“课课练”。

对于学校体育的认识，我印象很深的是“快乐体育”。基于强调以学生主观感受为中心，不少学校体育课突出以学生为中心及学生兴趣和个性的自由发展。教育部曾专门下文，要求大学体育课要实现“三自主”，即学生可自主选择体育教师、自主选择体育项目、自主选择上课时间。

如果对体育的认识就是这样的，我想，不懂体育的人完全可以当校长。

2014 年 8 月 19 日，南京青年奥林匹克运动会期间，国际奥委会主席巴赫到南京体育学院演讲。面对中国对奥林匹克运动的大力支持，面对南京对举办青年奥林匹克运动会的巨大贡献，面对南京体育学院师生对演讲的热情企盼，巴赫在演讲中提出的却是尖锐的批评：“对于很多国家而言，体育在学校和家庭教育体系中的重要性还未得到充分认识，在中国可能尤其如此。”我的记忆中，这是第一位访问我国的国际奥委会主席如此不留情面地批评中国对体育的认识。

那么，到底应该如何认识学校体育的作用？如何理解“不懂体育的人，不应该当校长”呢？

当对这个问题展开思考的时候，首先引起笔者关注的是 2014 年 9 月 3

---

① 钟秉枢，现任首都体育学院院长、党委副书记，曾任北京体育大学副校长、博士生导师，兼任国际教练教育委员会副主席、国际田联地区发展中心·北京主任、中国大学生体育协会副主席、中国排球协会副主席、中国体育科学学会运动训练学分会主任委员、中国传播学会体育传播专业委员会副主任委员、北京市学位委员会委员、《中国学校体育》主编等。

日《国务院关于深化考试招生制度改革的实施意见》，考试招生制度改革的基本原则是“坚持正确育人导向，践行社会主义核心价值观，深入推进素质教育”。2013年11月20日，时任教育部部长袁贵仁在《中国教育报》撰文指出，“深化教育领域综合改革就是要把全面实施素质教育的宏观政策要求，细化为学校教育的具体安排”。而《中共中央国务院关于深化教育改革全面推进素质教育的决定》早在1999年6月就发布实施了。

再进一步考察如何推进素质教育，我们会惊奇地发现，1999年《中共中央国务院关于深化教育改革，全面推进素质教育的决定》发布之后，尽管社会各界大力提倡素质教育，但素质教育在我国推进艰难，教育部于2006年发文，“把加强学校体育工作作为今后一个时期实施素质教育的重要突破口”，推出每天一小时阳光体育计划。然而，学校体育的现状并未因此得到根本改变，学生体质监测的一些指标仍在下降，每天一小时体育活动落实得还不够，素质教育依旧徘徊。到了2014年7月，刘延东在全国学校体育工作座谈会上再度重申：“要把加强学校体育工作作为全面推进素质教育的重要突破口和切入点。”2014年11月26日，刘延东在全国青少年校园足球工作电视电话会议上强调：“发展校园足球是成就中国足球梦想、建设体育强国的基础工程，对于深化教育改革、振奋民族精神具有重要意义。”对于校园足球的意义，教育部体卫艺司司长王登峰于2014年12月7日解读道：“通过校园足球带动学校体育的发展，通过学校体育的发展，培养学生健全的人格，提高他们的运动技能，提高他们的体质健康水平。”由此，通过校园足球促进学校体育，通过学校体育促进素质教育，形成了新的通路。

扩展思路，由近及远。笔者注意到，1916—1927年担任北京大学校长的蔡元培先生提出“完全人格，首在体育”。1904年、1919年分别创建了南开中学和南开大学的张伯苓先生指出，体育的宗旨应是“以训练团结、合作、健全之身心为目的”。1917年青年毛泽东说“体育一道，配德育与智育，而德智皆寄于体，无体是无德智也”。

打开空间，由内及外。英国伊顿公学，这所培养了20名首相、37名十字勋章获得者的世界名校，教育宗旨是“运动第一，学习第二”，体育理念是“体育的本质是人格教育”。学生每周体育课时长达23小时，必修的八门体育课全部是室外课程：足球、伊顿野地足球、英式橄榄球、曲棍球、板球、网球、赛艇、田径。

美国西点军校，这所培养造就了众多军事家、政治家、企业家、教育家和科学家的世界名校，其学员领导能力培养体系由科学文化教育、军事教育、体育教育、职业道德教育构成，要求每名学员必须成为某项运动的运动员。学校认为：学员在体育运动时间上的投入，换来了健康身心的保持、生命活力的旺盛、学习效率的提高，使他们更能适应环境压力，更乐于接受挑战，更具有成功的信心，更富有道德自律意识；学员在赢得比赛的过程中，有了决策、谋划、遵守规则、影响他人等各种领导能力的实际体验，是学员责任感、荣誉感、团队精神养成的重要环节。

把视线再拉回当下。2007 年胡锦涛主持中央政治局会议时强调："体育对青少年的思想品德、智力发育、审美素养的形成都有不可替代的重要作用。"习近平于 2013 年指出："体育在提高人民身体素质和健康水平，促进人的全面发展，丰富人民精神文化生活，推动经济社会发展，激励全国各族人民弘扬追求卓越、突破自我的精神方面，都有着不可替代的重要作用。"刘延东于 2014 年在学校体育工作座谈会上讲话提及："当前教育发展站在新的历史起点，在实现教育现代化的进程中，学校体育的战略地位更加突出。体育不仅能够锻炼体质、塑造人格、培养智商情商，还能教育学生遵守规则，体会集体主义、团队精神和平等公正等社会主义核心价值观的内涵。"

看到此，似乎对"不懂体育的人，不应该当校长"有了更多的认识。

2014 年，首都体育学院加入北京市教委组织的高等院校参与中小学发展工作，牵手和平里第一小学、安外三条小学、体育馆路小学、玉桃园小学、中古友谊小学、民族小学，当和这些小学的校长们接触的时候，他们谈起体育都头头是道。"体育品质成就教育终极情怀""舞动篮球，让生命更精彩""爱助成长，棒球显威""阳光体育，至和至美""做文武兼修的少年""课课练足球，做健康人，做诚信人"……从他们学校的这些口号中，我仿佛看到体育正发挥着素质教育突破口和切入点的作用。

［本文为《中国学校体育（基础教育）》2015 年第 2 期卷首词］

三、对话特级教师

纵观中国教育史，我们有着自己的传统，也取得了可观的成绩；横向与外国比较，我们肩负着无与伦比的大教育事业。但毋庸讳言，我们还不是教育强国，更不是人才强国。突破中国教育的"围城"，只能靠大力提高教育质量和培养优秀人才。教育体制、制度和机制，都应当围绕这个关键进行大刀阔斧的改革和创新。与特级教师对话，深入了解特级教师的特质，接受其对教师的建议，可能会为教育的改革之路添砖加瓦。

（一）特级教师特质

特级教师是中小学教师的最高荣誉，也是广大教师的梦想；是教师的楷模，也是未来教师的培养方向。下面，我们将走近宋超美①老师。他是目前福建省体育学科唯一一位取得正高职称的特级教师。宋老师对体育的炽爱与智慧，为我们塑造了闪闪发光的人民教师形象。

1. 师德的表率

所谓师德，就是教师在教育教学活动中应遵循的道德准则和行为规范。它决定了教师的工作方向和态度，对学生的品德养成有直接的影响。

（1）教育情怀。宋老师特别强调，当教师是我们的志向和选择，也是我们的骄傲与自豪，由于热爱这一职业，我们便应当把它作为事业来追求。希望陶行知先生“捧着一颗心来，不带半根草去”的教育情怀，成为广大青年体育教师的座右铭。教师要以一丝不苟、精益求精的态度来从事教育事业，要把教师职称和荣誉当作一种责任，以此为一个个新的起点，努力在教育实践中追求新的发展。

（2）终身学习。宋老师认为，教师要始终把精通业务当作师德的重要内容，坚持终身学习，使自己成为一个具有扎实的专业知识和教学能力的学科教师，同时成为一位能培养学生个性、深受学生欢迎的复合型教师。

（3）大度宽容。孟子说：“爱人者，人恒爱之。”在教育过程中，教师应做到“严以律己，宽以待人”。对学生充满爱，学生就有亲切感，对学生宽容，学生就有安全感。对学生大度宽容，就能营造较为宽松的环境，就能形成民主的氛围，学校就有了生机与活力。

2. 教学的专家

教师应经常关注教育教学改革发展的动态，以及各种教育科研的成

---

① 宋超美，特级教师，福建省厦门市教育科学研究院基教室体育科主任，福建省中小学体育兼职教研员，福建教育学院、集美大学体育学院兼职教授，教育部国家中小学体育教学指导委员会委员，国家中小学体育教学研究工作部委员。迄今为止，主编《初中体育与健康新课程教学探索》《初中体育教学设计》等五部著作。2005 年被国家教育部、体育总局、团中央授予“贯彻《学校体育工作条例》先进个人”称号，2007 年获得福建省“优秀教师”称号。

果；自觉主动地进行教学方法和学习方法的探究，使自己的教育教学不断“更上一层楼”；注重形成自己的教学风格，既摆脱传统程式化的束缚，又不搭“花架子”，更不随意驰骋；用自己的学识、才华、教学风格、创新精神和人格魅力去吸引学生、影响学生，使他们“亲其师，信其道”，激发学生浓厚的学习兴趣，从而使学生达到爱学、会学的目的。

宋老师指出，现代教育需要教师积极探索教育教学现代化的路径，努力尝试将学科教学与现代高新技术接轨。随着我国经济的高速发展，教育面临着新的机遇与挑战，每一名教师都要积极地发展自己。特级教师更要做到与时俱进，具有现代教育思想和时代魅力；要学习并充分运用现代教育技术，改变现有课堂教学中以知识传授为中心的教学模式，充分发挥学生的主体作用，激发学生大胆参与获取知识过程的意识，培养和发展学生的个性和创新精神，为教育的发展培育出更多能适应现代化建设需要的优质人才。

（二）对教师的建议

当前，我国的新课程改革正在轰轰烈烈地进行，这给广大教师带来了新的挑战和机遇，不进则退。新课程改革需要一批有改革意识的教师来操作。可以说，教师本身的素养能否跟上改革的步伐，从根本上决定了新课程改革的成败。宋老师立足两点来鼓励各位教师积极成长。

1. 做一名全面发展的体育教师

（1）心理素质。心理素质是人整体素质的组成部分。

① 智能。体育教师要具有较高水平的智能结构，除掌握体育专业知识、技术、技能以外，还应该对教育对象的特点、个性及现实中的各种事物保持浓厚的兴趣和较高的认知水平。新课程要求教师要正确认识自身的价值，明确自己肩负的历史使命，有丰富的专业知识和心理学、教育学知识，掌握人际关系的特点，善于把握、协调各种关系，善于沟通、表达、观察和思考，能创造性地解决各种教学和师生关系的问题，达到和谐体育的教学效果。

② 道德。教师是人类灵魂的工程师，作为体育教师，既要育人，又要培养学生良好的体魄，还要为国家培育优秀的体育后备力量。新课程要求体育教师在贯彻执行教育方针、体育方针时，应有明确的角色责任和良好的师德、师范，严于律己，有明确的人生目标、崇高的人格品质，使成熟

的道德品质成为思考、情感和行动的准绳，不断提高自身的素质和修养，提高教学的自觉性和主动性。

③ 情感。新课程要求教师应具有热爱本职工作的情感，关心、热爱学生的情感和期待学生早日成才的情感，诚恳、热情、平等地对待每一个学生，授业无私，诲人不倦，用真诚的态度去了解、认知和评价学生，尊重学生的人格和自尊心。真诚的师爱能够在潜移默化之中使学生学会以高尚的情感对待别人，形成团结友爱的精神，乃至升华为爱祖国、爱人民的高尚情操。

(2) 实践能力。体育教师除了应具有一般的观察力、记忆力、注意力、思维力和想象力外，还应具有一些基本的实践能力。

① 教学能力。教学能力是体育教师最基本的工作能力，包括熟练制定各种工作计划的能力；钻研体育课程的能力；研究体育教材的能力；灵活运用体育教学方法和手段的能力；善于运用队列、队形、口号调动队伍，组织学生有序地进行学习、练习和集体活动的能力；用生动形象、简洁流畅、通俗易懂的语言描绘身体练习的能力；优美、正确的示范能力；发现问题、分析问题、解决问题和评价体育工作质量的能力；等等。

② 教育能力。体育教学目标的多元性、内容的丰富性和活动空间的广泛性特征为体育教师对学生进行思想教育和发展学生个性提供了许多机会。在工作中，体育教师要及时了解学生的思想状况、学习态度和行为举止，充分挖掘体育活动中的教育因素，灵活运用各种教育方法，因势利导对学生进行教育。

③ 组织能力。学校的早操、课间操、课外体育活动是优化教学环境、增进学生身心健康的重要手段，体育教师必须增强事业心、责任感，认真组织好、指导好上述活动。另外，学校经常会召开大型运动会，体育教师应具有大会编排、场地器材布置、裁判员培训和管理的能力，以保证运动会顺利进行。

(3) 综合能力。新课程对体育教师的实际工作能力还有新的要求。

① 创新能力。体育教师应以学生为本，强化创新意识，综合运用现代科学手段和边缘学科知识，在体育思想、体育目标、体育内容、体育组织形式、体育方法与手段、体育运动场地设施等方面不断地改革与创新，为培育新时代的人才而服务。

② 科研能力。体育的改革和发展离不开科研。体育科研是体育教师教

育教学工作中一项最富有创造性的工作，是体育教师业务水平高低的重要体现。体育教师必须在体育科研上狠下功夫，以增强自己的专业知识和相关学科知识，了解和掌握学科前沿的研究动态，学习最新的体育理论，并通过撰写科研论文把教学的实践经验升华为理论，再把理论更好地应用于实践，真正实现理论与实践的统一。

③ 人际交往能力。教师的工作特点之一就是社会性，教师不仅要和学生打交道，还要和各种人群进行交往，因此，必须具备较强的人际交往能力。而语言是用来表达情感、交流思想的工具，在教学过程中它是传递知识和教育学生的一种手段。在体育教学中，教师若能掌握语言艺术，不仅能够使学生产生良好心理定式和情感变化，还能激发学生的学习兴趣，使他们易于接受新知识，掌握运动技术和技能。

2. 如何让自己变得更加强大

宋老师指出：体育教师应该立足课外，花更多的时间进行自身理论素养的提升。

（1）基础理论知识。体育教师必须掌握和具备扎实的基础理论知识，包括解剖学、生理学、生物力学、运动训练学、心理学、教育学的知识，才能将练习的动作设计得更合理，运动负荷安排得更得当，从而取得最佳的锻炼效果。

（2）专业理论知识。体育教师必须经常学习田径、体操、球类、武术等专项理论知识，不断提高专项理论水平，正确选择有效的方法和手段，制定符合专项特点的教学训练计划，使教学工作取得事半功倍的效果。

（3）身教重于言传。体育教师的一言一行、一举一动，甚至一个神态对学生都有很大的影响。因此，体育教师必须时时处处严格要求自己，从言谈到举止，从思想到行为，都应力求做学生的表率，为学生树立榜样。不仅如此，体育教师还要做到表里如一、言行一致，真正做到“学为人师，行为世范”。

（三）畅谈体育梦想

宋老师借用了亨利希·李凯尔特说过的一句话：“历史从不描述事物的结局，而向来是描写它们的进展过程。”他认为，理想的中国教育制度是一个过程、一个方向，而不是一个终点。他所描绘的体育梦想很美。

第一，体育将成为最受重视的学科。体育是用科学的方法来探求体育的本质和规律，研究社会各种体育现象、最大限度发挥人体运动能力、通过身体练习进行教育并提高人的健康水平的综合性科学。21 世纪，体育产业将成为我国经济增长的一大支柱产业。随着社会及经济的快速发展，我国体育人口呈逐年上升趋势，体育会成为最受重视的学科。

第二，体育学科的功能性增强。体育将与其他学科相结合，功能性会越来越强。比如，体育哲学以体育科学的总体为研究对象，研究体育中的生命观、科学观、科学方法论和其他哲学问题。它是体育科学的重要理论基础。又如，体育社会学科是研究体育社会现象的学科，既研究体育与社会其他方面（如经济、社会制度等）的关系，又研究体育内部活动的社会关系。

第四节　校长漫谈体育愿景

本节内容主要来自笔者所在的海沧中学的张伟斌[①]校长的办学思路。2016 年，张校长被评为福建省优秀校长，为学校的发展做出了不可磨灭的贡献。他是如何勾勒学校体育蓝图，让体育教师享受教育幸福的呢？

一、办学好愿景

在办学历程中，我校秉承“树人为本，质量为根，师德为先，特色为翼”的办学理念，一直积极探索适合学生成长的办学之路。通过课题引领、校本开发来实现课堂教学、大课间共享、课外提升的校内横向发展；再通过区级夏令营宣传、市级比赛、全省推广、全国阳光体育展示、国际研讨交流等活动，实现校外纵向发展。

通过多年的发展，我校形成了“校园舞·武”的办学风格。

“舞”指校园排舞。2007 年，校园排舞在我校率先推广，走在全国最前沿。校园排舞以“人无我有，人有我精，人精我特”的发展方针进行推广与运用，让学生在“三好四美”的发展目标中受益。

---

① 张伟斌，中学高级教师，厦门市地理骨干教师，厦门市陶行知研究会副会长，海沧中学校长、书记。曾获海沧区优秀校长、福建省先进德育工作者、福建省名校长培养工程骨干校长等荣誉称号，以及厦门市五一劳动奖章。主持或参与多项省市课题，有多篇教育教学论文在各级刊物上发表。指导学生发明带测距功能的地球仪，在第 20 届全国发明博览会上荣获金奖。

“武”指武术。我校处在历史上有名的武术之乡，新垵五祖拳是本地特色，是省级非物质文化遗产。新垵五祖拳所倡导的习武人应该具备的坚忍不拔、创新自主、稳扎稳打、发奋图强等品质在学生身上体现得淋漓尽致，作为学校体育特色项目，其继承性得以完好地展现。

学校的“校园舞·武”办学风格已成为一张名片。学校在初中开设排舞、武术校本课程，每学年有两百多名学生参与；在高中开设“校园舞·武”模块教学，每学年都有六百多名学生选修。“校园舞·武”已成为学校大课间的常态，每年春季运动会上举办的“舞·武大赛”也成为学校一道亮丽的风景线。

然而，时代不断往前发展着，学校教育也应该与时俱进，学校的办学特色更应该呈现出时代性与创新性。目前，我校将“让每个女生会排舞，变得更柔美；让每个男生会武术，变得更阳刚”作为“校园舞·武”的发展目标。

二、体育教师梦

每位体育教师最大的梦想就是挖掘学校的传统体育项目，通过自身的努力，把体育项目变为学校特色项目，乃至学校的办学特色。

（一）寻找传统文化项目

一个项目要想成为学校的办学特色，需要经历时间与空间两个维度的共同考量。我校在定位自身项目特色发展时，主要从以下两个方面入手。

1. 致力于专用教室的文化宣传作用

专用教室是学生学习的场所，也是呈现学校办学特色的文化阵地。专用教室按照项目特点进行布置，重点突出特色项目的内在风格，旨在让学生学好专业技术动作的同时，了解特色文化的发展状况。开发一个项目比较简单，但要在项目中提炼出符合本校文化发展的特色内涵，就需要开发者在不断的实践推广中反思、总结。

2. 打造校园体育文化长廊

学校体育是学校形象对外展示的窗口。我校着力发展校园体育文化，打造体育文化长廊，一方面通过图片、音像设备来传播，另一方面辟一块宣传栏，专门用来宣传体育发展史、体育作用与健身价值、体育保健常识、学校体育发展概况等。学校体育中的大课间展示、课堂教学组织、运动训练、竞技比赛都是外显的，但是学校体育文化属于内在的，需要通过长期的凝练、宣传才能形成。体育教师有责任与义务把学校体育做好，打造学校体育长廊，让师生真正明白“健康第一”“成长比成才更重要”的理念，让特色文化引领、促进学校文化的发展。

（二）谋划学校品牌发展

创建学校特色品牌，是学校发展的大事，一定要立足于学校的长远发展，做好长期规划。具体来说，应从以下几个方面入手。

1. 打造一支专业团队

（1）提升教育骨干的内涵。务实是教育骨干的工作作风。我校近年来潜心于“校园舞·武”之“舞风·武德”来提升学生的精神文化内涵，为此成立了由校长、特级教师、专家型教师、学科带头人共同组成的导师团队，提炼“舞风·武德”的特色理念，宣讲“舞风塑行·舞韵健心”的排舞内涵，凸显“武德修身·武行树人”的武术精髓，对学生人格、品质的发展产生了积极的影响。

（2）教学骨干提高效益。效益是教学骨干的代名词。我校的两位骨干教师坚持走“幸福教育，特色发展”的阳光体育之路，取得了显著的成效。以这两位体育教师为主，协同整个体育组，以“校园舞·武”为龙头，发展了学校的阳光体育，取得了丰硕的成果。

2. 开辟一条发展路径

（1）我校通过课堂教学、大课间分享、课外提高、夏令营辐射、阳光体育展示、国际交流等途径来提升和发展学生的特长，培养出一批批非常优秀的人才，使得“校园舞·武”更加多元化。

（2）我校每年举办一次校园排舞大赛，让学生自己组队、训练、创编队形、剪辑音乐、构建造型等，实现学生的全面成长；组织学生参加全国、全省的排舞比赛，实现学生专业技能的提升。

（三）锤炼学校特色精品

教育部提出了构建“一校一精品”的口号，为响应号召，我校以阳光体育为媒介，以“校园舞·武”为载体，全面实现师生强身健体的体育之梦。

1. 打造一门精辟课程

我校应以办学特色的建设为契机，构建校本教研、课题研究和校本课程平台，从理念上促进教师的思维创新，从而促进课堂教学效果，使学生受益。

（1）幸福教育。学校以幸福教育为宗旨，开设了体育校本、人文校本、综合校本三大主题。活力校园又以“校园舞·武”为龙头，以其他项目为辅助来实现构建。

（2）课程设置。女生排舞，男生武术；初中开展校本课程，高中开展模块教学。专家团队专门针对“校园舞·武”的办学特色，进行学生能力的辅导与跟踪，使学生的人格和品质在名师的引领下得到发展。

2. 提升大课间品牌

通过多项目的融合，大课间已成为学校一道亮丽的风景线。我校以校园排舞、传统武术为主体，以花样跳绳、跑操、才艺展示为依托，形成了丰富多彩的大课间活动形式。

（1）让大课间成为一种常态。集合速度、入场形式、项目轮换、评价模式、退场方式等都应该花大力气来提升，从而使大课间成为学生生命中的常态。

（2）让大课间成为展示校园文化的场所。体育文化、体育礼仪、校园文化等都可以考虑通过大课间来呈现，使学生在大课间的活动中潜移默化地受到校园文化的影响。

三、执着与坚持

我校从2007年开始推广校园排舞，在众多教师的执着与坚持中，校园排舞走过了10年时光。我校提出今后5年的发展目标为“抓质量，强内涵，促特色”。回首过去，以下是这一项目的具体发展情况。

（一）特色为翼

1. 完善制度建设

2010年，为了进一步做好特色项目的开展工作，学校坚持“特色为翼”理念，用科学发展观统领体育工作，重视校本研训，加强对模块教学的研究。

学校从制度上把校园排舞纳入发展规划和年度工作计划之中，具体规定如下：

（1）每年5月定期举办校园排舞大赛，打造校园排舞体育文化，并将比赛成绩纳入每学年各班级阳光体育考核之中。

（2）从课程管理的高度来发展校园排舞特色项目，采用必修与选修相结合的体育教学模式。

(3) 完善各项制度，高举“每天锻炼一小时”的阳光体育大旗，成立阳光体育工作小组。

2. 培育德育特色

树立“育人为本，德育为首”的理念，通过举办校园排舞大型展示会、校园排舞大赛等，培养学生的综合素质及兴趣爱好，发展学生的个性特长，提高学生的行为规范，完成体育塑造学生综合素质的特殊使命，促进校风、教风、学风向好的方向发展，形成德育特色。

3. 完善特色条件

(1) 硬件设备。我校体育设施设备均达到省一级达标学校标准，能满足校园排舞特色项目创建的要求及体育特长生专业训练的需要。

(2) 经费投入。我校每年投入专项经费5万，以支持校园排舞特色项目的发展，专项经费用于训练、比赛、服装、科研、教师培训等，以满足校园排舞特色项目创建及课外活动规模不断增长的需要。

(二) 科研引领

要完成校园排舞的特色建设，最重要一环就是科研引领。要让学生喜欢某个项目，就要以促进学校体育文化发展为导向，不断挖掘项目本身的内涵。

1. 心得撰写

学校体育团队立足排舞推广撰写心得。

(1) 寻找问题。我校体育教师立足校园排舞课堂教学、大课间推广、课后训练竞赛等延伸出一系列问题，如“校园排舞的推广及运用可行性研究”“学校发展‘特色为翼’的策略分析”“校园排舞大赛学生行为变化的行动研究”“校园排舞校本建设思路研究”等。

(2) 积极交流。梳理清楚问题之后，我校体育教师立刻动笔写，写好之后又立刻组织交流。他们经常参与各地市的论文汇编、评比活动，也参与每年举行的体育科学论文报告会。

2. 问题研究

问题即课题。在项目推广的过程中总会遇到形形色色的问题，把遇到问题并顺利解决问题的整个过程梳理清楚，就是课题研究。

(1) 积极提升。广大体育教师要积极反思，把写过的论文，结合课题研究方法，积极提升，将其整合成一个课题，然后向有关部门去申请立项，并进行认真研究。课题研究，要实际、要有计划，每个阶段都要按照预先的规划去完成；为了快速成长，最好请有经验的专家进行指导。

(2) 寻找主题。进行课题研究，在立足实际的同时，还要注重创新，应积极结合时下的热点政策，寻找研究主题。

(三) 社会影响

扩大社会影响，是排舞推广者的使命。我校校园排舞造成的社会影响表现在以下几个方面。

1. 成果影响

通过参加各类竞赛获取好成绩，是扩大社会影响的有效途径之一。推广者要力争通过各种渠道使学校特色得到宣传。

(1) 运动竞赛。每年都有各个层次、级别的比赛，推广者要做好这些赛事的准备工作。而且，只要有赛事，学校领导、分管的处室就会关注体育队的日常训练；参加了比赛，对手也会关注你们的团队。日积月累，就会形成一定的社会影响。我校排舞队近十年来参赛屡获佳绩。2012 年 10 月，笔者率队参加全国有氧健身操总决赛，2015 年 7 月，又率队参加全国啦啦操总决赛，都获得了优异的成绩。2017 年 6 月，率队参加福建省第三届排舞大赛，获高中组规定曲目第一名。这些成绩会成为学校对外宣传的素材。

(2) 项目竞赛。运动竞赛主要靠学生去争取，而项目竞赛主要靠教师自己去赢得。近几年的优质课、录像课、阳光体育活动案例等评比的结果，都会通过教育行政部门在相应的网站上公示，这无疑能增强社会对学校的关注度。笔者于 2008 年 5 月获福建省录像课评比二等奖；2012 年 5 月，参加福建省中小学阳光体育运动优秀案例评比，获福建省优秀奖、全国入围奖；2013 年 3 月，“街舞青春”组合动作录像课获福建省一等奖。

2. 媒体宣传

媒体宣传的影响面非常广，包含电视、报纸、杂志、微信等多种方式。但是，宣传的前提条件是要先把事情做好，然后结合学校活动寻找宣传的亮点，让媒体宣传效果成倍放大。我校通过多场次、多层次的社会活动，结合媒体宣传，取得了良好的社会影响。

(1) 杂志宣传。2010 年 4 月，《中国学校体育》杂志社专访我校，并对校园排舞做了专题报道，在大课间女生集体跳排舞的场景荣登该杂志封面；2010 年 6 月，《体育教学》副主编王子朴先生观看了我校排舞大赛并做了《学校发展　特色为翼——厦门市海沧中学学校体育工作介绍》专题报道；2014 年 3 月，《福建基础教育研究》专版介绍我校特色办学的盛况；2016 年 4 月，《体育教学》专版介绍福建省艺术教育协会排舞委员会成立的盛况。

（2）其他媒体播报。2010 年 12 月 29 日，我校举办了声势浩大的全国阳光体育展示会；2010 年 12 月 30 日，《海峡导报》专版报道我校展示会的盛况；2011 年 1 月 11 日，厦门卫视《厦视新闻》栏目报道了我校阳光体育校园排舞开展盛况；2012 年 5 月 25 日，《海峡导报》又专版报道了我校校园排舞的发展情况；2012 年 6 月 4 日，厦门卫视《我爱闽南话》栏目专题报道了我校校园排舞的情况。

3. 对外辐射

活动交流具有最生动的社会影响力。因为来宾或同行通过现场观摩，再通过口口相传，形成的影响力比媒体杂志更大。

（1）国内交流。2010 年 12 月 29 日，中国教育学会在我校举办现场会，我校 2000 多名学生现场展示校园排舞。2014 至 2018 年，来自北京、辽宁、重庆、江西、内蒙古等地的教育观摩团分别观摩了我校的大课间“舞·武”展示。

（2）国际交流。2010 年 11 月，美国密歇根州牛津学区教育总监威廉博士前来我校共商合作办学问题，对校园排舞表示了极大的赞赏。2011 年 6 月，新加坡女皇道中学师生一行 30 多人来我校学习交流，我校向他们展示了校园排舞校本课程，让他们感受到了校园排舞的魅力与风采。

校长懂体育，热爱体育，是学生之幸，是体育教师之幸，是民族之幸！

第五节　访谈一线体育名师

我国有近四十万中小学体育教师，并先后涌现出一批批名师。在长期的学校体育实践中，他们积累了极为丰富的教学经验与教学智慧，是体育学科的宝贵精神财富，是体育教学规律与方法艺术创新探索的结晶，更是具有中国特色的体育教育文化的创造与积累。遗憾的是，多年来人们对这样一个优秀体育群体的宝贵经验，却从未进行过全国范围内系统、全面的研究与总结。特别是20世纪50年代以来涌现出的相当一部分体育名师，其宝贵的教学经验已濒临失传，既未留下文本材料，更没有相应的视频资料，这不能不说是我国学校体育发展历史上的一大憾事！因此，总结、开发和弘扬体育名师宝贵的体育文化财富不仅必要，还极为迫切。

一、责任与梦想

以下是李加前[①]老师在体育教育事业中的责任与梦想。

（一）初为人师，责任先行

1989年，李老师毕业分配入职，刚开始从教时感到有点迷茫，一方面是由于当时社会的大环境不好，教师的社会地位低；另一方面是学校对体育工作不重视。在这种情况下，李老师毫不动摇，坚定了一生从事体育教育工作的思想。

李老师服从体育组工作安排，主要负责田径队跳部（跳高、跳远、三级跳）组的训练指导。他积极地制定学年计划、学期计划、阶段计划、课时计划，不断改善训练方法，科学合理地调整运动负荷，做好赛前的心理疏导及赛中的技术、战术指导工作。所带的田径队跳部组运动员在各级各类比赛中，成绩显著！

（二）全心投入，书写梦想

2000年后，李老师根据学校需要负责体育高考训练辅导工作，2003年首设体育高考班并担任班主任。在培养高考体育队方面，颇有心得，并取得了较好的成绩。

第一，培养学生。一方面狠抓体育班的风气，通过访谈、家访，与学生和家长深入交流，让学生树立理想，看到未来的希望，转变体育生的思想作风。另一方面加强体育专业训练，科学制定训练计划，严格执行计划，适宜调整每天下午训练四项高考素质内容，每天早操训练高考专项内容；分层训练，关注差异，通过有计划、有步骤地实施，科学训练，学生体育专业成绩显著提高。

---

① 李加前，高级教师，福建省优秀教师，厦门市杰出教师，厦门市中学体育学科带头人，厦门市中学专家型教师。获得全国、省、市多次中学体育课堂教学比赛一等奖。30年来，他对体育教育教学事业始终热爱，孜孜追求，勇于担当，不辱使命。

第二，培养自己。李老师具有强烈的上进心和积极的创新精神。近十年来，他致力于体育教育教学教研工作，率先投入体育课程改革的浪潮中，潜心研究体育教学教法，注重培养学生的运动能力、健康行为和体育品德。

（三）尝试失败，砥砺前行

1999年，李老师参评县课堂教学“教坛新秀”评选落选，但他没有气馁，而是积极请教他人，找出自己的不足，改善自己的教学方法与课堂组织形式，2001年继续参加比赛，终于得到了评委的认可。一路走来，李老师遇到过很多挫折与失败，但是这些并没有打垮他，他始终坚定着对体育教育事业的热爱，不断在路上执着地追求着。

他常常用“雄关漫道真如铁，而今迈步从头越”来激励自己。通过三十年如一日的不懈努力，他最终被评为福建省优秀教师、厦门市杰出教师。他用“君子育人”的思想标准要求自己，树立良好的师德师风，以身作则，扎扎实实地做好各项体育教育工作。

从一名普通教师成为体育名师，李老师颇有心得：树立正确的人生观，规划好人生目标；把体育教育教学作为人生的事业，不是职业更不是副业；学习别人的成功经验，领悟其成功的方式方法，这样才会少走弯路，最终取得成功。

二、期待与追求

在与吴智鹉[①]老师交谈的过程中，他道出了自己对体育教育的期待与追求。

（一）遥望起点

德国著名教育家第斯多惠指出：“不好的教师奉送真理，好的教师教人怎样寻找真理。”体育教师要上好一节课，除了自己要“能”和“会”外，更多的还是要教学生“能”和“会”；而要教学生“能”和“会”，就离不开教师教学技能的提高。反思近些年的成长经历，吴老师认为要夯实教师的基本功。

---

① 吴智鹉，厦门市集美区教师进修学校体育教研员、专家型教师、排球协会副会长，沙滩排球国家级裁判。自任教以来，共获得40多项校级以上的奖项，其中体育课堂教学评比获全国一等奖。近年来获得教育部体卫艺司优秀指导教师奖、厦门市五一劳动奖章等。

1. 教学设计的撰写，是上一节好课的前提

没有周全的设计，何来顺畅的教学？但教学设计只是在理论层面上的对课进行的设计，是否能达到预先设定的目标不得而知，如果能进行说课或片段教学的磨炼，教学设计就会更加合理与科学。

2. 听课与评课，是提高教师课堂教学能力的一条捷径

很多时候，优秀课堂的展示为我们带来的启发与激励会比自己在房间里闭门苦思好得多。吴老师指出，专业水平的提升需要通过听课、评课这两种手段来实现。

（二）教学水平提高

吴老师认为，教师教学水平的提高得益于说课和片段教学这两种技能。体育教师要成长，除了夯实基本功外，还应该接受说课和片段教学这两大“磨刀石”的打磨。

1. 说课

很多教师在说课的时候，比较程序化，仿佛在念教学设计稿，说不出那种韵味。其实，说课很需要艺术，提升说课艺术的方式就是要多尝试，结合说课的内容制作课件，让听课教师能够结合文字与图像，听出课堂教学的真正意图。

2. 片段教学

片段教学有很多需要预设和表演的地方，它侧重于展示教师的教学技能，主要反映教师驾驭课堂的实际教学能力和水平。很多教师刚开始进行片段教学的时候，会很紧张，偶尔还会不知所措。这就要求多观看优秀教师的片段教学，优秀教师能结合自己的习惯与特点，运用合适的教学手段，自然而然地“授课”。

（三）在追求的路上

吴老师说，自己一直在努力学习，在不断提高自己的教育教学能力，永远在追求的路上奔跑。

1. 加强理论功底

吴老师从一名普通的体育教师到区域的体育教研员，这一成长是与他注重理论积累分不开的。在多年的教学生涯中，他一直注重加强自己的理论功底，也不断加强着学生特别是专业体育生的理论功底。他比较喜欢对学生讲原理，让学生“知其所以然”。如高中的跨栏跑课上，他花了 10 分

钟给学生讲跨栏跑的规则、意义，预跑的概念与方法等，这对提高学生掌握跨栏跑的动作要领具有较大的帮助，为接下来的课奠定了良好的基础。

2. 不断学习

吴老师说，在现在的课堂上，教师应采用不同教学方法和手段，给学生带来知识与原理的同时，还要激发学生的学习欲望，锻炼学生的体能。比如，使用课件解决原理与技术问题，使用探究与合作的方式解决预跑点的问题，使用比赛培养学生的竞争意识，等等。自己作为一名老教师，应在严谨的风格中求新，在缜密的思维中求变。教学就是不断地创新与淘汰，如果墨守成规，教育教学水平一定会止步不前。

三、坚守出真知

以下记述的是洪明忠①老师对体育教育事业的坚守。

（一）在改革中燃烧

1998 年之前，洪老师虽然也一直摸索教育教学的工作方式、方法及规律，但和其他教师没有太大差异，没有形成自己的教学特色。2001 年新课程实施以来，他全身心地投入其中。作为新课程改革的实践者，他燃烧着对新课程的激情。新课程就像一艘破冰船，开启了全新的教育领域。在这个领域里，洪老师要求自己既要解决课程理念层面的问题，更要解决课程操作层面的问题。他始终将“如何将课程设计的理念真正转化为全新的教学行为”作为探索和实践的重要课题之一。

（二）化想法为行动

在新课程改革要求下，面对新教材，洪老师根据三维健康观及体育的特点，认真制定教学计划，并结合课堂教学实际，从学生的心理需要出发，创造性地把教学理念转化为课堂教学行为，不断探索、创造充满生命力的课堂教学，让学生在每一节课上都参与到热烈的、沸腾的、多姿多彩的体育活动之中。同时，他给自己树立了这样一个人生目标：使自己既是学科知识方面的专家，又是学科教学方面的专家。在平时的学习、工作中，他不断更新教学理念，掌握教学新信息，涉足学术前沿，形成新的教

---

① 洪明忠，中学高级教师，国家一级田径裁判员。自任教以来，共获区、市、省、全国各种奖项 40 多次，先后荣获福建省“中小学先进德育工作者”，厦门市“十佳知识型职工标兵”“优秀团干部”“课改先进工作者”称号。

育观、教学观，使自己具有了扎实的学术根底、广阔的学术视野，在工作中感受到了生命的涌动和成长。

（三）形成自己的风格和特色

新课程改革以来，洪老师相继参加了全国体育论文交流研讨、体育教学观摩展示、学校体育专业培训、体育课件及多媒体教学培训等活动。为了更好地检验自己的教学效果，更好地推动新课程的深入实施，几年来，他共执教 7 次区级教学公开课，9 次市级教学示范课、观摩课及教学录像课，3 次省级课程改革教学观摩课、录像课、示范课，3 次国家级课程改革示范课、观摩课、录像课及展示课，获得了观课教师的一致好评与肯定。此外，他还积极参与校本教研和课程资源的开发，充分挖掘民间传统教材、项目，并自制器材进行教学，结合实际积极参加校、区、市级的课题研究工作。

洪老师说，他既要做一名“经师”，又要做一名“人师”。从教十几年来，他庆幸自己选择了一条正确的教学之路。可以说，新课程改革是他教育路途中的青青田园，体育新课程是田园中的一块土地，他要当一名绿的使者，让嫩嫩的苗变绿，矮矮的枝长高，五颜六色的花开，硕大饱满的果可以采摘。教育是事业，事业需要奉献；教育是科学，科学需要求真；教育是艺术，艺术需要创新。在教育教学工作中，他一直努力使自己从实践型教师转向实践理论型教师，使自己成为具有创新精神的科研型教师，为完成学校教育教学整体改革的历史使命而努力！

一线体育教师，是我们学科的财富，也是我们体育教师的骄傲。学校体育能走到今天，背后有一群默默无闻的体育人，他们春风化雨，为体育人争光。让我们为身边优秀体育教师“点赞”，为学校体育的美好明天加油！

第六节　聆听场外心语心愿

美国心理学家艾利斯认为，父母的心理素质对孩子的心理健康具有深远的影响。情绪平稳、心态豁达、行为具有理性的父母，会使孩子的身心得到健康发展，并为孩子的健康人格奠基。如果父母的心理不健康，就会在不经意间向孩子传递不健康的思维方式和行为模式。因此体育教师要了解家庭教育，要懂得家长的心理，同时要倾听每一位学生的心声，从而使体育教育更好地培养人。

一、家庭教育方式

中国父母的“舔犊”之情不能不令人感动，然而“舔犊”的方式恐怕尚待改进。综观中国的家庭教育之弊，放纵者有之，溺爱者有之，施暴者有之。粗略地划分一下，家庭教育方式大致有如下几种。

（一）模具制造型

持此类教育方式的家长，大有人在。此类家长，属于自以为是之人，总以为自己的想法不会错，总以为自己的做法是爱孩子，是为孩子好。对孩子的要求极严，对孩子的举手投足都给予详尽的指示，从生活习惯、活动范围，到读书方法、兴趣爱好，甚至到报考专业、毕业后工作的选择，都施以强制性指导。

殊不知，人是万物之灵，人最大的长处是善于思考，善于学习，善于在学习中创造。而这种教育方式，会在无形之中抹杀孩子的自主学习能力与创造能力。在这种教育方式之下，不否认也有一些孩子会有所成就，可更多的孩子却成为模具制造的产品、家长原形的克隆，他们的独立思考能力与创造能力黯然消失。

（二）温室培养型

经济条件的改善、子女数目的减少，使家长更有能力、有精力来教育、培养孩子。捧在手中怕摔了，含在嘴里怕化了，总是尽自己最大努力给予孩子最好的学习与成长条件，以弥补自己年少时的缺憾，这是生在艰苦年代的家长的普遍做法。持此类教育方式的家长，孩子的吃，要操心，总担心孩子缺锌少钙；孩子的穿，要操心，嘘寒问暖；孩子的行，要操心，在学校附近春游，也要请假陪着；孩子的交往，要操心，本着“近朱者赤，近墨者黑”的道理，孩子只容许与“优秀”者（大多以学习成绩为标准）交往；孩子的学，更要操心，从胎教，到幼儿时艺术素质的培养，到入学的学校选择、教师选择，无一不体现了家长的“智慧”；直到孩子毕业，专业的选择、工作的选择、爱人的选择，仍要操心。却没有料到，这样的做法制造了许多肥胖者与厌食者，制造了免疫力极差的孩子，制造了离开父母一无所能的孩子。

（三）极力压榨型

这种方式多出现在孩子读书过程之中。在目前的形势下，高等教育与高中教育没有普及，大学生的就业率很低，迫使家长对孩子提出过于苛刻的要求，以使孩子能够上一所名校，有个较好的前程。纵使学校减负，家长也未必让孩子减负，而学校面临的生存压力、教师面临的考核压力，也使学校的减负成为镜花水月。在平时，孩子都被迫学习到晚上 10 点以后，而假期，更有各种补习班、特长班在等着孩子。

（四）原始放牧型

这种方式多出现在打工家庭或问题家庭，家长忙于挣钱，无暇关注孩子，或者婚姻破裂，根本就不顾及孩子。当然也有比较现实的家长，认为读书无用，孩子未必能考上大学，大学毕业未必能找到工作，不读书也同样可以挣大钱，干脆就任其自生自灭。这种教育方式的后果，就是把教育的责任全部推给学校，推给教师，然而这世界上没有万能的教师！

（五）理想型

理想型的家长，常在孩子的早期智力开发方面下功夫，因为先天智力毕竟无法更改，后天智力却有极大的挖掘潜力；爱孩子，重视孩子，但不溺爱；严格要求孩子，但给孩子适度的活动空间……

二、家庭教育问题

家庭教育问题有很多，但最普遍、最值得关注和改变的是家长往往想要一个“乖”孩子。

这是我国家庭教育中存在的一个很大的误区。家长评价孩子时，动不动就说“你真乖”或“你不乖”，将“乖”当成了教育标杆，具体就是听话，按教师和家长要求做事。但在塑造这样一批批“乖”孩子的过程中，往往也剥夺了孩子建立自信和良好自我形象的独立空间，甚至在无形中扼杀了他们的创新能力。

其实，孩子有时不按父母的要求去做，不听从父母的指令，这正是儿童身心发展的特点。一些心理学家认为，3 岁幼儿不反抗，就不是正常儿童。即使到了五六岁，幼儿的反抗行为也是很明显的。何况现在的孩子生活在信息如此丰富的社会，每天都可以吸收到许多信息，对人对事都会有自己的想法。如果父母过早地用成人的标准去要求孩子，是不符合孩子身心发展规律的，容易扼杀孩子的天性，使孩子从小失去最珍贵的创造性。

德国心理学家海查做过一个实验。他对 2～5 岁时有强烈反抗倾向的 100 名儿童与没有这种倾向的 100 名儿童追踪观察到其青年期。结果发现前者有 84%的人意志坚强，有主见，有独立分析、判断事物和做出决定的能力。而后者仅有 26%的人意志坚强，其余的人遇事不能做决定，不能独立承担责任。这一研究说明，反抗性强的孩子，长大会有坚强的品格和独立的意志，而这正是 21 世纪的人才应具备的素质。

三、倾听学生心声

“真正的好老师，是学生自己找的；真正的好老师，不会告诉你他是你的老师。”前一句话告诉我们，所有的人、事、物，均有可能成为学生的好老师。一个老师是否是好老师，不是所谓的专家评定出来的，而要看学生是否认可。后一句话告诉我们，真正的好老师，应该是有耐心的，是有好行为的，是不断学习新东西的，是帮助学生成长的，是懂得反思的，是像朋友一样温暖的，也是融入自然的。他不会告诉学生自己有多么好，但学生和他在一起会感到愉悦，会萌发很多的话题和无尽的探索欲望。那么，学生如何识别好老师呢？以下是一些学生对好老师的认定标准。

初一胡涓：好老师是不会随便冲学生发脾气的，首先他要懂得控制自己的情绪，不能把不良情绪迁移到学生身上；要像妈妈一样体贴、关心学生，无论在学习上还是生活中，都要能随时看出学生的情绪变化，适时鼓励、辅导和帮助学生。

初一曹晓艺：好老师要和蔼可亲，讲课的时候要生动有趣，不要太严肃，而在生活中能够和学生成为朋友。对待后进生要有耐心。和家长的联系要适度，不要过于频繁，不要一点小事就告诉家长，也不要很久才通一次电话。

初一庞雅兰：好老师在课堂上的讲课方法要很有趣，要能吸引学生的注意力、激发学生的兴趣。同时不要太严格。能真正理解学生的老师就是好老师。

初二庄怡欣：好老师首先应该是善良的，其次讲课要有条理、清楚易懂。对待学生，该批评时就要批评，不要一味溺爱，这样才有利于学生的改进和成长。同时不能偏心，对每一名学生都应该一视同仁地给予爱护。

初三卓淑芳：在课堂上要对学生严肃一点，但教学方式要活泼，要会调节课堂气氛，不要让课堂死气沉沉。性格要随和，能够和学生成为朋友，在生活和学习上要多关心学生。不管是成绩不好的学生还是成绩好的学生，都要平等对待。

高一董美灵：我心目中的好老师要和学生亲近一点，很关心学生。这里的关心不仅是关心学生的学习成绩，更重要的是要深入学生的生活中。而且，留作业不是越多越好，应该讲究质量。

高一郑鹭丹：好老师对学生更多的是鼓励，在辅导或回答问题时态度温和，耐心，细心，教到学生懂为止，不打击或贬低学生。平时的作业也不要布置得太多，课堂气氛不要沉闷。好老师除了在课堂上的言传身教外，在生活中也要对学生好，对学生要像对家人一样。

高二何晓凤：在着装上可以穿得休闲一点，但是不要穿着拖鞋来上课，那样是不尊重课堂和学生的表现。要有幽默感，在上课的时候不要太严肃，不要大声骂人；在下课的时候要和学生打成一片，成为我们的朋友。要关心学生，对于没有按时交作业或没有交作业的学生要用亲切的语气催交。上课也要讲究技巧和方法，每节课都要有游戏，学生在生动活泼的游戏中更易于接收新知识。对待学生不要偏心，要懂得尊重学生，不伤害他们的自尊。最重要的是不要在家长面前讲学生坏话。

高三王莹莹：与时俱进是时下最新潮的思想，但有的老师在日常教育教学中因循守旧，不主动或不善于吸取知识、改进方法，安于“吃老本”，如此落后的教育方式并不能正确地引导学生前行。我觉得好老师应该身体力行，多在平时充实自己、做好学生的榜样。

第六章 学校体育方向

学校体育发展是学校发展的缩影，优秀的校长一定非常关注学校体育多元化发展。学校体育无小事，学生的体质提升是大事，我们应该站在发展的高度去看待学校体育，把开展学校体育工作放在首位，切实关注学生的身心健康，关注学生终身体育意识的培养，努力向着学校体育应去的方向前行。

第一节　学校体育前景展望

一、回望学校体育

学校体育是随着我国历史的过程而发展的。以下介绍的主要是1949年以来的学校体育发展状况。

从1950年起，教育部着手启动体育教学大纲和教材的建设工作，并制定了《小学体育课程暂行标准（草案）》，1954年教育部开始组织编订全国统一的体育教学大纲。1956年3月和6月分别颁布了《小学体育教学大纲》与《中学体育教学大纲》。这是在总结1949年以来体育教学发展经验以及借鉴苏联学校体育经验的基础上制定的第一套体育教学大纲。配合这套大纲，1957年，人民教育出版社出版了《小学体育教学参考书》和《中学体育教学参考书》。这套大纲极大地推动了我国中小学体育教学改革，使我国的体育教学走向了正规化。

1962年，教育部贯彻中共中央书记处关于抓紧教材工作的指示，组织编写教学参考书，人民教育出版社出版了《小学体育教材》《中学体育教材》。教材中第一次提出了“增强学生体质”的教学指导思想。

“文化大革命”时期，体育课改为军事体育课，以军事项目为主要内容，不少教材内容和技术被贴上了政治标签，体育基本内容被严重删减。1972年教育工作得到恢复，1973年各地开始出现省编体育试用教材，基本摆脱了军事体育教材的框架。

1978年，教育部颁发了各科教学大纲，其中包括《全日制十年制小学体育教学大纲（试行草案）》《全日制十年制中学体育教学大纲（试行草案）》，并编写了相应的教材，这套大纲和教材重申了“增强学生体质”的体育教学指导思想，确立了体育教学的“三基”任务，提出了“要打破以竞赛为中心的编排体系”，提高选用教材授课时数比重，加大教材的灵活性，并在教学实践中引进了“课课练”的形式。

改革开放后，学校体育随着教育改革的发展而发展，各地开始编写体育课本。1983年初，河南省郑州市编写了全国第一套中学体育课本，同年8月，广东省编写了从小学一年级至高三各年级的体育试用课本，接着全国各省开始不同程度地编写体育教材，结束了学生没有体育课本的历史。

1987年1月，国家教委颁发了新的《全日制小学体育教学大纲》和《全日制中学体育教学大纲》，这是九年制义务教育大纲之前的过渡性大纲。这套大纲确定了中小学体育教学的目的和任务。目的是“培养德、智、体、美全面发展的社会主义建设者和保卫者”，基本任务是“全面锻炼学生身体，使学生掌握体育基础知识、基本技术和基本技能，向学生进行思想品德教育”。

1988—1992年，国家教委制定了九年义务教育的各科教学大纲，包括《九年义务教育全日制小学体育教学大纲》和《九年义务教育全日制中学体育教学大纲》，并编写了体育教材。经过5年的大规模实验，于1993年由全国中小学教材审定委员会审查通过，在全国正式颁发实施，这标志着中小学体育课程教材建设走向了新的历史发展阶段。

1996年为了减轻学生负担，国家教委决定小学停止使用体育课本。

2000年12月颁布了九年制义务教育《体育与健康教学大纲》和普通高级中学《体育与健康教学大纲》，该大纲将体育课程的名称更名为“体育与健康”。大纲强调以全面贯彻教育方针和“健康第一”为指导思想，重视以学生为主体，关注发挥体育与健康教学的综合功能。

2001年，教育部启动了基础教育课程改革。同年颁发了《中小学体育与健康课程标准（实验稿）》。2004年颁发了《普通高中体育与健康课程标准（实验）》。2001年经教育部教材审定委员会初审，通过了6套义务教育7～9年级体育教材。2004年通过了6套10～12年级教材。

2007年5月，中共中央国务院颁发了《意见》，明确提出，增强青少年体质、促进青少年健康成长是关系国家和民族未来的大事，要把学校体育作为今后一个时期实施素质教育的重要突破口来抓。

2011年，《义务教育体育与健康课程标准（2011年版）》正式出台，依旧遵照“健康第一”的指导思想，强调实践性特征，突出学生的主体地位，努力构建较为完整的课程目标体系和发展性的评价方式，为学生终身体育锻炼奠定基础，促进学生健康、全面发展。同年11月，教育部、国家体育总局和共青团中央下发了《关于开展全国亿万学生阳光体育运动的通知》。通知规定：用三年时间，使85%以上的学校能全面实施《学生体质健康标准》，使85%以上的学生能做到每天锻炼一小时，达到《学生体质健康标准》及格等级以上，掌握至少两项日常锻炼的体育技能，形成良好的体育锻炼习惯，体质健康水平切实得到提高。

二、培养健康素养

近几年，课程改革刮起了“核心素养”这阵风。其中，笔者认为培养学生的健康素养应该成为学校体育的主导思想。健康素养的基本特点就是强调教育的基础性、全体性、全面性，要求将传授知识与学生能力培养、个性发展紧密结合起来。这与终身体育所重视的培养学生体育兴趣、意识、习惯和能力同出一辙。

(一) 健康素养学校共同体

1. 未来学校体育以培养学生终身体育意识、习惯和能力为根本目标

关于学校体育的主要目标问题，原本比较一致的观点是“增强学生体质，增进学生健康”。到20世纪90年代，开始有学者提出新的观点。袁旦老师在《中国群众体育现状调查与研究》一书中指出，研究和改革学校体育，把“为人们从事终身体育奠定良好基础”作为学校体育的第一目标，使学生具有正确、科学的健康观念和体育观念，掌握从事体育的科学理论知识，养成良好的生活和从事体育活动的习惯。

2. 构建一体化的体育目标、内容体系

所谓学校体育一体化，就是把学校体育看成一个统一的整体，把学校体育的纵横联系统一与协调起来。从纵的方面来说，把幼儿体育、小学体育、中学体育、大学体育统一起来，充分考虑学校体育的阶段性、连续性和整体性；从横的方面来看，学校体育体系是终身体育大体系中的一个重要组成部分，要把学校体育置于与家庭体育、社会体育相联系的大背景下，使得学校体育的发展与家庭体育、社会体育密切协调，尤其是要与社会体育相衔接，使学生走向社会后不至于中断体育运动。

3. 探索多样化、特色化的学校体育组织形式

学校体育组织形式是指组织学生进行体育学习与锻炼的具体方法。首先，学校体育组织形式的改革应该坚持个性化、多样化、开放化、无形化等原则。其次，要积极尝试新的有利于培养学生体育兴趣、习惯和能力的体育组织形式。关于小、中、大学的体育组织形式，笔者提出“小学用中班，初中用分班，高中用选修制，大学用俱乐部制”的主张，多数体育教师对此也表示赞同。

4. 建立显性与隐性相结合的学生体育素养评价体系

学校体育评价中最基本的应该是学生体育素养评价。传统学校体育评价重在一个阶段、某个方面的成果；而终身体育的评价着眼于全过程的多个方面的成果。传统学校体育鼓励竞争，常搞达标测试和筛选，实行淘汰制，使学生在一种有形或无形的压力下学习；而终身体育强调体育是一个过程，着眼于它的全过程的多个方面的表现，更强调评价标准的多元性、过程性。

（二）健康素养师生共同体

1. 如何成为一名优秀的体育教师

在当今社会，每个人都想成为一名优秀的、完美的、具有丰富知识和高尚品德的、受大家欢迎的人士，这也是很多人孜孜不倦的人生追求。教师也是如此，成为一名优秀教师、教学能手、学科带头人是无上的光荣，是每一位教师的迫切希望和终极目标。但是“优秀”二字也不是那么随随便便、轻而易举就能得到的，总结分析社会各界优秀人物的成长过程，无不是从开始的一张白纸做起，在正确的目标引领下，通过自己的不懈坚持和努力才一步一步成长为社会各界的精英人物、优秀人才的，体育教师更是如此。在健康素养背景下，要想成为一名优秀的体育教师，应该从以下几个方面努力。

（1）对学科专业的全面了解，这样才能有助于培养学生掌握1～2项运动项目。

（2）对自己的全面了解、评价，掌握相关健康素养专业知识。

（3）制定详细、具体、可操作的个人专业成长规划。

（4）在名师、大家的引领下前进。

（5）依靠团队的支持，团队应具备良好的成长平台，具备“健康中国”大局观。

（6）寻找良好的成长平台，构建适合中小学生发展的健康素养系统。

（7）个人的坚持、努力。

总之，普通教师成长为优秀教师的过程是漫长的、曲折的，也是充满困难险阻的，唯有在“健康中国”的目标的指引下，通过个人的努力、坚持、不懈奋斗再加上名师和专家的指导，以及优秀团队的帮助，才能逐渐成长起来。

2. 如何培养个性化学生

现代教育思想认为，学生是学习和发展的主体。为此，体育教学必须符合学生主体的需要，必须适应和服务于学生身心全面发展的需要。教师要转变观念，把学生的健康摆在主体位置上，树立新的教师观和学生观。这就要求教师在教学过程中，改变以往的以教师为中心的观点，树立主体性教学的学生观。教师既要关注、促进学生的个性发展，更要理解学生的个性发展。个性发展并非教师依照每个学生的意愿进行针对性的个人教学，而应根据学生的心理特点，尊重其主体感受，发挥其主体作用。那么，在体育教学中如何发展学生个性呢？主要是开发学生喜欢的运动项目，激发学生的体育兴趣，根据学生的实际，培养学生坚持体育运动的习惯，使学生形成终身体育的意识。

三、培育阳光教师

（一）阳光教师气场

新课程背景下的新型体育教师应该在“五气”上下功夫，努力将自己打造成一身正气、富有才气、散发书气、充满神气、凸显锐气的创新型的阳光教师。

1. 正气

在人们心中，教师是真、善、美的传播者，人类灵魂的塑造者，莘莘学子人生的导师和引路人。人们常用“学高为师，身正为范”来形容教师，其中的“身正”即具有高尚的德行，一身正气，这是教师的首要素质。面对各种利益的诱惑、多元思想的碰撞，教师尤其要有浩然之气，这样才能在知行统一中让学生“亲其师，信其道”。

陶行知先生说：“千教万教，教人求真；千学万学，学做真人。”要实现教育的“真”，就不能披着伪善、庸俗、狭隘的外衣去教育学生。从育人的角度讲，教师对学生的影响是身教重于言传的。孔子说：“其身正，不令而行；其身不正，虽令不从。”教师一定要守住自己的魂，扎牢自己的根，恪守《教师职业道德规范》，树正气，压邪气，淳师风，扬师德，依法执教，真正担负起人类文化、健康的传播者及学生灵魂的塑造者的重任。

2. 才气

马卡连柯说：“学生可以原谅教师的严厉、刻板甚至吹毛求疵，但是不能原谅教师的不学无术。”可见，拥有扎实的专业功底对教师来说是多么重要。每一个学生都希望教自己的老师德艺双馨，教师的才气将直接决定他对学生的影响力和学生对他的信任度。

教师之才主要体现在课堂上。“教无定法”，同样的课题，同样的课堂，不同的教师，其精彩度、影响力绝对不一样。如果教师的业务能力强，善于驾驭课堂，便可以像《实话实说》栏目的主持人那样，与学生进行平等对话。如果教师专业知识渊博，幽默风趣，嬉笑斥骂皆成妙语，便可以像《百家讲坛》栏目里的大师一样潇洒自如，出口成章，让学生为自己的才智、才气所折服。体育教师更应该具备一流的专业技术、高尚的体育情怀，做一位文武兼备的阳光教师。

3. 书气

朱永新教授指出：“一个理想的教师，一个要成为大家的教师，一个想成为教育家的教师，他必须从最基础的做起，扎扎实实多读一些书。”也就是说，教师身上应该多些书气、文气，少些酒气、油气、老气、俗气，这正是教师这一特殊职业的需要。古人云：“腹有诗书气自华。”这里的“气”就是“书气”，这是一种文化底蕴、智慧力量的自然流露。教师必须是博家、杂家。没有上通天文、下晓地理之才，没有博古通今之智，没有丰厚的文化底蕴和浓郁的书卷气息，教师怎么能成为文化、文明的传播者和心灵的塑造者呢?

苏霍姆林斯基在他的《给教师的建议》中疾呼：“读书，读书，再读书——教师的教育素养的这个方面正是取决于此。要把读书当作第一精神需要，当作饥饿者的食物，要有读书的兴趣，要喜欢博览群书，要能在书本面前坐下来，深入地思考。”勤奋地读书学习是教师专业成长的必由之路，一个热爱读书的人必然会涵养出一种超越常人的独特文化气质和儒雅风度。

4. 神气

慵懒、涣散、萎靡、自卑，都有损于教师的形象，教师要以饱满的热情和积极的精神面貌投入教育教学工作中。如果教师充满激情与活力，神采奕奕，亲切自然，与学生打成一片，以良好的精神状态促使学生形成健康的、积极向上的学习心理，校园面貌必然会焕然一新。反之，如果教师整天无精打采，拖沓慵懒，纪律观念淡薄，缺乏进取精神，就会给学风、教风、校风带来很多负面影响。

教师的生命在课堂，教师在课堂上一定要有“精”“气”“神”。教师精神振作，讲课充满自信、激情飞扬，才能激活学生的思维，培养学生的精神和气魄。教师气聚神凝，讲课语韵抑扬顿挫、铿锵有力，才能孕育学生的人格和自尊。教师神思洒脱，讲课纵横捭阖、张弛有度，才能引领学生走进知识的殿堂，激起他们参与的欲望。失去“精”“气”“神”的课堂，收获的也许永远是失望；缺乏“精”“气”“神”的教师，永远也不会成为一名好教师。

5. 锐气

锐气，是一种胆量、一种魄力、一种攻坚克难的精神境界。在教育改革向纵深发展的今天，每位教师都必须有一股敢于争先、锐意进取的锐气。

学校创名校，需要锐气；教学创佳绩，也需要锐气。要建立一支师德水平高、业务能力强、服务水平高、创新能力强的新型队伍，需要每位教师都发扬团队精神，拼搏进取，追求卓越，为学校整体工作的稳步推进出力流汗，为学校体育事业的发展添砖加瓦！每位体育教师都要有争做名师的锐气，要跳出樊篱，敢教敢试，永不言败，教出个性，努力把自己打造成专家型、学者型教师。

（二）阳光教师范本

1. 爱岗敬业、献身教育是体育教师永恒的追求

教师的职业有苦也有乐，平凡中见伟大，只有爱岗敬业，才能积极面对自身的社会责任和社会义务，才能自觉地、不断地完善自我，才能在教育教学中有所收获。献身教育是一种精神境界，教师必须具有无私奉献的精神。教师虽然需要付出艰辛的劳动，但是苦中有乐，并乐在其中。教师最大的乐趣就是照亮别人，充实自己，犹如一支照亮人们前行道路的红烛。

2. 热爱学生、教书育人是体育教师的工作准则

教师应热爱学生，了解学生，循循善诱，诲人不倦，不歧视学生，建立民主平等、亲密的师生关系，做学生的良师益友。教师对学生的爱，应该是一种只讲付出不计回报、无私的、广泛的爱。这种爱是神圣的，是教师教育学生的情感基础。学生一旦体会到这种情感，就会“亲其师”，从而“信其道”，也正是在这个过程中育人目标才真正得以实现。

3. 更新观念、努力创新是体育教师的全新理念

传统意义的传道、授业、解惑，是对为师者业务职能的概括。今天，教师的角色正在发生着巨大的变化，从传道者转向学习知识及健康意识的引路人，从授业者转向解决问题的参与人，从解惑者转向发现问题的启发人。

4. 以身作则、为人师表是对体育教师的要求

俄国教育家乌申斯基说："教师的人格就是教育工作者的一切。"在教育中，一切师德要求都基于教师的人格，因为师德的魅力主要是从人格中显现出来的。教师是教人怎样做人的人，所以教师自己首先要知道怎样做人。教师工作具有强烈的典范性，为人师表是教师的美德。教师只有严以律己、以身作则，才能发挥人格感召的作用，培养出言行一致、心理健康的人。要求学生文明修身，教师自己就要讲礼貌，谈吐文雅；要求学生衣着朴素、大方，教师自己就要端庄、整洁；要求学生言行一致，教师自己就要说到做到；要求学生说话诚实，教师自己就要表里如一。对待学生，教师要动之以情，以情育人；晓之以理，以理塑人；导之以行，以行正人。

5. 终身学习、不断进取是体育教师追求的目标

如今，知识和技术更新的速度越来越快，每个人都面临着落伍的危险。如果一个人不经常学习，那么原有的知识结构很快就会落后于实践的要求。所以，时代要求教师必须转变学习观念，确立"边学边干，边干边学，终身学习"的观念，紧跟当代知识和技术的发展步伐。教师还要把终身体育观念传输给学生，使学生也形成终身锻炼的意识，不断运动，不断成长。

第二节　体育赛事丰富多彩

一名智慧型体育教师要能指导学生参加各种体育赛事，并在各种赛事之后进行总结以提高自己和学生的技能。体育教师要做好训练计划，带领学生进行科学的训练，做好赛前准备，在比赛过程中组织学生进行有效的放松，做好临场的指挥工作，等等。

一、体育竞赛指导

（一）竞赛前的准备

1. 合理安排营养素

在参赛者耗供平衡的前提下，应合理安排蛋白质、碳水化合物和脂肪在食物中的比例。以热量的摄取为例，一般来说蛋白质占总热量的15%左右，脂肪占总热量的30%左右，碳水化合物占总热量的55%左右较为适宜。蛋白质的摄取也应根据不同运动条件，合理安排动植物蛋白的摄入。水、碳水化合物、脂肪等其他营养素的摄取也应如此。

2. 注意热量的平衡

由于参赛者在训练或比赛中消耗的能量较多，只有给予及时补充，才能满足他们的正常需要及必要的能量贮备，以保证他们充沛的运动能力。然而过多的热量可导致脂肪增多、身体发胖、运动能力降低。所以，参赛者的饮食安排一定要合理，要因人、因项目而异。

3. 注意热原质的比例

参赛者的热原质应以碳水化合物为主，脂肪要少。对大多数运动项目的参赛者来说，蛋白质、脂肪、碳水化合物的比例应为1∶1∶4；对于耐力项目的参赛者来说，三者的比例则应为1∶1∶7。

（二）竞赛中的临场指挥

1. 放松

这里讲的放松主要是指情绪放松，肌肉则需要保持适度的紧张。要保持肌肉适度紧张，就要求赛前的那个晚上最好不要洗热水澡。情绪放松有很多种方法：首先要让自己心情放松，形成良好的自我调节习惯；其次，一定要按时睡觉，按时起床，保证以最好的精神状态去面对竞赛。

2. 坦然

告诉参赛者要坦然面对生活所给予的一切。要明白，过去的就过去了，得不到的暂时就得不到了，但将来还有得到的机会。只要努力争取，就会有收获。

（三）竞赛后的总结

竞赛后的总结，是运动队建设的一部分，能起到承上启下的作用。学校运动队的学生更换频率比较快，所以要做好总结工作。

1. 赛前准备工作总结

是否按照竞赛要求，准备好了运动服、号码簿；是否做好了参赛者赛前的调整工作，以确保其比赛时能发挥最高水平；是否强调过参赛者要注意饮食卫生、预防感冒等细节。

2. 赛中临场指挥总结

集体项目比赛需要团队合作，队员在比赛中的表现存在着很多不确定的因素。因此，教师应关注学生的情绪，看学生是否出现了焦虑状况，自己的安抚是否到位。如果是个人项目比赛，关注学生的状态也很重要。

3. 参赛者临场发挥情况总结

每一次竞赛都会出现参赛者水平发挥超常、正常、失常几种情况，教师要做好这方面的跟踪。

4. 教师自我总结

教师要学会统领全局，关注对手的情况：往年成绩突出的队员今年怎么样？有没有出现新的优势队员？对手的表现情况如何？等等。

二、学校赛事程序

学校体育赛事项目繁多。下面以学校田径运动会为例，来阐述学校体育赛事的组织程序。

（一）赛前工作

（1）召开全校大会，成立运动会组织委员会。

（2）发布通知，下发竞赛规程，组织学生报名。

（3）各处室做好相应的准备，如办公室负责工作人员安排，教务处负责秩序册编排（由体育组协助），教科室发动学生参加征文比赛，保卫科负责安保工作，总务处负责场地布置及其他后勤服务，德育处负责宣传及氛围布置，团委负责节目策划，等等。

（4）在编排秩序册前需做好以下工作：认真学习竞赛规程和比赛规则，了解运动会的时间和每个单元（上午、下午）可安排的比赛项目、参加单位、比赛项目、参加办法、计分和奖励办法、场地器材条件、裁判员人数与水平等情况，然后进行编排。

（5）秩序册的组成包含封面、目录、通知、竞赛规程、报名表、场次安排表、组委会及工作人员名单、仲裁委员会名单、裁判员名单、各单位参加人数统计表、各项参加人数统计表、兼项人数统计表、大会作息时间表、各代表队名单、竞赛日程表、竞赛分组表、男女最高纪录表、场地平面示意图等。

（二）赛中工作

1. 开幕程序

（1）运动员入场，介绍各班体育文化，展示各班体育特色。

（2）升国旗，奏国歌。

（3）运动员代表讲话。

（4）裁判代表讲话。

（5）学校领导致开幕词。

（6）节目演出。

2. 比赛过程

为了比赛的顺利进行，各处室按赛前既定方案各司其职。

（1）竞赛组负责各项比赛的有序开展。

（2）宣传报告组负责成绩的公告及对征文进行表彰。

（3）安保组负责维护比赛现场的秩序及安全。

3. 闭幕程序

（1）总裁判公布比赛成绩并宣读破纪录情况。

（2）学校领导总结发言。

（三）赛后工作

1. 总结报告

就工作人员的安排情况做总结，可以向学校办公室建议下次的人员安排。总结比赛过程中是否有突发事件发生，若有，是怎么处理的，等等。

2. 赛事风采宣传

体育教师一定要养成宣传报道的习惯，从不同的角度把赛事风采记录下来。

3. 记录更新

及时跟踪破纪录情况，为下次更高级别的比赛储备人才。

4. 运动队建设

挖掘田径人才，组建学校运动队，积极训练，准备参加更高级别的比赛。

三、家校体育互动

学校、家庭相互协作配合是十分有必要的，如何让家庭和学校共同形成合力促进学生的健康发展，其中一个重要的方面就是要开发出适合家校体育互动的运动项目。以下就家校体育互动运动项目的开发进行简单的分析和探讨。

（一）学校体育互动的方式

1. 亲子运动会

亲子运动会是家校体育互动最重要、最有效的方式，是由学校组织的学生、家长一起参加的趣味性的运动会。在亲子运动会上，可以设置一些学生、家长分别完成的运动项目，再设置一些需要学生和家长共同完成的运动项目。设置项目时要考量家长的体能因素，多设置协作性高、趣味性强的项目。耐力方面的项目让学生完成，家长可以观摩并参与评价。

2. 家校联系册

不妨设置一个家校联系册，联系册上面是体育教师给学生布置的锻炼内容及时间，家长要根据联系册做好跟踪及监督工作。当然，联系册的内容不限于体育一门学科，其他学科教师布置的作业和任务也可以写在上面，上面有班主任、各科教师及家长的联系方式，方便教师、家长及时联系。可以以一周为一个周期，周五教师将本周学生的在校表现和需要家长配合的事项予以告知，周末家长看到后予以反馈，周一学生将联系册上交。这样，就在学校和家庭之间架起了一座桥梁，真正让家校联动起来。

（二）家校体育互动内容的来源

1. 与学校体育教学相结合

学生在体育课上所学的很多动作和技术，通过几课时的学习未必能很好地掌握，这些动作和技术就可以成为家校体育互动的内容，让学生在家进行练习，以促进水平目标的达成。

2. 与学校阳光体育活动相结合

每一所学校的阳光体育活动都各有特色，各有传统，但仅仅利用课堂和大课间的体育活动时间来练习是不够的，所以阳光体育活动的内容也可以成为家校体育互动的内容。

3. 与“体艺2+1”相结合

“体艺2+1”中的体育项目是学生自选的、感头趣的。让学生在家练习这些项目既让学生容易接受、乐于练习，更能让学生通过练习进一步提高相关运动水平。

4. 与家长的体育爱好相结合

现在的家长一般都接受过较高水平的教育，不少家长对某项体育运动也有着特别的爱好，甚至达到了一定的水平。学校可以充分利用家长资源来辅导学生进行练习，这样不仅能增加学生的锻炼时间，还能让更多的家长参与到体育活动中来，为全民健身打下基础。

第三节　体育人引领养生潮

养生是一门大学问，是我国的瑰宝。养生不是一件需要特意去做的事，我们的每一个动作都可以成为养生的一部分。欧阳修说过："以自然之道，养自然之身。"体育教师要学会运用体育保健方法，引领养生潮流。当人们真正认同了养生的时候，我们的美好生活也就真正到来了。

一、养生基本原则

传统体育养生功法锻炼的基本原则，是人们在长期锻炼的过程中不断摸索、长期实践、多年积累的概括和总结。

（一）松静自然

"松"，是对身而言；"静"，是对心而言；"自然"，是针对习练的各个环节提出来的，姿势、呼吸、意志、心情和精神状态都要舒展、自然。"松静自然"不仅是确保习练取得功效的重要法则，而且是防止习练出现偏差的重要保障。

1. 放松的意义

身心放松是习练传统体育养生功法取得成效的必要条件之一，也是现代心理医学中用于防治因情绪紧张而产生一系列心身疾病的有效方法。所谓放松，就是在保持稳定姿势的情况下，或在缓慢的动作过程中，习练者运用自我调节的方法，使全身上下、左右，表里的皮肤、肌肉、关节，以至脏腑和大脑等部位都处于松弛状态。身心放松，一方面有利于机体内气血的自然循环，减少机体的负担和能量消耗，降低基础代谢率；另一方面，可以降低机体的兴奋程度，减少内外环境对大脑皮质的干扰，有利于诱导大脑入静，加速进入自我调整的状态。

2. 放松的方法

（1）做好心理准备。习练者要把长期积累的不放心的事情放下，也就是说，心要平和，要松弛。不过要做到这一点并不容易，需要经过长期的锻炼。传统体育养生功法要求习练者既要有健康的心理状态，又要注意道德修养、高尚情操的培养。

（2）学会由身到心的放松。根据身心相互影响的道理，一般放松应由身体放松开始，再转入心的放松。身体放松是指皮肉骨骼都要放松，不能僵直，不能绷紧。只有这样，才能为心的放松创造条件。

（3）借助词语使意念获得放松。用心理暗示的办法使自己的身体由上到下松弛下来，可以反复默念一些有助于放松的词语，如“吸气”“静”“呼气”和“松”等。这种方法运用熟练后，会有效地帮助习练者快速入静。

（二）动静相兼

动静相兼，是习练形式上动与静的紧密配合及合理搭配，是思想与形体的活动及安静。在习练过程中要做到动中有静，静中有动。一般来讲，动对疏通经络、调和气血、润滑关节和强壮肢体有良好的功效，而静对平衡阴阳、调整脏腑和安定情绪等有独特的作用。只有两者结合，发挥长处，弥补不足，才可达到事半功倍的效果，使身体强健、体质增强。

二、运动养生处方

华佗说过：“淡泊名利，动静相济，劳逸适度。”这是养生的最高境界。体育教师要充分运用专业知识，帮助大家延缓衰老，保持健康。

所谓“养生先养脚”“腿勤人长寿”，重视腿部、脚部的保健养生，可起到防病治病、健康长寿的功效。而下蹲运动是最有效、最简单的腿部和脚部养生方法。

（一）下蹲运动的好处

1. 强健关节和骨骼

下蹲运动可增强腰、髋、膝和踝关节的活动范围，增强膝关节的灵活性，延缓关节的老化，增强肌肉的力量，尤其是下肢的肌肉力量。

2. 改善血管功能

下蹲运动可以扩张微小动脉血管，减少心脏外周阻力，改善微小动脉血管壁的弹性，有效地降低血压，预防动脉粥样硬化和心脑血管意外的发生。

3. 促进新陈代谢

下蹲运动主要靠两条腿的屈伸来支撑躯干以上身体的重量。下蹲时，身体的重量向下挤压腿部肌肉中的血管，加快下肢的静脉血液流向心脏；站起来时，解除了身体重量对下肢肌肉的挤压，从心脏泵出来的动脉血快速进入下肢。如此反复下蹲，起来，再下蹲，能加快血液循环和新陈代谢。

（二）下蹲运动的动作要领解析

1. 正确的动作方法

正确的下蹲运动的姿势应该是从动作开始到结束，头部到腰部的躯干始终保持笔直伸展的状态，臀部要向身后撅起。

2. 下蹲的速度与方法

一次下蹲的速度（时间）大致标准是 5 秒钟一次（视乎体力，以舒适为佳），到了蹲的姿势时，有意放慢速度更好。下蹲时吸气，站起来时呼气。注意量力而行，循序渐进，以一天做 30 次以上为宜。

3. 运动时间与强度

运动时间可以根据自身情况而定，每次运动 5～15 分钟，一般每日一次或分两三次进行。至于运动量的大小，要自己把握好，以在每次活动之后稍有气喘，脉搏跳动一分钟在 120 次以内，全身感到舒适为最好。

“天行健，君子以自强不息。”这是《周易》中的一句话。人为了健康，应该像天体一样不停地运动。随着社会的进步，我们应该增强养生意识。

三、现代养生生活

养生对于我们的身体可以说是百利而无一害。在当今忙碌而浮躁的世界中，更需要养生这种项目来锻炼身体甚至是锤炼心灵。下面主要介绍一下季节养生的方法。

（一）春季养生

春季的气候虽然不错，但是气候变化非常大，忽冷忽热的，人体的抵抗力会下降。因此，春季不宜太早脱掉厚衣服，特别是年老体弱者，更不应该骤减衣服。“春捂”大概就是这个道理。

春季是适合运动的季节，应该多参加户外活动，这样可以加快人体血液的循环，促进气血的运行。可以做一些缓和的运动，如放风筝、散步、慢跑、打太极等，这些对养生都是非常有好处的。

在饮食上可以多吃一些温补阳气的食物，少吃酸的东西。因为肝主春，酸味入肝，具有收敛的作用，不利于阳气的生发。

（二）夏季养生

炎热的夏季，是人体消耗最大的季节。在高温环境中生活和工作，人体的生理和营养代谢必然会受到一定的影响。人们必须重视夏天的饮食调养，因为当人在炎热的环境中劳动时，体温调节、水盐代谢以及循环、消化、神经、内分泌和泌尿系统会发生显著的变化，而这些变化会导致人体代谢增强、营养流失。随着生活条件的改善，夏季，很多人会躲在空调房里。因此，夏季防湿邪入侵就成了养生保健的首要任务。

夏季的饮食应以清淡、质软、易于消化为主，少吃高脂厚味及辛辣上火之物。清淡饮食能清热、防暑、敛汗、补液，还能增进食欲。多吃新鲜的蔬菜瓜果，既可满足所需营养，又可预防中暑。

要尽量进行温和运动，太激烈的运动会造成大量流汗，运动消耗性大，体力容易不支，心情也易烦躁不安。选择和缓的运动，保持呼吸的平缓和从容不迫，身体内极细微的血管和经络才有机会得到足够的养分。

（三）秋季养生

在秋高气爽的季节里，天气的变化也是很大的。在这个季节，我们体内会不断地摄取大量的能量。很多人都是利用秋季来好好补充营养的，但是如果不注意的话，很容易就会发胖。

秋季一定要注意养肺，多吃一些滋阳润燥的食物如梨、芝麻、乌骨鸡、银耳、甘蔗、蜂蜜、豆浆等。

秋季是锻炼身体的好时期。此时，我们体内的阴精阳气也在收敛之中，运动量不要过大，一周可以进行两三次高强度锻炼。

（四）冬季养生

冬季，由于自然界阴盛阳衰，寒气袭人，极易损伤人体的阳气，所以冬季养生应从敛阴护阳出发。

冬季应早睡晚起，保持较长的休息时间，可使意志安定，这是冬季养生首先要注意的。还要十分注意背部的保暖。背部是阳中之阳，风寒等极易透过背部侵入，引发疾病，所以老人、儿童及体弱者冬季要注意背部保暖，避免身体受到伤害。

在一般人的观念里，寒冷的冬天是进补的好时节。现代医学认为，冬季进补能提高人体的免疫功能，促进新陈代谢，使畏寒的现象得到改善，还能调节体内的物质代谢，使营养物质转化的能量最大限度地贮存于体内，为来年的身体健康打基础。根据中医“虚则补之，寒则温之”的原则，在冬季应多吃温性、热性特别是温补肾阳的食物。

第四节　体育教师职业荣耀

一、专业梦想构筑

改变从决定开始，决定在行动之前。2010 年，是笔者入职的第十年，也是笔者所在学校校园排舞远航的开始。以笔者做的排舞为例，看看体育教师是如何抓住发展机会、践行职业梦想的。

（一）专业起航

1. 普及推广

从 2007 年 9 月开始，我校通过三年的推广，进行了以“校园舞・武”为龙头的特色学校品牌建设，提出构建“舞风・武德”的阳光体育内涵。2012 年 6 月，我校以“校园舞・武”申报全国特色学校；7 月，我校被教育部评为“全国特色学校”；11 月，以校园排舞为主题参加全国中小学阳光体育优秀案例征集评选活动，被评为全省优秀案例、全国入围案例。

2. 全国展示

因为校园排舞，我校加入了中国教育学会“十一五”中小学体育与健康新课程资源开发与利用的课题研究。2010 年 12 月 29 日，我校承担了全国阳光体育现场展示会，来自全国各地的近两百人到我校来参观现场展示会。2015 年 10 月，中国教育学会“十二五”课题组成员来我校观摩“舞・武”大课间展示。2017 岁末，接到中国教育学会“十三五”课题组秘书处来电，拟定于 2018 年 1 月份，课题组近百名体育同仁来我校观摩教研组建设及阳光体育特色品牌推广。

（二）专业远航

1. 区域辐射

2012 年 3 月，应福建教育学院邀请，笔者走进名师网的“名师课堂”，做校园排舞的专题讲座，让校园排舞辐射大江南北。2013年1月，应福建教育学院要求，我校进行全省校园排舞推广与培训；5月，笔者作为海沧区学术团代表，把校园排舞校本教材带进台湾中小学，并举行了教材捐赠仪式。2014年6月，应厦门排舞协会要求，我校参加了“2014海峡两岸排舞交流赛”。拟定于2018年1月23日至24日，笔者应江西省万载县第二中学邀请，进行学校阳光体育建设专题讲座。

2. 课程建设

笔者克服了重重困难，将多年经验的积累化作了文字，对排舞课程实施过程中的各种问题进行了细致的阐述，于2010年11月完成校园排舞校本课程教师用书与学生用书的撰写，目前已经印刷2000多册，送往全国各地。2014年5月，一本凝聚着笔者教学思索及探索的《校园排舞》专著，由厦门大学出版社出版。拟定于2018年3月出版《排舞——诗意校园》校本专著。

（三）专业领航

2015年7月，笔者与福建省艺术教育协会进行沟通，提出全省排舞要想更好地发展，就应该成立一个专门的委员会。几经沟通与协商，终于在2016年3月，成立了福建省艺术教育协会排舞委员会。2017年，我们团队举办首届厦门市排舞锦标赛，获得好评。

1. 意义与任务

成立排舞委员会，主要是为了更好地开展排舞区域互动，将广大排舞爱好者聚集起来，齐心协力为排舞的发展做贡献。排舞委员会的成立是为了推广、普及排舞，促进、推动校园排舞的发展，丰富全省中小学阳光体育活动的内涵。排舞委员会的任务包括以下几项：进行排舞创编与开发，组织全省的排舞培训，推广及学术文化交流，组织全省校园排舞活动和比赛，组织有关教练、裁判的培训和咨询服务，搭建科研平台，组织有关方面的学术成果评奖，借助电视、网络和其他媒体制作和推广校园排舞。

2. 团队建设

委员会中最重要也是最难的工作就是团队建设。一个团体要想发挥力量，团结是最重要的。

（1）建立委员会章程。章程是一个委员会的行为准则，是一个具有组织性的委员会最重要的基础。一般来说，委员会章程应该包括总则、成员、组织机构、职能、制度、活动项目等。

（2）建立资料体系。完善的资料包括制度资料、会员资料、文化资料、活动资料等。资料又可以分为两类：促进内部文化建设的资料，如制度、宗旨、会员资料、会议资料等；促进外部建设的资料，如活动宣传资料、外界对委员会有价值的报道资料等。

（3）选拔卓越的领导阶层。对于一个委员会来说，名誉会长是其发展的品牌名片，他能对委员会的运行加以正确的引导和帮助，引导委员会树立正确的目标，帮助委员会解决活动中所遇到的种种问题。会长是一个委员会最重要的领袖。会长的形象直接影响委员会的形象，所以会长要以身作则，严格要求自己，多进行自我总结、自我反思。委员会的领导阶层是一个委员会的灵魂核心，应能知人善任，拥有远见卓识，多谋善断，充满人格魅力。

3. 品牌发展

成立委员会是团队构建的第一步，品牌发展才是委员会建设的重点。品牌发展关键要靠人，要务实做事，要积极宣传，要注重细节提升。

（1）建立良好的外联。对于一个委员会来说，要了解自己的外部环境，明确自己的定位，寻求突破。

（2）定期开展活动。委员会的活动可以分为促进内部文化建设的活动和促进外部文化建设的活动。为了稳定与发展，做好团队内部文化建设是重中之重。

（3）品牌发展规划。一个项目品牌的发展与建设，要靠团队成员的集体智慧来完成。品牌的规划与塑造重在细节的完善。

很多体育教师会抱怨自己没有发展机会，学校没有搭建平台，感觉生不逢时，英雄无用武之地。笔者入职十几年以来，把“有为才有位”作为工作的座右铭，没有无缘无故的爱与机会，只有踏实做好基础工作，机会总是留给有准备的人的。体育教师们，从今天开始，努力挖掘自身潜能，一定会成为一名有特色的体育教师。

二、教师职称制度

（一）教师职称制度改革

我国之前的以中小学教师职务聘任制为主要内容的中小学教师职称制度是于 1986 年建立的。按照国家规定，中学教师职称的最高等级为副高级，小学教师职称的最高等级仅为中级，这影响了很多中小学教师的积极性及教师队伍的整体素质。

2011 年 8 月 31 日召开的国务院常务会议决定扩大中小学教师职称制度改革试点。这一规定的出台，意味着全国将有越来越多的中小学教师可以参评与教授级别一样的正高级职称，这无疑提高了教师的工作积极性，同时从侧面反映了国家对教育事业的大力支持。

（二）职称评定若干问题

教师职称评定是对教师专业技术水平和能力的认可，是对教师劳动优质优酬的体现，是撬动教师工作活力的杠杆，也是推动教师专业发展的动力之源。

基于对教师职称评定价值的确立，有人谈到“我们习惯于把凡是涉及教师的学习考评都与职称挂钩”，这就使教师职称评定成了一个套子，在这个套子里装有教师的年龄、工作年限、工作态度、职业道德、外语水平、计算机水平等，也许有人觉得这个套子还不够大，所以还在往里塞进新东西。笔者认为，教师职称评定的条件不应该是套子，什么东西都往里面装，而应由教师职业道德水平、教育教学能力水平、教育教学效果水平几个方面组成。下一级职称晋升上一级职称的任职年限，可以结合教师成长的一般规律，取一个比较合理的年限。至于普通话、计算机、外语水平等，可以根据需要前置为教师资格的准入条件。

教师职称评定放开后，让更多的人拥有了中级或高级职称，但是否应该终身享有这一职称？社会发展对教育的要求在不断提高，强烈呼唤着教师必须与时俱进。有可能教师职称评定后的实际工作水平与其所拥有的职称并不相称，这就需要在一定的时间内予以调整，探索建立职称动态管理的新机制。

三、评职注意事项

为了克服教师“职称到顶”的懒惰思想，需要在职称评定后针对高级职称给予相应的考核，让教师仍然保持职称评定前的那种工作激情和工作态度，高质量地完成所承担的教育教学任务。

为了使职称评定做到更加公平、合理，现在都采用量化标准，量化的面也很广。在职称评定过程中可以从以下几个方面加以注意。

（一）科研

评正高级教师，需要发表核心论文1～2篇。评副高级教师，需要发表CN论文1～2篇。不同级别都有论文要求。对课题研究也做了明确的要求，评正高级教师需要主持省级及省级以上课题，评副高级教师需要主持课题或参与课题研究。科研，是体育教师的软肋，因此要从这一块入手，提早布局，精心准备。

（二）竞赛

竞赛包括教师个人竞赛、指导教师竞赛、指导学生竞赛。教师个人竞赛指教育行政主管部门组织的各项技能大赛，教师要积极、踊跃地参加，为自己加分；指导教师竞赛，主要考查指导教师的带教能力与水平；指导学生竞赛比较好操作，教师要积极带运动队参加比赛，争取获得好成绩。

（三）测评

测评包括教师测评与学生测评。然而，教师测评容易使教师之间关系紧张，形成恶意竞争。至于学生测评，也不见得公平，有的学生会故意把分数打得很低。这一点值得我们深思。

（四）其他

关心职称评定的教师，要认真解读相关文件及学校制定的方案，对几项硬件指标提早准备，其他指标按照要求认真完成，抓好日常教学工作即可。

体育教师要获得职业荣耀，不仅在于桃李满园，还应在个人职称上有所突破，如此才能实现体育梦。

第五节　院校体育生职业路

一、职业梦想规划

（一）心怀梦想

体育生怀着一颗激动澎湃的心升入大学，来到了期待已久的新天地。它是这样熟悉，因为多数人曾经无数次地在梦里踏进了这片让人神往的土地；但它又是那样陌生，因为这是很多人第一次踏进大学的校门。他们的心情无比欣喜，好像自己的未来一片光明。

但是，当大多数体育生融入了大学生活，随着时间的流逝，会渐渐地发现，其实一切并不像自己当初想的那样简单，甚至会有些迷茫。此时，可以静下心来思考如何对自己将来的职业生涯做出规划，只有这样，才能看清前进的方向，找到前进的动力。

（二）就业方向

体育生的就业范围相对来说比较窄。大概有三个就业方向：一是考取与体育专业相关的公务员；二是考取教师资格证等证书，参加教师专业方面的考试；三是进入体育市场，具体指体育用品器材市场，或去健身俱乐部当一名私教。考公务员、成为体育教师，都要求体育生熟读相关政策，认真准备相关专业的考试。而第三种职业，未来体育产业将成为我国重大产业支柱之一，相关的就业前景非常广阔。

（三）行动规划

计划不是一成不变的，所以不必制定太过详细的计划。但是，要想把握住未来的发展，就要做好行动规划。

1. 行动计划

（1）循序渐进，持之以恒，不能“三天打鱼，两天晒网”。有了明确的行动方向之后，就要做好规划，朝着既定的目标前进。

（2）统筹兼顾，科学安排。处理好学习与工作的关系，做到学习与工作的有机统一，努力使学习工作化、工作学习化。

（3）融会贯通，学以致用。通过不断学习业务知识来提高业务水平，通过不断实践来丰富工作经验，把知识和经验的积累升华为思维模式的更新，进而转化为创新的源泉和动力。

（4）学习和实践相结合。用学习来提高实践能力，用实践来验证学习效用；用科学的方法分析市场，用市场的手段提升自己的实践能力。

2. 具体措施

（1）掌握一门外语。要让自己有更好的发展，必须熟练掌握一门外语。因此，在校期间，应每天坚持学习外语一个半小时，并在入睡前听外语，提高外语听力。

（2）每周要保证 2～3 次的运动，运动项目可以是网球、羽毛球，也可以是瑜伽、健美操等。一方面可以锻炼身体，另一方面也能使自己的技术得到提高。此外，多接触一些热门的体育活动，多了解点这方面的知识，就能对今后的体育市场多一分了解，也会在运动中找到志同道合的朋友。

（3）加强计算机学习。互联网已经成为我们生活中必不可少的一部分，计算机的运用不仅可以提高我们的工作效率，而且是我们获取外界信息的窗口。在互联网上，我们可以知道很多情况，如大家喜欢什么样的体育活动，需要什么样的器材，等等，所以高水平的计算机技术是取得成功的有利因素。

（4）要有计划地参与社会实践活动，与健身俱乐部、社区体育、运动服装公司多一些沟通，多了解一些社会情况，使自己在各方面尽快地成熟起来。

二、教师入职培训

教师入职培训是连接职前教育和职后教育的桥梁，是专门为刚参加工作的新教师提供的有计划的系统性、支持性辅导课程。新教师开始从事教学工作总会遇到一些问题和困难，需要得到别人适当的帮助。因此，中小学校长在入职培训开始时就要考虑这一个问题，在学校中挑选具有丰富教学经验的老教师担任新教师的指导教师，对其进行日常的辅助和监督。对新教师实施辅助和监督体现在不同的活动中，主要包括以下几个方面。

（一）明确新教师专业成长的基本需求

学校在为新教师提供具有针对性、实效性的辅助之前，有必要明确在新教师专业成长中一些需要优先考虑的问题，要依据新教师的个人任教简况表、合格教师资格授予标准和入职培训标准等多方面的要求来确定新教师的基本需求。

（二）设定专业成长目标和行动计划

专业成长目标不仅有助于新教师达到入职培训的标准和要求，还是评定新教师进步的依据，能使新教师和指导教师认识到计划的哪些地方有助于新教师的专业成长，哪些地方需要加以改进。为了使专业成长目标行之有效，要在设定时通盘考虑，顾及新教师的具体工作环境和他们的个人基本需求。设定的专业成长目标要具有挑战性、现实性、精确性、代表性及明了的表现方式等特点。

在设定好目标之后，就应考虑采取什么样的行动来保证目标的达成，即制定行动计划。制定行动计划的方法如下：确定帮助新教师达成目标的步骤；确保支持计划易于新教师和学校进行操作；对进展的监督和考察要易于目标的实现；在培训中，当新教师的基本需求和急需解决的问题发生变化、新机会出现或者未预料的事件出现时，就要对目标进行修订和更新。

（三）做好新教师听、评课工作

对新教师的教学情况进行观察即听课，听课在整个入职培训期和计划实施过程中都是非常重要的。在听课之前，听课者要做好详细的计划，最重要的是要事先考虑听课的重点、听课的方法。听课应注重新教师教学上的独特之处，听课的重点要依据入职培训标准和新教师的发展目标来确定。听课之后，新教师和听课者要对教学情况进行讨论和分析，这可以帮助新教师对其教学进行反思。课后讨论内容要与听课重点和新教师的发展目标相关，讨论要诚恳、有建设性，要鼓励新教师积极参与，肯定新教师的能力和取得的成绩。听课后可以针对新教师在教学过程中遇到的问题来调整其专业成长的重点和领域，以使培训计划更能满足新教师个人的实际需要。

三、职业规划评估

对新教师进行评估是整个入职培训过程中的一个重要阶段，能确保新教师教学工作的顺利进行。在这一过程中，中小学和地方教育局发挥着重要的作用。入职培训期间要进行三次评估会。

第一次评估会在第一学期末进行，主要评价新教师达到合格教师资格授予标准的程度及其是否满足了入职培训标准的要求。第二次评估会在第二学期末进行，主要评估新教师完成入职培训标准的进展情况。最后一次评估会在第三学期末进行，主要讨论新教师是否达到了所有入职培训标准的要求。

在每次评估会后，校长、指导教师和新教师都要填好评价表，以反映新教师是否取得了进步，是否圆满完成了入职培训计划。评价表应在会后的10个工作日之内送交专门机构，并将复印件送给新教师和校长人手一份。在总结评估后，如果判定某个新教师有可能无法完成入职培训，校长应向地方教育局提交一份报告，在报告内容中要指出该教师的弱点所在，确立适当的发展目标以补救其不足，制定支持发展计划，等等。在培训结束时校长根据每学期评估会的讨论结果对新教师的教学和培训进展做终结性评价，并向地方教育局递交一份关于新教师达到入职培训标准的推荐书。地方教育局根据此推荐书来决定新教师是否圆满完成入职培训，然后将结果通知相关人员。

第六节　体育名人促进发展

名人效应是由于名人的出现所达成的引人注意、强化事物、扩大影响的效应，或人们模仿名人的心理现象的统称。名人效应已经在生活中的方方面面产生了深远影响。

一、中国体育精神

（一）女排精神

女排精神是中国女排的历史遗产，是 20 世纪 80 年代中国女排夺得五连冠之后的经验总结。女排精神的基本内涵可概括为无私奉献精神、团结协作精神、艰苦创业精神、自强不息精神。女排精神很好地诠释了为国争光、无私奉献、团结友好、坚强拼搏的中华体育精神。女排精神被运动员们视为刻苦奋斗的标杆和座右铭，鼓舞着运动员们的士气和热情。更关键的是，女排精神因契合时代需要，不仅成为体育领域的品牌意志，更被升华为民族面貌的代名词，演化成指代社会文化的一种符号。女排精神不仅成了中国体育的一面旗帜，更成了整个民族锐意进取、昂首前进的精神动力。在 21 世纪的今天，女排精神仍具有巨大的现实意义和时代价值。女排精神所蕴含的意义已经远远超越了体育的范畴，被视为各项事业的宝贵精神财富，已经深深扎根在中国人的心中，化作浓浓的解不开的情结，显示了其强大的生命力和感召力。

（二）其他精神

1. “梦之队”

什么是“梦之队”？国人的美梦，对手的噩梦。“梦之队”作为对中国体育运动的最高荣誉，包含乒乓球、跳水等项目，造就了众多体育明星，让国人燃起打乒乓球、跳水的梦想。

2. “铿锵玫瑰”

中国女足被称为“铿锵玫瑰”，她们作风顽强，曾在多项世界级赛事中晋级并获奖。这是激励中国体育人，特别是女性运动员最好的例子。

二、中国体育名人

（一）“体操王子”李宁

在世界体操史上，李宁创造了神话，先后摘取14项世界冠军，赢得100多枚金牌。“不做中国的耐克，要做世界的李宁。”1988年，李宁以成功体育运动员的身份进入商界，创建了一个体育用品王国，并以自己的名字命名。创业初期，李宁的个人名气确实帮助企业很快地进入了市场。之后，强势的国际品牌想要挤掉这个在他们看来极有潜力的本土品牌，同时，国内的其他资本也在逐渐进入体育用品行业。竞争中，李宁很快明白了一个道理：没有体育事业的强大，就没有相关体育产品的市场。培育市场首先要站在那张让全世界的体育迷们为之欢呼雀跃、为之热泪盈眶的体育圣床上，否则在传统营销的环境中去谈体育用品市场，市场就将成为空中楼阁。于是，李宁挺身进入了体育营销领域，赞助奥运走出国门。1992年巴塞罗那奥运会，李宁牌装备被选为中国体育代表团指定领奖装备，从此结束了中国运动员在奥运会上穿着国外体育品牌服装的尴尬历史。此后，每届奥运会李宁体育用品有限公司都是中国体育代表团的赞助商。对体育赛事的赞助，让李宁有了与国际品牌逐鹿市场的资历。

（二）“小巨人”姚明

姚明的横空出世对NBA在中国的推广做出了不可磨灭的贡献。据《中国体育报》消息，姚明入选2016届奈·史密斯篮球名人堂，受到国内外舆论瞩目。世人皆知，美国篮球名人堂条件相当苛刻，入选实为不易。

姚明当年以状元身份进入NBA后，NBA收视率在中国直线蹿升，NBA专卖店在中国四处开花。令人印象深刻的是，许多篮球迷对于火箭队的热爱甚至达到了“夙兴夜寐，靡有朝矣”的地步。毫无疑问，NBA通过姚明成功地打开了中国乃至亚洲的巨大篮球产业市场。

现代人越来越意识到，体育偶像的力量是巨大的，他会带动相关体育产业的发展，直至带动上游和下游产业链一起发展。与美国人善于制造商品明星不同，我国倡导立足国情，以人为本，坚持和完善举国体制，发扬光大中华体育精神。而在加快推进社会主义现代化建设的今天，体育的任务也愈来愈清晰和明确，那就是体育不但要为国争光，还要为民谋福、为国增利。

三、体育名人效应

（一）从两个方面看问题

刘翔、田亮、姚明、郭晶晶、王军霞、刘璇、贝克汉姆、乔丹……他们在赛场上精彩的表现，不仅为自己争得了光彩，也为祖国赢得了荣誉，这值得我们学习。

然而，有些运动员也有负面新闻，哪位运动员吸毒，或者服用兴奋剂，这些都应该给学生做分析，使他们知道什么可为，什么不可为。

（二）体育人不忘初心

笔者认为，可以把富有代表性的中国运动员作为宣传的重点，最好能结合自己学校的特色项目进行宣传。可以把优秀运动员的竞技精神提炼出来，激励学生，以此告诉他们要加强体育运动，不忘初心。

可以进行学校体育小明星评选，注重培养德智体全面发展的运动员，这类运动员就是时代应该倡导、学校应该培养的复合型人才。年复一年的积累，会成为学校体育文化的一个窗口，也会促进学校体育氛围的形成，激励今后入学的新生。

参考文献

1. 全国体育学院教材委员会审定．体育史［M］．北京：人民体育出版社，1989.

2.《体育史》教材编写组．体育史［M］．北京：高等教育出版社，1996.

3. 荣高棠．当代中国体育［M］．北京：中国社会科学出版社，1984.

4. 全国体育学院教材委员会审定．运动训练学［M］．北京：人民体育出版社，1990.

5. 连仁都．校园排舞［M］．厦门：厦门大学出版社，2014.

江苏凤凰教育出版社
《行知工程》系列丛书目录

系列	序号	书名	作者	定价
创新教学探索系列	1	《学校体育密码》	连仁都	36.00
	2	《我家住在〈诗经〉里》	李日芳	40.00
	3	《〈红楼梦〉里的语文课》	李日芳	30.00
	4	《品世界名画，学精彩作文 ——特级教师的“名画”作文教学法》	李日芳	36.00
	5	《学生数学整体思维培养 ——小学数学结构化教学的探索与实施》	颜春红	45.00
	6	《基于核心素养的体育与健康校本课程建设》	赵卫新	35.00
	7	《把古文教活——激活文言文课堂的教学策略》	刘小华	35.00
	8	《做童年面前最合适的人——我和孩子们的“童化语文”》	曹丽秋	30.00
	9	《玩出精彩作文——张化万活动作文教学经典策略》	张化万	35.00
	10	《让学生把母语用精彩——“语用课堂”的探索与实践》	佘小红	30.00
	11	《“备”出课堂精彩——备学式教学的课堂实践与思考》	张旭兰	30.00
	12	《神奇的阅读教室——带学生踏上美妙的阅读之旅》	李祖文	30.00
	13	《打造有生命力的课堂 ——“两步八环节”教学模式探索与实践》	查联智	30.00
	14	《最能培养学生探究能力的课堂 ——小学科学与信息技术单元整体课程实施与评价》	李怀源	30.00
	15	《最能激发学生运动天赋的课堂 ——小学体育单元整体课程实施与评价》	李怀源	30.00
	16	《最能提升学生艺术素养的课堂 ——小学艺术单元整体课程实施与评价》	李怀源	30.00
	17	《“生命语文”探索——焕发语文生命力的思考与实践》	王自成	30.00
	18	《粘连作文教学：让习作成为有个性的自我建构》	黄瑞夷	30.00
	19	《备学式教学——在体验中建构数学思维》	单广红　范雪梅	30.00
	20	《向着自主进发——自主教育的创新实施智慧》	朱亚红	30.00
	21	《写中学——让学习更有效的学科写作教学》	钟传祎	30.00
	22	《小学科学实验总动员——大科学课堂有效提升学生创新力》	江美华	30.00
	23	《小学语文单元整体课程实施与评价》	李怀源	30.00
	24	《小学英语单元整体课程实施与评价》	李怀源	30.00
	25	《小学数学单元整体课程实施与评价》	李怀源	30.00
	26	《让教学更能激发智慧——“思维碰撞”课堂的建构与实施》	程和方	30.00
	27	《构建语文综合课新模式——家庭、社区、学校协同教学》	黄瑞夷	40.00
	28	《自主创新让教学成为有效引领》	蔡　隽	30.00

系列	序号	书名	作者	定价
教育思想者系列	29	《父母要成为子女的精神导师——五个孩子走向卓越的奥秘》	陶继新	43.00
	30	《治校之道——中学名校长的办学智慧(1)》	陶继新	40.00
	31	《品鉴教育文化盛宴——陶继新序跋屯集》	陶继新	45.00
	32	《为什么而出发——一位研究者对教育本质的沉思》	齐　健	35.00
	33	《高效教学的道与术——陶继新教育讲演录》	陶继新	30.00
	34	《铸造一流教育品质——陶继新区域教育巡礼》	陶继新	35.00
	35	《名校之道——陶继新对话名校长（1）》	陶继新	30.00
	36	《名校之道——陶继新对话名校长（2）》	陶继新	35.00
	37	《教育，一切从孩子出发》	黄　俭	30.00
新父母教程	38	《一年级的孩子》	陈文芳	28.00
	39	《二年级的孩子 》	陈文芳	28.00
	40	《三年级的孩子》	钱静霞	28.00
	41	《四年级的孩子》	谢　云	28.00
	42	《五年级的孩子 》	陈　春	28.00
	43	《六年级的孩子》	袁卫星	28.00
	44	《七年级的孩子》	焦晓骏	28.00
	45	《八年级的孩子》	钟　杰	28.00
	46	《九年级的孩子》	凌宗伟	28.00
教育求索系列	47	《写作思维与训练》	邱国华	42.00
	48	《让经典滋养人生——名著导读教学策略（中学）》	郑建忠	35.00
	49	《关注每一位儿童的发展 ——语文小班化教学的探索和实践》	何慧玲	40.00
	50	《让生命诗意地栖居——诗意教育的理念建构与实践探索》	钱丽美	40.00
	51	《怎样上好语文课——时鹏寿解析精彩课例》	时鹏寿	45.00
	52	《让书香浸润生命——时鹏寿伴你品读经典》	时鹏寿	35.00
	53	《开在手心里的花——一位优秀教师的教育情怀》	詹雪莲	40.00
	54	《学科建设与教师发展——中学数学》	杨志文	30.00
	55	《欣说教育那“一亩三分地” ——一位一线教师的教育微思考》	王庆欣	30.00
	56	《爱的守望——一位一线教师对教育的坚守》	林卫红	30.00
	57	《思政教学的人文力量》	戴晓华	30.00
	58	《师道新说——给教育者的 30 条箴言》	徐　卫	30.00
	59	《快乐数学——初中数学教学方式探索》	孙国芹	36.00
国际教育系列	60	《美国教育面面观——一位特级教师眼中的美国教育》	邵淑红	35.00

系列	序号	书　　名	作者	定价
教师软实力系列	61	《教师人际沟通力》	黄爱华　夏丽娟	38.00
	62	《班主任教导力》	黄爱华　戴诗银	38.00
	63	《教师执业道德力》	黄爱华　夏丽娟	38.00
精彩课堂系列	64	《基于核心素养的数学教学》	赵红婷	35.00
	65	《中学生核心写作能力培养》	陶　波	36.00
	66	《给孩子更好的数学课堂》	易增加	30.00
	67	《小学生阅读素养的提升策略》	邵巧治	35.00
	68	《从语文素养走向生命成长 ——小学语文读写课堂教学密码》	曾海玲	30.00
	69	《真实的品德课》	朱淑秀	30.00
	70	《英语课堂学习共同体——新型的师生交互学习场》	杨延从	30.00
	71	《指导自主学习——初中数学学与教的研究与实践》	刘其武	30.00
	72	《玩出精彩的课堂 ——小学低年级教与学方式转变研究》	陶红松	30.00
	73	《让生命之花自主绽放——语文个性化教学建构策略》	商德远	30.00
	74	《让学生亲历知识——主体参与下体验式学习的实施策略》	何世祥	30.00
名校系列	75	《从校本课程走向学校课程——锡山高中课程探索之路》	唐江澎等	35.00
	76	《让每个孩子都成志 ——清华附小主题阅读课程的实施探索》	窦桂梅	30.00
	77	《让每个孩子都成志 ——清华附小主题实践课程的实施探索》	窦桂梅	35.00
	78	《向着朝阳走去——清华附小合作办学实践探索》	窦桂梅	30.00
名师成长系列	79	《情怀·智慧·境界——教育名家演讲录（1）》	钟惠河　李韫琬	30.00
校长领导力系列	80	《学校细节管理的执行力》	林文明　王林发	30.00
	81	《校长智慧统筹的领导力》	谢耀丰　蔡丽姗 王林发	30.00
	82	《学校持续发展的研究力》	林文智　宋佳敏 王林发	30.00
	83	《学校和谐融洽的协作力》	陈一平　郭雪莹 王林发	30.00
	84	《学校教育提升的引领力》	谢文东　关敏华 王林发	30.00
	85	《学校团队成长的学习力》	黄纪　蔡美静 王林发	30.00
	86	《学校高效管理的创新力》	张旭	30.00
	87	《学校成功管理的决策力》	邱黎明	30.00
	88	《高品质学校生长要素》	王益民	30.00
	89	《校长高效教学领导力提升策略》	徐世贵　郭文哿	30.00

系列	序号	书　　名	作者	定价
新思维系列	90	《让后进生学习有后劲之36计》	严育洪	30.00
	91	《教育中的“不一定”——打破教育的19种思维惯式》	严育洪	30.00
教师修炼系列	92	《如何炼就课堂好声音——教师美嗓保健实用宝典》	薛建洲	30.00
	93	《与学生一起成长——90后教师的心路反思》	王　晗	30.00
	94	《教育，爱与宽容——教师心灵礼仪修炼》	许力争	30.00
教育家核心思想系列	95	《叶圣陶论写作》	叶圣陶 著 李怀源 选编	30.00
	96	《叶圣陶谈阅读》	叶圣陶 著 李怀源 选编	30.00
	97	《多元智能理论的本土化应用》	刘治富	30.00
	98	《大教育家最具施教力的教学思想》	白刚勋	30.00
学生心理解码系列	99	《在人生的春天播种 ——十四岁，写给青春的一封信》	白宏宽	30.00
	100	《孩子问题行为一点通 ——只有好老师才知道的学生心理谜底》	严育洪	30.00
校本研修系列	101	《徜徉语文教研》	肖俊宇	35.00
	102	《校本研修资源的开发与利用》	陈朝林	30.00
	103	《校本研修与教师专业成长》	吴积军	30.00
	104	《卓越教师经典研修成长策略》	刘天宝等	30.00
	105	《特色校本课程开发范例解读》	刘永平　李秀伟 张雪梅	30.00
	106	《高效校本研修模型构建艺术》	刘素雁	30.00
	107	《走向实践的教研——中小学教育科研引领与应用》	江　敏	30.00
教育管理力系列	108	《缔造唯美教育——延奎小学素质教育实施策略》	易增加	30.00
	109	《让普通学校崛起的20个细节 ——“生命为本”教育团队成长密码》	李其玉	30.00
	110	《“走”出教育的精彩：走动式学校管理文化构建》	罗　军	30.00
	111	《校长兵法：学校管理四十六计》	皮大鹏	30.00
班级文化系列	112	《活力班级的文化建设》	胡　珏	30.00
	113	《做幸福的班主任》	吕　丽	26.00
高效能教学系列	114	《高效能教师的10个好习惯（中学卷）》	张　瑾	30.00
	115	《让作文落地生根——提高写作实效的教学策略》	黄桂林	30.00
	116	《高效能作文教学5项修炼》	陈步华	30.00
	117	《高效能校长的10个好习惯》	张　勤	30.00
	118	《高效能教师的10个好习惯（小学卷）》	谢　英	30.00
	119	《高效能语文教学5项修炼》	王其华	30.00

系列	序号	书名	作者	定价
新课程探索系列	120	《语文新课程的批判与重建》	葛桂斌	30.00
美国名师教学译丛	121	《美国名师游戏教学本土化应用：幼儿园》	（美）玛西娅 L. 泰特 著 胡珍 瞿菁 编译	30.00
	122	《美国名师游戏教学本土化应用：小学英语》	（美）玛西娅 L. 泰特 著 杨永华 张心影 编译	30.00
	123	《美国名师游戏教学本土化应用：小学数学》	（美）玛西娅 L. 泰特 著 谢艳红 编译	30.00
	124	《美国名师游戏教学本土化应用：小学科学》	（美）玛西娅 L. 泰特 著 刘丽萍 编译	30.00
	125	《美国名师游戏教学本土化应用：小学社会》	（美）玛西娅 L. 泰特 著 姜梅芳 编译	30.00
	126	《美国名师游戏教学本土化应用：小学音体美》	（美）玛西娅 L. 泰特 著 尹立志 编译	30.00
鲁派名师名校·教育探索者系列	127	《悦读立人——校园阅读文化体系构建策略》	杨世臣	30.00
	128	《教育智慧何处来——一位特级教师的思考手记》	付立金	30.00
	129	《和雅文化——校本课程的创新构建》	汤善香	30.00
	130	《让个性绽放精彩——学校课程体系整合与创生》	谢建伟 徐淑萍	30.00
	131	《让每个学生都幸福——最能润泽生命的学校文化建设》	谢建伟 张新喜	30.00
生态化校园系列	132	《文化管理——构建生态和谐校园的必由之路》	付全新	30.00
	133	《点燃学习的激情——构建校园生态化学习型组织》	杨树岳	30.00
	134	《课改突围——构建学校生态化教学体系》	杨树岳	30.00
教育新思考系列	135	《语文教育向何处去》	王丛	26.00
	136	《教育，就是做好普通的事》	孙志毅	27.00
	137	《走出语文的偏见——让学生体悟文本的原义》	丛智芳	30.00
	138	《让语文教学更高效——批注式阅读教学探索》	韩中凌	30.00
	139	《读写互促——探寻学以致用的语文教学》	曹龙	30.00
	140	《跳出数学教数学——用文化融通数学教学》	马建秀	27.00
名师感悟系列	141	《让心灵伴着歌声成长——22位音乐名师的教育智慧》	陈璞	30.00
	142	《超越自我的教师——32位名师的成长感悟》	李卫东 李秀伟	35.00
	143	《心灵的守护者——19位名班主任的教育智慧》	王晓松 曲文弘	30.00
	144	《名师感悟班主任有效工作艺术90例》	符礼科	30.00
	145	《名师感悟有效教学90例》	林高明 徐玉烟	30.00

系列	序号	书　　名	作者	定价
信息化教学系列	146	《巧用白板教语文——信息技术与语文教学操作指南》	蒋丽清	30.00
	147	《跨越式实现高效课堂 ——信息技术与课程整合高效教学方案评析》	陈　玲　刘　禹	30.00
教师必读系列	148	《教师必学的16堂修养课》	武宏伟	30.00
	149	《教师不可不知的教学心理效应》	叶勇军	30.00
	150	《班主任不可不知的管理效应》	奚一琴	30.00
	151	《教师不可不知的教育心理效应》	孙　媛	30.00
	152	《校长不可不知的管理效应》	谢申刚　张金豹	30.00
	153	《成为好教师的7项修炼》	王福强　李维华	30.00
	154	《如何让学生会学习》	龙　冰	30.00
	155	《如何让学生爱学习》	周震宇　许小燕	30.00
核心教学主张系列	156	《新生代语文名师核心教学主张》	许友兰	30.00
行思讲坛系列	157	《灵动而朴素地教语文——潘文彬的微格教育生活》	潘文彬	30.00
	158	《师爱无疆——润泽学生心灵的教育故事》	侯忠彦	30.00
	159	《怎样反思更有效 ——促进教师专业发展的反思策略》	诸贝贝	30.00
	160	《成为高度自觉的教育者 ——写给后课标时代的数学教师》	许卫兵	30.00
	155	《哲思数学课》	刘全祥	30.00
	161	《智慧数学课——黄爱华教学思维的实践策略》	黄爱华	30.00
	162	《童趣数学课》	徐　芳	30.00
	163	《把学生教聪明》	严育洪	30.00
	164	《教师最应该规避的教育误区》	杨坤道	30.00
	165	《用语文的方式教语文 ——潘文彬教学主张与实践智慧》	潘文彬	30.00
	166	《怎样让阅读教学更有效 ——提升教学能力的十种读诵模式》	汪秀梅	28.00
	167	《让生命在润泽中起舞 ——当代小学生最需要的主题班会》	吴联星　罗　琳 冯卫东	30.00
	168	《让生命欢快拔节 ——当代中学生最需要的主题班会》	冯卫东　吴联星	30.00
	169	《课堂因生成而精彩——高效教学的生成智慧》	张文质	30.00
	170	《回到每一个人的生命化教育 ——张文质二甲中学教育行动录》	张文质	30.00
	171	《中小学生如何学会合作》	张玉彬　刘昕昱	40.00

系列	序号	书名	作者	定价
中国教育变革之路丛书	172	《百年树人师何为 ——教师队伍建设困顿与出路》	将丽珠　李玉向	30.00
	173	《入园何时不再难 ——学前教育困惑与抉择》	曾晓东 范　昕　周　慧	30.00
	174	《三尺书桌何处寻 ——流动人口子女教育困难与破解》	范先佐	30.00
	175	《苦旅何以得纾解 ——高考改革困境与突破》	郑若玲	30.00
	176	《择校纠结何时了 ——择校问题困局与治理》	曾晓东　周文海 曾娅琴	30.00
创新教学思想系列	177	《"大问题"教学的形与神》	黄爱华　张文质	30.00
教育漫笔系列	178	《课堂，诗意地栖居》	吴书华	30.00
教学提升系列	179	《有思想地教阅读 ——让学生学会品读文字真意》	王学东	30.00
教育艺术提升系列	180	《藏在师生体态语言里的教学智慧》	张　宇　廖生波	30.00
教学全手册系列	181	《小学习作教学全手册》	郭家海	30.00
	182	《中学写作教学全手册》	郭家海	30.00
	183	《情境教学操作全手册》	冯卫东	35.00
	184	《合作教学操作全手册》	李春华	35.00
	185	《探究教学操作全手册》	周新桂	35.00
	186	《自主教学操作全手册》	诸葛彪	35.00
	187	《创新教学操作全手册》	王　玮	35.00
	188	《班主任工作全手册》	刘沛华	35.00
	189	《新教师工作全手册》	周震宇	35.00
	190	《学生心理健康教育全手册》	刘海莉　刘春杰	35.00
	191	《高效教学操作全手册》	马友平	35.00

系列	序号	书名	作者	定价
创新人才培养系列	192	《创新人才培养校园科普精品课程开发与指导——人大附中创新人才培养》	罗　滨	30.00
	193	《创新人才培养特色校本课程开发与创新人才培养——清华附中“国际安全下的科学技术”课程构建与实施》	王殿军　方　研 赵宏雁	30.00
	194	《创新人才培养：学校实验室建设与管理》	刘克文 杨发丽　杨　平	30.00
	195	《创新人才培养：数学探究活动开发与指导》	马云朋　韩继伟	30.00
	196	《创新人才培养：化学研究活动开发与指导》	王　磊	30.00
	197	《创新人才培养：物理探究活动开发与指导》	廖伯琴	30.00
	198	《创新人才培养：地理探究活动开发与指导》	张建珍　陈　澄	30.00
	199	《创新人才培养：生物探究活动开发与指导》	张迎春	30.00
	200	《创新人才培养：理念探索与思维突破》	王晶莹	30.00
新生代通派名师系列	201	《简约数学教学》	许卫兵	30.00
	202	《语文教学的本真——情意课堂展现母语之美》	吴建英	30.00
	203	《语文课堂的理想追求——欢快达成三维目标》	董一红	30.00
	204	《阅读教学的真髓——意象构建读出文学的真美》	祝　禧	30.00
	205	《美术教育的真谛——审美人生教育让生命绚丽成长》	陈铁梅	30.00
	206	《语文教学的理想境界——无痕教学润泽生命》	李　凤	30.00
	207	《儿童作文的本义——嬉乐作文让儿童乐并成长着》	王笑梅	30.00
	208	《名师是怎样炼成的》	王建明　王笑君	35.00
幼师成长系列	209	《幼儿行为背后——教师如何读懂幼儿的心思》	吴亚英	30.00
	210	《最具教育力的22种幼儿教育思想》	杨　达	30.00
	211	《幼儿教师必知的安全应急措施》	杨　达	30.00
	212	《幼儿教师必备的教育技能》	李　玲	30.00
	213	《卓越园长21条幼儿园管理策略》	周　丹　江东秋	30.00